HR
赋能
书系

HUMAN
RESOURCE

HR赋能
离职法律风险
预防与处理指南

周晓明　封温馨　黄俞欣 / 编著

法律出版社
LAW PRESS·CHINA
北京

图书在版编目(CIP)数据

HR赋能：离职法律风险预防与处理指南 / 周晓明，封温馨，黄俞欣编著. -- 北京：法律出版社，2023
ISBN 978 - 7 - 5197 - 7662 - 6

Ⅰ. ①H… Ⅱ. ①周… ②封… ③黄… Ⅲ. ①劳动争议－处理－中国－指南 Ⅳ. ①D922.591 - 62

中国国家版本馆CIP数据核字(2023)第040258号

HR赋能:离职法律风险预防与处理指南
HR FUNENG:LIZHI FALÜ FENGXIAN YUFANG YU CHULI ZHINAN

周晓明　封温馨　黄俞欣　编著

策划编辑 朱海波
责任编辑 朱海波
　　　　 谢瑞忠
装帧设计 臧晓飞

出版发行 法律出版社
编辑统筹 法律应用出版分社
责任校对 张　颖
责任印制 刘晓伟
经　　销 新华书店

开本 710毫米×1000毫米　1/16
印张 19　　**字数** 312千
版本 2023年6月第1版
印次 2023年6月第1次印刷
印刷 固安华明印业有限公司

地址:北京市丰台区莲花池西里7号(100073)
网址:www.lawpress.com.cn
投稿邮箱:info@lawpress.com.cn
举报盗版邮箱:jbwq@lawpress.com.cn

销售电话:010 - 83938349
客服电话:010 - 83938350
咨询电话:010 - 63939796

书号:ISBN 978 - 7 - 5197 - 7662 - 6
定价:75.00元

凡购买本社图书,如有印装错误,我社负责退换。电话:010 - 83938349

前　言

我自2008年开始从事律师工作，迄今已经有十余年历史。我的律师执业领域主要是企业常年法律顾问工作。十余年来，我们团队累计服务了数十家中大型企业，这些企业的员工加起来有数万人之多，劳动纠纷问题的解答和处理便成为我们提供服务的主要内容。企业与我们外部律师对接的主要人员就是HR，我们对他们的需求和担心最为清楚，我们的工作很大程度上其实是帮助HR应对各种劳资纠纷的状况，这也是我们写作这三本书的初衷。

我们见过许多企业因为对劳动法的不够重视而遭受损失的事情：比如2008年劳动合同法颁布不久的时候，某公司整个设计部门的人都没有签劳动合同，被判赔一百多万未签订劳动合同的双倍工资；比如有公司在劳动者到达退休年龄后返聘，但是未给劳动者购买社会保险，劳动者上班途中发生车祸身故，公司被判赔近百万元；比如有的公司入职审查不够细心，未及时发现冒用他人身份证件入职的劳动者，后该劳动者因工死亡，公司被判承担工伤赔偿责任；比如有的公司在劳动合同到期后，未及时与劳动者续签合同，导致被判赔未续签劳动合同的双倍工资。凡此种种，都是深刻的教训。

这些都是原本可以避免的法律风险，这些事务的处理都是HR的工作，因此，我们希望撰写一本劳动法书籍，面向HR群体，帮助他们更为深刻地理解劳动法，减少工作中的困惑，使他们能够为用人单位避免相关的法律风险。两年前，法律出版社的朱海波编辑给我提到了这三本书的构思，我觉得非常好，便欣然应允，接下了这个任务。如今这三本书终于得以面世，首先应该感谢他。

我们将整个内容分为三本书，分别对应劳动者“入职”“在职”和“离职”问题，争取把这个领域的主题全部囊括进来：

在“入职篇”，我们分为三章，总共写了24个主题。这些主题包括招聘管理、招聘广告、招聘面试、就业歧视、录用条件、入职通知书的设计、如实告知义务、禁止担保和收取费用，还包括入职申请表、入职审查、劳动关系的建立、劳动合同的订立、劳动合同无效、集体劳动合同、试用期、岗位说明书、入职欺诈，以及劳务派遣招聘、非全日制用工、业务外包、外国人就业、招录在校学生、招录离退休人员、非法用工等问题。这些问题是用人单位在招聘和入职过程中经常面对的问题，是企业用工开始的时候，如果能够得到规范的处理，许多风险都可以防范于未然。

在"在职篇"，我们分为七章，总共写了27个主题，林林总总，在内容上颇具规模，是三本书中篇幅最长的。该篇包括劳动合同管理、劳动合同中止、无固定期限劳动合同、劳动合同变更这些劳动合同管理问题，也包括规章制度、员工奖惩、绩效考核、薪酬与工资、工作时间、加班与加班费、休假、带薪年休假、医疗期与病假、考勤管理、保密义务、培训与服务期、竞业限制这些员工管理问题，还包括社会保险、工伤、职业病、女职工保护、未成年人保护、残疾人保护、劳务派遣、业务外包、工会、股权激励这些问题。这些问题是劳动者在岗期间用人单位会经常碰到的问题，因为在职的时间是一个较长的过程，HR难免会碰到上述形形色色的状况，对这些知识的全面掌握，是良好的劳动关系管理的基础所在。

在"离职篇"，我们分为四章，总共写了17个主题，包括试用期劳动合同的解除、协商解除劳动合同、劳动者单方解除劳动合同、用人单位解除劳动合同、经济性裁员、劳动合同终止、离职程序、劳动者退休、经济补偿金、赔偿金、违约金这些离职问题，也包括劳动争议协商程序、劳动争议调解程序、劳动争议仲裁程序、劳动争议诉讼程序、劳动争议的证据、劳动争议的执行这些争议解决问题。这些问题是劳资双方解除劳动合同关系的过程中需要面对的问题，HR要是处理不当，仍然会给用人单位带来较大的法律风险。

在每一个主题的讲解中，我们力求简单明晰，通俗易懂。我们通常会分为七个部分来完成：第一部分是实务精讲，讲解这一主题涉及的相关法律知识；第二部分是案例说法，结合案例来说明这一主题所存在的法律风险；第三部分是风险应对，内容是告诉HR如何应对这一主题常见的法律风险；第四部分是操作指引，则是更为清楚地告诉HR应该如何处理具体的事务；第五部分是疑难解答，该部分是以问答的方式解答本主题较为疑难的问题，减少HR在操作中的困惑；第六部分是法条链接，在这一部分我们会将本主题常用的法律规定汇总于此，便于HR检索和引用；第七部分是文书工具，我们会将本主题常用的文书列明于此，放在每本书的最后部分，HR们可以方便地参考并使用。

我们希望通过对用工过程中的劳动法知识的系统性编写，使公司 HR 及对劳动法实务感兴趣的人能够较为全面地掌握这一领域的知识。至少会有一个工具书，能够为他们的工作提供一些帮助。这三本书篇幅较大，涉及劳动关系管理的方方面面，我们的水平有限，疏漏之处在所而免，希望各位读者包涵。

周晓明

2023 年 1 月于广州

目　录 CONTENTS

文书工具附录

第一章

劳动合同的解除

第一节　试用期劳动合同的解除

实务精讲

一、试用期劳动合同解除的概述

解除劳动合同，是指劳动合同订立以后，但尚未全部履行之前，因为一些原因导致劳动合同的一方或者双方当事人提前消灭劳动关系的一种法律行为。[①] 试用期内解除劳动合同是指在试用期内，劳动关系的一方主体提出解除双方的劳动合同，使未全部履行的劳动合同不再履行。试用期内劳动合同解除主要以提出解除合同的主体不同分为两种类型，一种是劳动者在试用期内解除劳动合同，另一种则是用人单位在试用期内解除劳动合同。

二、劳动者在试用期内解除劳动合同

根据《劳动合同法》第 37 条的规定，劳动者提前 30 日以书面形式通知用人单位，可以解除劳动合同。劳动者在试用期内提前 3 日通知用人单位，可以解除劳动合同。这意味着，劳动者在试用期内，不需要提前 30 日以书面形式通知用人单位，只需提前 3 日通知用人单位，即可以解除劳动合同。解除劳动合同通知的形式没有明确的限制，书面或口头均可。

三、用人单位在试用期内解除劳动合同

用人单位只有在三种条件下才能在试用期内解除劳动合同：第一种是不符合录用条件，第二种是过失性解除，第三种是非过失性解除。

（一）不符合录用条件

根据《劳动合同法》第 39 条的规定，劳动者在试用期间被证明不符合录用条件

① 劳动派：《HR 私人法律顾问——企业人力资源管理实务操作宝典》（第 2 版），中国铁道出版社 2021 年版，第 256 页。

的，用人单位可以解除劳动合同，且北京市、上海市、广州市的地方立法都作出了相关补充规定。因此，用人单位在试用期内解除劳动合同不仅需要关注《劳动合同法》的一般规定，还需要关注当地法规的相关规定，需要满足相关前提条件。

（二）过失性解除

根据《劳动合同法》第39条的规定，劳动者在劳动合同履行过程中存在以下过错的，用人单位可以解除劳动合同：(1)在试用期间被证明不符合录用条件的；(2)严重违反用人单位的规章制度的；(3)严重失职，营私舞弊，给用人单位造成重大损害的；(4)劳动者同时与其他用人单位建立劳动关系，对完成本单位的工作任务造成严重影响，或者经用人单位提出，拒不改正的；(5)因《劳动合同法》第26条第1款第1项规定的情形致使劳动合同无效的；(6)被依法追究刑事责任的。除上段所述“试用期间不符合录用条件”之外，劳动者在试用期内有以上其余5种情形的，用人单位均可以随时解除劳动合同，不需要支付经济补偿金。以上情形都属于因为劳动者具有过失而解除劳动合同，其中第一种情形，即在试用期间被证明不符合录用条件的，上文已有详细介绍，其余5种过失情形均可字面理解，较为易懂，此处不再赘述。

（三）非过失性解除

根据《劳动合同法》第40条的规定，有下列情形之一的，用人单位提前30日以书面形式通知劳动者本人或者额外支付劳动者1个月工资后，可以解除劳动合同：(1)劳动者患病或者非因工负伤，在规定的医疗期满后不能从事原工作，也不能从事由用人单位另行安排的工作的；(2)劳动者不能胜任工作，经过培训或者调整工作岗位，仍不能胜任工作的。在试用期中，劳动者有以上两项情形用人单位可以解除劳动合同，该情形需要提前30日通知，并需要支付经济补偿金。

案例说法

案例1：用人单位未对“不符合录用条件”充分举证，法院认定用人单位违法解除劳动合同

罗某于2016年11月23日入职北京W信息技术有限公司（以下简称W公

司),双方于2016年11月23日签订期限自当日始至2019年11月22日止的劳动合同,合同约定罗某试用期6个月,至2017年5月22日止。2017年3月27日W公司向罗某送达了《试用期解除劳动合同通知书》,以罗某在试用期内被证明不符合录用条件为由解除劳动合同。

罗某申请仲裁,要求与W公司继续履行劳动合同,仲裁庭支持其仲裁请求后,W公司不服,诉至北京市海淀区人民法院。

一审法院认为:W公司并未举证证明其公司所提交的电脑截图内容即为招聘罗某的录用条件并送达给罗某,法院对其公司所持电脑截图内容即为录用条件的主张不予采信。W公司所提交的鲁某某与罗某的往来电子邮件内容均为就审计工作进行询问及答复,且双方邮件往来记录显示发生在2017年3月,并不能完整反映罗某试用期整体的工作情况,在W公司未能充分举证罗某不符合试用期录用条件的情况下,其公司应承担举证不能的法律后果,法院对W公司的解除理由不予采信。综上,W公司解除与罗某的劳动合同的行为,不符合法律规定的解除劳动合同的条件,应为违法解除劳动合同。

【裁判文书编号】

北京市海淀区人民法院(2017)京0108民初39025号民事判决书

案例2:用人单位试用期后以“不符合录用条件”解除劳动合同,法院判决用人单位支付赔偿金

2014年10月20日,阮某入职武汉A科技有限公司(以下简称A公司),从事销售工作。双方签订了一份试用期劳动协议,约定期限为2014年10月20日至2015年4月20日,试用期工资标准为每月3500元,销售提成按照销售回款金额的4%核算,每月工资通过银行转账方式发放。试用期满后,双方未签订劳动合同,后A公司以阮某不符合录用条件、不能胜任工作为由,通知阮某离职。

二审法院认为:用人单位在试用期内解除劳动合同,必须提供证据证明劳动者没有达到工作要求、不符合录用条件的事实,同时必须是在试用期内通知劳动者并与其解除劳动关系。而本案中,A公司是在阮某的6个月试用期满后,未为其办理转正手续,仍然以阮某还处在试用期、不符合录用条件且在职期间不能胜任工作为由解除劳动关系,但其并未提供实质性证据,故A公司此举违反法律规定,于法无据。

【裁判文书编号】

武汉市中级人民法院(2016)鄂01民终8072号民事判决书

案例3:用人单位试用期无正当理由解除劳动合同,法院认定为违法解除判决支付赔偿金

广州B市场研究有限公司北京市场调查分公司(以下简称B公司)与东某某于2015年7月1日签订固定期限劳动合同,约定合同期限自2015年7月1日始至2018年6月30日止,其中2015年7月1日至12月31日为试用期,东某某在B公司处数据采集部门担任数据处理员职务。双方在上述劳动合同中就试用期满的录用条件未作出任何约定。2015年11月2日,B公司向东某某发出试用期劳动合同终止通知书,并记载了东某某在试用期内不符合录用条件的多个情形,双方劳动合同关系于2015年11月6日正式解除(解除日)。2015年11月6日,东某某进行了工作交接,未再到B公司工作。2015年12月14日,东某某向大连市劳动人事仲裁委员会申请仲裁。随后,东某某因对仲裁裁决不服,又向法院提起了诉讼。

一审法院认为:B公司要求不向东某某支付违法解除劳动合同赔偿金2500元之诉讼请求,无事实及法律依据,法院不予支持。一审法院判决驳回B公司的诉讼请求,并向东某某支付违法解除劳动合同赔偿金人民币2500元。

B公司不服该判决,向大连市中级人民法院提起上诉。二审法院认为:关于违法解除劳动合同赔偿金一节,上诉人以被上诉人在试用期内不符合录用条件为由解除劳动合同,但并未提供考核记录、培训记录、考勤记录等相关证据证明被上诉人不符合上诉人公司的录用条件,一审法院认为上诉人违法解除劳动合同,判令上诉人向被上诉人支付违法解除劳动合同赔偿金并无不妥,本院予以维持。

【裁判文书编号】

辽宁省大连市中级人民法院(2016)辽02民终4558号民事判决书

风险应对

一、风险点:用人单位未能在试用期结束前解除劳动合同

根据《劳动合同法》的规定,用人单位欲以试用期不合格为由与劳动者解除劳动

合同，则应当在试用期内通知，如果超过试用期再以试用期不合格的理由解除劳动合同，那么就是违法解除劳动合同，应当向劳动者支付赔偿金。

【HR 防范策略】

用人单位在试用期内希望以“不符合录用条件”为由与劳动者解除劳动合同关系的，应当严格遵守“试用期限”这一时间红线，且应当在该时间期限内对劳动者说明相关理由。为了避免出现纠纷，说明理由最好采用书面形式。在书面文件方面，用人单位还需要制作《解除劳动合同通知书》送达给劳动者（注意送达期限和送达签收等问题），向劳动者出具解除劳动合同的证明，同时，还需要在 15 日内为劳动者办理档案和社会保险关系转移手续。

此外，用人单位应该规范试用期的时限管理，避免因员工过多而试用期不一致导致试用期结束后才要求解除劳动合同的情况出现。对于考评合格的员工，应及时为其办理转正手续，转为正式员工；而对于考评不合格者，也应当及时书面通知其解除劳动合同。

二、风险点：用人单位无法对劳动者“不符合录用条件”举证

用人单位在招聘时都会设定招聘条件，符合条件的人方可应聘，但用人单位往往都会忽略对录用条件的设定，这将导致用人单位在试用期内用工极为被动。用人单位应当关注招聘条件和录用条件二者之间的区别：“招聘条件”面向的对象是不特定多数的潜在应聘者，一般是对应聘者的初步资格、基本条件作一些要求，如应聘者的学历、职称、工作经历、技术资格等条件；而“录用条件”面向的对象是符合招聘条件已录用且在试用期内的具体的劳动者，它强调用人单位依据自身经营、生产、工作的相关特别需求，要求劳动者符合某职位具体要求所包含的特定条件，这是用人单位录用员工的最终标准，也是用人单位在试用期考察劳动者的具体依据。

在试用期内，用人单位要以“不符合录用条件”为由解除与劳动者的劳动关系必须举证证明，如果用人单位无法证明这点，则试用期内解除与劳动者的劳动合同会面临败诉风险。因为招聘条件较之录用条件更为宽泛，缺乏对劳动者的具体要求，若将招聘条件当作录用条件，必将导致用人单位在试用期内用工极为被动，即使劳动者不符合要求，也难以依法将其解雇。

【HR 防范策略】

因为用人单位对劳动者试用期内不符合录用条件承担举证责任，所以用人单位

HR应当设置好招聘、录用具体条件、岗位职责具体描述、具体考核标准等相关规章制度，比如录用条件可从学历虚假、经验不足、绩效未达到、不遵守规章制度、有特殊疾病无法上岗等方面确定。设置明确的录用条件，规范化管理，这样一旦发生在试用期解雇员工这类纠纷，用人单位也不至于陷入被动。

与此同时，将招聘广告存档备查并保留刊登原件也非常重要，同时要求员工出具"阅读并理解录用条件"的书面证明，或者签订配套的、载明具体录用条件的《录用条件确认书》。一旦用人单位发现劳动者不符合录用条件需要解除劳动合同，这些文件可作为重要证据进行举证，避免出现举证不能的情况。

操作指引

一、试用期内以"不符合录用条件"解除劳动合同的操作要点

劳动者在试用期间被证明"不符合录用条件"而被解除劳动合同必须符合以下要件：

1."录用条件明确且合法"+"有效公示"。

用人单位欲用"不符合录用条件"为由解除劳动合同的，首先，应当确保的是录用条件合法明确，有了这个前提和标准，用人单位才可以此为由解除劳动合同；其次，该录用条件必须经过有效的公示，能够为劳动者所知悉，具体可通过制作岗位说明书或者在劳动合同中说明等方式予以公示。

2.设定试用期评估考核制度。

用人单位对以"不符合录用条件"为由解除劳动合同的行为承担举证责任，且需提供充分有效的证据。实践中，用人单位应当制定可作量化的考核制度以及客观的考核记录，避免因直接上级的个人主观喜好来录用员工，或者因缺乏明确的考核标准而无法解除劳动合同。

3."在试用期届满前"作出解除合同决定。

根据《劳动部办公厅对〈关于如何确定试用期内不符合录用条件可以解除劳动合同的请示〉的复函》（1995年1月19日　劳办发〔1995〕16号）的规定，用人单位必须在劳动者试用期届满前才能以"不符合录用条件"为由解除劳动合同。一旦试用期届满，劳动者便能够根据约定的日期转为正式员工，此时即便用人单位有充足

且明确的证据表明劳动者“不符合录用条件”，也不能以此为由辞退劳动者。

二、试用期内用人单位解除劳动合同的程序

用人单位在试用期内解除劳动合同应当遵守以下程序规定：

第一，建议以书面形式向劳动者说明理由。用人单位在试用期解除劳动合同时应当向劳动者说明理由，虽然法律并未规定“说明理由”必须采取书面形式，但从举证责任承担的角度考量，建议用人单位采用书面形式说明理由，且注意保存劳动者签收的相关证明。

第二，用人单位应当事先将理由通知工会。工会有权要求用人单位纠正其违反法律、行政法规规定或者劳动合同约定解除劳动合同的行为，因此用人单位需要尊重并研究工会的意见，再将处理结果以书面形式通知工会。

第三，用人单位需完成一系列的解除手续，包括制作并送达《解除劳动合同通知书》，同时向劳动者出具解除劳动合同的证明，并在15日内办理档案以及社会保险关系的转移手续。

三、用人单位如何设计“录用条件”

根据客观常见的用工风险，建议用人单位在劳动合同或劳动者签收的员工手册中注明，员工在试用期内不符合录用条件的，公司予以解除劳动合同。不符合录用条件包括但不限于以下情形：

1. 在应聘时提供的资料和信息与实际情况不符的；

2. 个人简历、入职登记表所载内容与真实情况不符的；

3. 有吸毒、嫖娼、参加邪教组织等违法行为，或因违法乱纪行为被公安机关等行政执法部门处罚的；

4. 经企业指定医院体检不合格或不具有企业所在行业健康要求的；

5. 隐瞒病史或以欺骗方法，取得体检合格的；

6. 患有精神病、传染病或任何其他不适合从事企业所在行业的疾病的；

7. 亏空、拖欠原单位公款尚未清偿的；

8. 不能提供离职证明的；

9. 与原服务单位签有竞业限制协议，不能在本企业服务的；

10. 不具备政府规定的就业手续的；

11. 曾被本单位开除或未经批准擅自离职的；

12. 判处有期徒刑，尚在服刑的；

13. 通缉在案的；

14. 未满16周岁的；

15. 在试用期内有欺骗、隐瞒或任何不诚实行为的；

16. 在试用期内有较重违纪行为的；

17. 岗前培训考核不合格的；

18. 工作能力、工作态度不符合岗位要求的；

19. 累计缺勤达到15个工作日的；

20. 试用期工作目标无法完成的；

21. 试用期评估考核未能通过的；

22. 未能通过业务准则或行为准则考核的；

23. 入职后1个月内仍未提供公司要求的入职文件或无法办理规定的入职手续的；

24. 不符合双方约定的其他录用条件的。

疑难解答

一、劳动者在试用期内解除劳动合同，用人单位可否要求赔偿培训费用？

《劳动部办公厅关于试用期内解除劳动合同处理依据问题的复函》（劳办发〔1995〕264号）中对此问题作出规定，用人单位出资对劳动者进行各类技术培训的，如劳动者在试用期内单方解除劳动合同，则用人单位不得要求劳动者支付该项培训费用；试用期满后，在合同期内，劳动者提出解除劳动合同则用人单位可以根据约定要求赔偿。但需要注意的是，该复函已于2016年4月13日失效。

根据《劳动合同法》第22条的规定，用人单位为劳动者提供专项培训费用，对其进行专业技术培训的，可以与该劳动者订立协议，约定服务期。劳动者违反服务期约定的，应当按照约定向用人单位支付违约金。根据该规定，劳动者如果在试用期内要求解除劳动合同，那么用人单位可依据“服务期”条款要求劳动者支付相关培训费用。

二、“不符合录用条件”和“不能胜任工作”存在区别吗？

两者存在区别。首先，解除程序不同，“不符合录用条件”只适用于试用期内，可以随时解除，不需要提前通知，需进行一次考察；但是“不能胜任工作”并不限于试用期，需要提前 30 日书面通知劳动者或者额外支付 1 个月工资，对该种情形需要进行调岗或者培训前后的两次考察。其次，需要举证证明的内容不同，前者只需证明“不符合录用条件”，后者需证明两次考核都“不能胜任工作”，并且进行了培训或者调岗等挽救措施。最后，以前者为由解除劳动合同是不用支付经济补偿金的，而以后者为由则必须依据法律规定支付经济补偿金。

三、劳动者在入职时履历造假，用人单位在试用期解除劳动合同是否合法？

合法。《劳动合同法》第 8 条规定，用人单位有权了解劳动者与劳动合同直接相关的基本情况，劳动者应当如实说明。根据上述规定，劳动者有如实告知用人单位与订立劳动合同直接相关事项的法定义务。且《劳动合同法》第 26 条规定：“下列劳动合同无效或者部分无效：(一)以欺诈、胁迫的手段或者乘人之危，使对方在违背真实意思的情况下订立或者变更劳动合同的……”《劳动合同法》第 39 条规定：“劳动者有下列情形之一的，用人单位可以解除劳动合同：……(五)因本法第二十六条第一款第一项规定的情形致使劳动合同无效的……”所以，用人单位可以以此为由解雇劳动者，且不用支付经济补偿金。

四、在试用期内解除劳动合同有经济补偿吗？

试用期内解除劳动合同是否有补偿金，需要视具体情况而定：

1. 绝对没有补偿金的情形：在试用期间内，劳动者无任何理由提前 3 日通知用人单位解除劳动合同的。

2. 如果是用人单位提出解除劳动合同，要根据解除理由看是否需要支付经济补偿金或者代通知金。

(1)用人单位需要支付经济补偿金的情形：因用人单位的原因解除与劳动者签订的劳动合同时，需要征得劳动者的意见，如劳动者同意，双方签订协商解除劳动合同协议，在协议里约定向劳动者支付经济补偿金；如果劳动者不同意协商解除劳动合同,同时由于用人单位自身原因确实无法继续履行劳动合同,那么用人单位应当提前30日通知或者额外支付1个月工资解除,且需要根据劳动者工作时间支付经济补偿金。

(2)用人单位不需要支付经济补偿金的情形:劳动者不符合录用条件或者个人原因导致解除合同的,包括劳动者违纪、造成公司损失、刑事犯罪等符合《劳动合同法》第39条规定的情形的,用人单位可以解除劳动合同且不用支付经济补偿金或者代通知金。

法条链接

1.《劳动合同法》(2012年12月28日修正)

第二十一条 在试用期中,除劳动者有本法第三十九条和第四十条第一项、第二项规定的情形外,用人单位不得解除劳动合同。用人单位在试用期解除劳动合同的,应当向劳动者说明理由。

第三十七条 劳动者提前三十日以书面形式通知用人单位,可以解除劳动合同。劳动者在试用期内提前三日通知用人单位,可以解除劳动合同。

第四十条 有下列情形之一的,用人单位提前三十日以书面形式通知劳动者本人或者额外支付劳动者一个月工资后,可以解除劳动合同:

(一)劳动者患病或者非因工负伤,在规定的医疗期满后不能从事原工作,也不能从事由用人单位另行安排的工作的;

(二)劳动者不能胜任工作,经过培训或者调整工作岗位,仍不能胜任工作的;

……

第四十八条 用人单位违反本法规定解除或者终止劳动合同,劳动者要求继续履行劳动合同的,用人单位应当继续履行;劳动者不要求继续履行劳动合同或者劳动合同已经不能继续履行的,用人单位应当依照本法第八十七条规定支付赔偿金。

2.《劳动合同法实施条例》(2008年9月18日 国务院令第535号)

第十八条 有下列情形之一的,依照劳动合同法规定的条件、程序,劳动者可以与用人单位解除固定期限劳动合同、无固定期限劳动合同或者以完成一定工作任务为期限的劳动合同:

……

（三）劳动者在试用期内提前3日通知用人单位的；

……

3.《企业内部控制应用指引第3号——人力资源》（2010年4月15日　财会〔2010〕11号）

第八条　企业应当建立选聘人员试用期和岗前培训制度，对试用人员进行严格考察，促进选聘员工全面了解岗位职责，掌握岗位基本技能，适应工作要求。试用期满考核合格后，方可正式上岗；试用期满考核不合格者，应当及时解除劳动关系。

4.原劳动部《关于实行劳动合同制度若干问题的通知》（1996年10月31日　劳部发〔1996〕354号）

11.用人单位对新招用的职工，在试用期内发现并经有关机构确认有精神病的，可以解除劳动合同。

5.《劳动部办公厅对〈关于如何确定试用期内不符合录用条件可以解除劳动合同的请示〉的复函》（1995年1月19日　劳办发〔1995〕16号）

对试用期内不符合录用条件的劳动者，企业可以解除劳动合同；若超过试用期，则企业不能以试用期内不符合录用条件为由解除劳动合同。

6.《劳动部办公厅对〈关于患精神病的合同制工人解除劳动合同问题的请示〉的复函》（1995年1月3日　劳办发〔1995〕1号）

合同制工人在试用期间因患精神病不符合录用条件的，应按劳动部办公厅《关于患有精神病的合同制工人医疗期间问题的复函》（劳办力字［1992］5号）的规定执行，即企业招用合同制工人在试用期内发现患有精神病不符合录用条件的，可以解除劳动合同。

7.《北京市高级人民法院、北京市劳动人事争议仲裁委员会关于审理劳动争议案件法律适用问题的解答》

11.用人单位依据《劳动合同法》第三十九条第一项的规定解除劳动合同的，如何处理？

用人单位在录用劳动者时应当向劳动者明确告知录用条件，用人单位在解除劳动合同时应当向劳动者说明理由及法律依据。

用人单位证明已向劳动者明确告知录用条件，并且提供证据证明劳动者在试用期间不符合录用条件的，可依照《劳动合同法》第三十九条第一项的规定解除劳动合同。

就劳动者是否符合录用条件的认定，在试用期的认定标准可适当低于试用期届满后的认定标准。劳动者不符合录用条件的情况主要有以下情形：(1)劳动者违反诚实信用原则对影响劳动合同履行的自身基本情况有隐瞒或虚构事实的，包括提供虚假学历证书、假身份证、假护照等个人重要证件；对履历、知识、技能、业绩、健康等个人情况说明与事实有重大出入的；(2)在试用期间存在工作失误的，对工作失误的认定以劳动法相关规定、用人单位规章制度以及双方合同约定内容为判断标准；(3)双方约定属于用人单位考核劳动者试用期不符合录用条件的其他情况。

8.《北京市劳动合同规定》(2021年12月30日修改)

第三十条 劳动者有下列情形之一的，用人单位可以解除劳动合同：

(一)在试用期内被证明不符合录用条件的；

……

第三十五条 有下列情形之一的，劳动者可以随时通知用人单位解除劳动合同，用人单位应当支付劳动者相应的劳动报酬并依法缴纳社会保险费：

(一)在试用期内的；

……

9.《上海市劳动合同条例》(2002年5月1日)

第三十一条 有下列情形之一的，劳动者可以随时通知用人单位解除劳动合同。

(一)在试用期内的；

……

第三十三条 劳动者有下列情形之一的，用人单位可以随时解除劳动合同：

(一)在试用期间被证明不符合录用条件的；

……

10.《江苏省劳动合同条例》(2013年1月15日修订)

第十五条 试用期包含在劳动合同期限内。

劳动者在试用期内患病或者非因工负伤须停工治疗的，在规定的医疗期内，试用期中止。

文书工具

试用期内解除劳动合同相关文书(包括《录用条件确认书》《试用期解除劳动合同通知书范本》)(见书尾文书工具附录,编号:NO.01)

第二节 协商解除劳动合同

实务精讲

一、协商解除劳动合同的概念和条件

(一)协商解除劳动合同的概念

协商解除劳动合同,是指用人单位和劳动者在不违反法律强制性规定的前提下,双方协商一致,在劳动合同订立之后履行完毕之前解除劳动合同的法律行为。这是用人单位和劳动者最常用的解除劳动合同的方式,也是最简便的方式。

(二)协商解除劳动合同的条件

用人单位与劳动者在不违反法律规定的前提下,双方协商一致可以解除劳动合同,但是必须满足以下几个条件:

(1)前提条件:协商解除的合同必须是合法有效的劳动合同,因为如果是无效的劳动合同或者不属于劳动关系,就无须谈协商解除劳动合同,这是协商解除劳动合同的前提。

(2)时间条件:协商解除劳动合同应发生在劳动合同订立之后履行完毕之前,若已经履行完毕,即无解除的必要。

(3)权利条件:用人单位与劳动者都应当具有提出协商解除劳动合同的权利。

(4)自愿条件:协商解除劳动合同必须在协商一致且自愿的基础上,并且不能违

反法律强制性规定。

根据《劳动合同法》第36条的规定，用人单位与劳动者协商一致，可以解除劳动合同。根据法律规定，首先，解除劳动合同的双方应一方是用人单位，另一方是劳动者，解除是由其中一方提出；其次，协商解除劳动合同应当在双方平等自愿、协商一致的情况下，若违背真实意愿解除劳动合同的，那么协议部分或全部无效；最后，要协商解除的劳动合同应当符合《民法典》合同编的一般规定，包括主体适格、内容合法。具体而言，主体适格即签订合同的双方必须具有民事权利能力和民事行为能力，用人单位具有法律规定的营业资质，劳动者需要年满16周岁且具有完全民事行为能力；内容合法，也就是说双方签订的劳动合同不能违反法律的强制性规定。

二、协商解除劳动合同的经济补偿金

根据《劳动合同法》第46条规定，用人单位依照《劳动合同法》第36条规定向劳动者提出解除劳动合同并与劳动者协商一致解除劳动合同的，应当支付经济补偿。依据该条规定，如果是劳动者先提出协商解除劳动合同，那么用人单位并不需要向劳动者支付经济补偿金；如果是用人单位先于劳动者提出协商解除劳动合同的要求，那么用人单位有义务向劳动者支付经济补偿金。

案例说法

案例1：患精神病员工与用人单位协商解除劳动合同，法院判决该行为无效

D公司于1997年7月与冯某某建立劳动关系，并于2006年7月签订无固定期限劳动合同。2012年冯某某多次向D公司提出辞职申请，经D公司做工作后放弃。2013年2月5日，冯某某以“我已近不惑之年，如果不立即行动起来，恐怕有生之年就再也没有机会环游世界并实现自己的愿望了”为由，正式以书面形式向D公司提出解除劳动合同。同年3月6日，冯某某再次向D公司提出解除劳动合同的书面申请，要求解除劳动合同。D公司遂同意其解除劳动合同申请，双方劳动合同于2013年3月15日解除。冯某某被他人发现精神不正常后，其父母于2013年7月31日将其送往医院治疗，经诊断为精神分裂症。2013年10月25日，冯某某父母委托鉴定机构对冯某某的病情及辞职时的民事行为能力进行鉴定，结论为：心境障碍，2013

年2月5日至今为无民事行为能力人。冯某某父母据此向十堰市张湾区人民法院申请宣告冯某某为无民事行为能力人,并依法指定监护人。十堰市张湾区人民法院受理后,于2014年1月13日判决宣告冯某某为无民事行为能力人,指定其父亲老冯为冯某某的监护人。2014年2月18日,冯某某的监护人老冯以冯某某的名义向湖北省劳动人事争议仲裁委员会申请仲裁,请求裁令:确认冯某某与D公司之间解除劳动合同的行为无效,确认双方仍存在无固定期限劳动合同关系。

仲裁委经过审理后,于2014年5月28日作出鄂劳人仲裁字(2014)150号仲裁裁决,确认D公司与冯某某解除劳动合同的行为无效,双方劳动关系存续。D公司不服仲裁裁决,在法定期间内诉至武汉经济技术开发区人民法院。

一审法院认为:十堰市张湾区人民法院受理宣告冯某某为无民事行为能力案件中,法院委托的鉴定机构作出"冯某某心境障碍,目前为治疗康复期,2013年2月5日前后至治疗康复期结束应为无民事行为能力"的鉴定结论,法院根据该结论宣告冯某某为无民事行为能力人,足以证明冯某某在2013年2月5日和同年3月6日向D公司申请辞职时是无民事行为能力人,无民事行为能力人实施的民事行为无效,无效的民事行为从行为开始起就没有法律约束力。

二审法院认为:冯某某经医学诊断患有精神分裂症,其父母和湖北省十堰市张湾区人民法院分别委托鉴定机构作出的鉴定意见,均为冯某某自2013年2月5日为无民事行为能力,D公司并无证据推翻鉴定机构作出的鉴定意见,因此,认定冯某某解除劳动合同行为为无效的民事行为事实依据充分。

【裁判文书编号】

湖北省武汉市中级人民法院(2014)鄂武汉中民商终字第01547号民事判决书

案例2:用人单位胁迫劳动者放弃经济补偿,法院判决用人单位败诉

2010年9月15日,原告谢某进入被告四川某食品有限公司上班,从事基建工作,主要是道路修建。后谢某担任被告公司品管部经理,从事产品检验、质量管理、计量管理和食品安全管理等工作,同时协助公司行政人事部门完成企业品牌建设和文化建设。2015年1月22日,四川某食品有限公司因经营困难,决定裁减部分公司员工。在解除与谢某的劳动关系前,被告公司主要负责人与谢某等被裁减人员进行了谈话。谢某对谈话录音的内容主要为"公司:目前经营困难,进行裁员,要求谢某签订承诺书;谢某:该承诺书不合法,系霸王条款,侵犯了其合法权利,与国家法律规定相违背,系无效,但为了未发放的工资,愿意签,但保留对其权益进行申诉的权利;公司:签了就把钱打给你,请理解公司的难处”等。同日,谢某在打印的承诺书上签名,承诺书载明:我是四川某食品有限公司员工(身份证号码×××),由于四川某食品有限公司经济十分困难,经营状况极差,为此,我自愿与公司终止或解除劳动关系,并自愿放弃终止或解除劳动关系后应享有的经济补偿等一切权益,即不向该公司主张终止或解除劳动关系依法应享有的权益。谢某在承诺书签字后,四川某食品有限公司向其发放了2014年12月至2015年1月3个月的工资。

谢某申请劳动仲裁,2015年1月29日,安岳县劳动争议仲裁委员会以申请人的仲裁申请请求不属于劳动争议人事争议处理范围为由,作出不予受理通知书。谢某向人民法院提起诉讼。

一审法院认为:本院对谢某主张解除劳动关系后四川某食品有限公司应支付经济补偿金和赔偿金的诉讼请求予以支持,因谢某在四川某食品有限公司工作时间为4年零5个月,参照其劳动合同解除前12个月的月平均工资1974元的标准,其经济补偿金为8883元(1974元/月×4.5月);其赔偿金为4441.50元(8883元×50%)。判决:被告四川某食品有限公司在本判决生效之日起10日内支付原告谢某因解除劳动合同所产生的经济补偿金、赔偿金共计13,324.50元。用人单位不服,提起上诉。

二审判决:驳回上诉,维持原判。

【裁判文书编号】

四川省资阳市中级人民法院(2015)资民终字第776号民事判决书

风险应对

一、风险点:协商离职时劳动者放弃经济补偿金

劳动者基于各种原因,在离职时可能会放弃原本可以获得的经济补偿金或者赔偿金,如果这种决定是出于劳动者的自愿,是可以得到法庭支持的,但如果这种决定是因为受用人单位欺诈或者胁迫,即使签订了放弃相关经济补偿权利的协议,这种协议也可能会被法庭认定为无效协议。劳动者依法可以获得的经济补偿金或者赔偿金,用人单位仍然应该向劳动者支付。

【HR 防范策略】

在离职的过程中，用人单位与劳动者经过充分协商，劳动者自愿放弃部分或者全部经济补偿时，用人单位应与劳动者签订书面协议，将协商的内容固定下来。《最高人民法院关于审理劳动争议案件适用法律问题的解释(一)》第35条规定，劳动者与用人单位就解除或者终止劳动合同办理相关手续、支付工资报酬、加班费、经济补偿或者赔偿金等达成的协议，不违反法律、行政法规的强制性规定，且不存在欺诈、胁迫或者乘人之危情形的，应当认定为有效。前款协议存在重大误解或者显失公平情形，当事人请求撤销的，人民法院应予支持。可见，只要这种协商是自愿的，放弃经济补偿是劳动者自由的意思表示，这种解除劳动合同关系协议的效力就会得到法庭的认定。

二、风险点：协商解除合同时少付经济补偿金

当劳动合同解除之时，用人单位少若支付了经济补偿金，是有可能需要补足的。原则上经济补偿金是不能低于法定标准的。那么用人单位在和员工签订解除劳动合同协议的时候，约定经济补偿金时应特别注意对劳动者进行相关提示。

【HR 防范策略】

一般来说，用人单位在与劳动者解除劳动合同时还是要按照法定标准支付经济补偿金，这有利于用人单位的稳定和减少法律风险。但是，在双方协商一致的情况下，劳动者也同意不按法定标准领取经济补偿金，用人单位可以在协议中注明已明确告知劳动者相关法律法规的规定，明确告知劳动者法定补偿标准，劳动者自愿放弃领取法定标准的经济补偿金并签订相关的协议。这时，协议里关于经济补偿金的约定就可以发生法律效力，用人单位也可以依此减少自己的法律风险和经济负担。

三、风险点：与非完全民事行为能力劳动者解除劳动合同

实践中，非完全民事行为能力劳动者用人管理一直都是用人单位非常棘手的难题，如劳动者因精神疾病丧失完全民事行为能力。在劳动合同存续期间，尤其是较长的劳动合同期限内，劳动者的民事行为能力可能在这个过程中发生变化，直接影响其工作。出现这种情况，用人单位不能“一辞了之”，与非完全民事行为能力劳动者解除劳动合同更需要慎重对待。

【HR 防范策略】

用人单位在和劳动者协商解除劳动合同的时候,劳动者是否是具有完全民事行为能力,是否是适格主体会影响签订的解除劳动合同协议的效力。如果劳动者在签订离职协议时是不具有完全民事行为能力的,该离职协议会被认定为无效协议,劳动者的监护人去申请仲裁或者起诉要求继续履行劳动合同、维持劳动关系一般是会得到支持的,而且用人单位还需要对劳动者作出一定的补偿,如病假期间的待遇等。

虽然就理论上而言,成年限制民事行为能力人的民事法律行为经法定代理人代理或经其法定代理人同意、追认,或者是从事与其智力、精神健康状况相适应的工作,是可以继续作为劳动者工作的,但具体实务中,建议还是不要招用这样的劳动者,因为会产生很高的用工风险。如果劳动者被确认为非完全民事行为能力人,用人单位可以考虑与劳动者及其法定代理人协商一致解除劳动合同并签订书面协议,明确双方协商一致解除劳动合同的意思表示以及双方各自的权利义务。如果劳动者及其法定代理人不同意协商一致解除劳动合同,则由劳动者及其法定代理人申请病休,用人单位安排其病休。在这期间如果劳动者康复,用人单位应安排其返岗上班,或者协商一致,安排劳动者从事其力所能及的工作。如果医疗期满劳动者仍不能恢复行为能力,也无法从事用人单位另行安排的工作的,用人单位可依法解除劳动合同并支付经济补偿金,或者再次与劳动者及其法定代理人协商一致解除劳动合同并签订书面协议。需要注意的是,如果劳动者是第一次签订劳动合同且劳动合同即将届满,此时医疗期已届满的,双方可依法终止劳动合同;此时医疗期尚未届满的,双方劳动合同至医疗期届满时终止。

操作指引

一、协商解除劳动合同的流程

协商解除劳动合同要按照以下流程进行:

1. 提出解除劳动合同。劳动合同双方均有提出解除劳动合同的想法,这是启动流程的第一步。

2. 用人单位和劳动者自愿协商、达成一致。劳动合同双方需平等自愿达成一致意见,并形成书面协议。

3. 通知工会。有工会的用人单位，用人单位有必要将解除劳动合同相关事宜事先通知工会，工会提出意见，用人单位在研究工会意见后作出处理决定，并有必要将处理结果反馈给工会。

4. 结算工资。在工作交接完成后，应依法依规章结算劳动者的工资，不得任意克扣和拖延，尤其在年终奖发放方面应当依照法律和公司规定。

5. 经济补偿。若用人单位先提出解除劳动合同的，必须对劳动者进行经济补偿。

6. 办理离职手续。劳动合同解除后，用人单位应向劳动者出具解除劳动合同相关证明，并在15日内为劳动者办理档案和社保转移手续。

7. 材料备案工作。与劳动者的劳动合同和相关材料应至少存档2年。

二、协商解除劳动合同时的注意事项

协商解除劳动合同时应注意以下事项：

1. 协商解除协议中应当明确双方解除劳动合同的类型是属于协商解除劳动合同，并应明确哪一方具有先提出解除劳动合同的意思表示。

2. 以年月日的形式明确劳动合同终止的具体日期，这也是双方解除劳动关系的日期。

3. 明确劳动者应配合用人单位完成所有工作交接事项，除交接工作要求外，劳动者不得再以用人单位名义从事任何活动，以避免其利用公司活动进行民事行为，引起法律风险。

4. 对于涉及商业秘密、知识产权和竞业限制或禁止的劳动者，用人单位有必要在解除协议中明确规定劳动者在劳动合同解除后应遵守的相关义务。

疑难解答

一、未签订书面解除协议怎么办？

前已述及，用人单位和劳动者均有权提出协商解除劳动合同，若是用人单位提出，而劳动者无此意向的，用人单位需要向劳动者支付经济补偿金；若是劳动者主动提出，用人单位则不用向劳动者支付经济补偿金。但是，无论哪方提出解除，用人单位都应与劳动者签订劳动合同解除协议，用书面形式将协商内容固定下来。这样做一来有助于规范用人单位的人事管理制度，二来防止出现个别劳动者恶意仲裁（诉讼）的情形。如果未签订书面解除协议，那么劳动者提起仲裁时，用人单位连双方劳动合同是否解除，何时解除可能都无法提供证据以证明，更遑论究竟是由哪一方提出解除劳动合同了，用人单位将因此面临较大的法律风险。

用人单位单方面提出解除劳动合同的，应当符合法定的程序与法定的情形。用人单位在和劳动者解除劳动合同的时候要保留已协商解除劳动关系的相关证据，并且有必要签订解除劳动合同的书面协议，在协议书中注明劳动者的工资情况。这样在发生纠纷的时候，用人单位可以有效维护自身合法权益。针对劳动者一方提出解除劳动合同关系的情形，用人单位最好是在劳动合同关系解除协议中确认解除劳动合同是由劳动者本人率先提出的，这样用人单位就会节省相应的经济补偿金。

二、对于“三期”女员工，用人单位可否协商解除劳动合同？

根据《劳动合同法》第42条规定，用人单位不得在女员工处于孕期、产期、哺乳期时非过失性解除劳动合同，或是经济性裁员。但是对协商解除劳动合同并没有作相应规定，这意味着，在孕期、产期、哺乳期的女员工与用人单位在平等自愿、协商一致的基础上，可以协商解除劳动合同。

三、签订协商解除劳动合同协议以后，劳动者发生工伤或者怀孕怎么办？

结合当前司法实践，对此情形存在多种观点，鉴于每个案件都有具体情况的差别，法院会综合各因素作出判断，以维护公平正义。但总体来说，比较主流的一种观点是：如果工伤发生于协商解除劳动合同之后，但在劳动者离职之前，由于可能涉及工伤认定、伤残等级鉴定、工伤保险待遇等一系列问题，给劳动者带来较大不便，且劳动者已经承受了身心健康的损害，法院会以显失公平为由判定协商解除协议无效，用人单位需要继续和劳动者履行劳动合同。但是在员工怀孕这一情形下，法院会认为员工是完全民事行为能力人，那么在签署解除协议时，就应当对自己的身体状况非常了解，协议签订时只要不存在欺诈、胁迫、重大误解的无效或可撤销情形，那么法院会倾向判定协商解除协议有效。

四、劳资双方均同意劳动合同解除，但约定具体事宜留待今后再另行协商确定，能否视劳动合同已经协商一致解除？

如果双方仅同意劳动合同先行解除，但具体事项留待今后再另行协商，则不能视为劳动合同已协商解除，当然有一种例外情形，即双方明示这样做是可以视为劳动合同已经解除的，具体明示方式可以采用书面方式或公示等。在双方达成协商一致解除劳动合同的通常情况下，双方理所当然地还会就解除合同所涉及的其他权利义务，包括结算薪资、移交工作、经济补偿等在内的相关事宜进行协商，将上述问题一并作为协商解除的具体内容是协商解除劳动合同的应有之义，因此在以上所有问题均达成协商一致后再以书面方式确定劳动关系结束，方能视为劳动合同真正解除。

需要注意的一点是，因用人单位单方面作出的开除、除名、辞退、解除劳动合同而产生劳动争议，用人单位负举证责任。假如双方劳动合同已经解除，但出现对解除行为过程与具体内容难以查清的情况，需要证据进一步证明，则用人单位需要就其所主张的解除理由承担举证责任。在这里建议用人单位充分了解协商解除劳动合同的相关法律规定，即便在双方协商解除劳动合同的情形下，也应做好相关证据的收集和储存，防止在诉讼中协商解除变成违法解除。[①]

法条链接

1.《劳动合同法》(2012年12月28日修正)

第三十六条 用人单位与劳动者协商一致，可以解除劳动合同。

第四十六条 有下列情形之一的，用人单位应当向劳动者支付经济补偿：

(一)劳动者依照本法第三十八条规定解除劳动合同的；

(二)用人单位依照本法第三十六条规定向劳动者提出解除劳动合同并与劳动者协商一致解除劳动合同的；

---

① 杨艳菁：《同意先行解除合同，是否可视为协商解除劳动合同?》，载《中国人力资源社会保障》2019年第11期。

(三)用人单位依照本法第四十条规定解除劳动合同的;

(四)用人单位依照本法第四十一条第一款规定解除劳动合同的;

(五)除用人单位维持或者提高劳动合同约定条件续订劳动合同,劳动者不同意续订的情形外,依照本法第四十四条第一项规定终止固定期限劳动合同的;

(六)依照本法第四十四条第四项、第五项规定终止劳动合同的;

(七)法律、行政法规规定的其他情形。

2.《北京市劳动合同规定》(2021 年 12 月 30 日修改)

第二十九条 劳动合同当事人协商一致,可以解除劳动合同。

3.《上海市劳动合同条例》(2002 年 5 月 1 日)

第二十九条 经劳动合同当事人协商一致,劳动合同可以解除。

4.《北京市高级人民法院、北京市劳动争议仲裁委员会关于劳动争议案件法律适用问题研讨会会议纪要(二)》(2014 年 5 月 7 日)

45、女职工在未知自己怀孕的情况下与用人单位协商解除劳动合同后,又要求撤销解除协议或者要求继续履行原合同的,如何处理?

女职工与用人单位协商解除劳动合同后,发现自己怀孕后又要求撤销协议或者要求继续履行原合同的,一般不予支持。

5.《上海市高级人民法院劳动争议案件几个问题的讨论纪要》(1998 年 4 月 1 日)

11.用人单位和劳动者协商解除劳动合同的,以双方协商一致的日期为劳动关系解除的日期;单位之间商调的,以劳动者按规定在原单位办完调离手续的日期为劳动者与原单位劳动关系解除的日期。

文书工具

《协商一致解除劳动合同协议书》(见书尾文书工具附录,编号:NO.02)

第三节　劳动者单方解除劳动合同

实务精讲

一、劳动者单方解除劳动合同的类型

劳动者单方解除劳动合同，或称劳动者辞职，是劳动者的一项基本权利。劳动者辞职不仅会增加用人单位的经营成本，而且对其他劳动者也有一定的影响。用人单位应当谨慎应对劳动者辞职，一方面是因为辞职权是劳动者的基本权利，另一方面是《劳动合同法》出于保护劳动者考量，减少了劳动者辞职的限制，用人单位有时会比较被动。

劳动者解除劳动合同主要有两种类型：劳动者预告解除劳动合同、劳动者即时解除劳动合同。

预告解除权又叫作任意解除权，相较于即时解除权，劳动者行使该权利时没有任何实体方面的条件限制，只要遵循法律规定的程序，劳动合同即可依法解除，这一制度充分保护了劳动者的择业自由。《劳动法》第 31 条和《劳动合同法》第 37 条规定了我国劳动者的单方预告解除权制度，劳动者只需要履行提前 30 日的通知程序即可解除劳动合同，不需要任何理由或条件。由以上规定可以看出，劳动者行使单方预告解除权只需要提前 30 日书面预告用人单位，就能解除劳动合同，而无须用人单位同意。我国的预告解除权制度适用范围包括固定期限劳动合同、无固定期限劳动合同和以完成一定的工作为期限的劳动合同。

劳动者即时解除劳动合同，是指因用人单位的过错致使劳动者无须预告通知其解除劳动合同，用人单位应支付经济补偿金，因此该种情形由法律规定。

二、劳动者预告解除劳动合同

根据《劳动合同法》第 37 条规定，劳动者提前 30 日以书面形式通知用人单位的，可以解除劳动合同。劳动者在试用期内提前 3 日通知用人单位，可以解除劳动合同。根据该法条可知，首先，具有解除劳动合同的意思表示是劳动者一方，而非用

人单位;其次,劳动者单方解除劳动合同即可,无须用人单位同意,劳动者提前30日以书面形式通知或者试用期内提前3日口头或书面通知,不需要经过用人单位的审批;最后,用人单位无须支付经济补偿金,由于不是因用人单位的过错解除劳动合同,而是属于劳动者的自愿离职行为,因此不需要支付经济补偿金。

劳动者违反上述规定的责任,依据《违反〈劳动法〉有关劳动合同规定的赔偿办法》第4条规定:"劳动者违反规定或劳动合同的约定解除劳动合同,对用人单位造成损失的,劳动者应赔偿用人单位下列损失:(一)用人单位招收录用其所支付的费用;(二)用人单位为其支付的培训费用,双方另有约定的按约定办理;(三)对生产、经营和工作造成的直接经济损失;(四)劳动合同约定的其他赔偿费用。"

三、劳动者即时解除劳动合同

根据《劳动合同法》第38条规定,用人单位有法定情形之一的,劳动者可以解除劳动合同,具体包括:

(一)用人单位未按照劳动合同约定提供劳动保护或者劳动条件的

通常认为,未按合同约定提供劳动保护和条件,主要是指用人单位未按照合同约定或未按工作岗位中实际需要提供工作条件或环境,既包括开展工作的必要硬件(如生产工具),也包括软件(如系统支持、网络服务等),导致劳动者无法开展工作,无法履行劳动合同中约定的劳动义务。

(二)用人单位未及时足额支付劳动报酬的

如何理解"劳动报酬"? 劳动报酬一般等同于工资,原劳动部《关于贯彻执行〈中华人民共和国劳动法〉若干问题的意见》第53条规定,劳动法中的"工资"是指用人单位依据国家有关规定或劳动合同的约定,以货币形式直接支付给本单位劳动者的劳动报酬,一般包括计时工资、计件工资、奖金、津贴和补贴、延长工作时间的工资报酬以及特殊情况下支付的工资等。"工资"是劳动者劳动收入的主要组成部分。劳动者的以下劳动收入不属于工资范围[①]:(1)单位支付给劳动者个人的社会保险福利费用,如丧葬抚恤救济费、生活困难补助费、计划生育补贴等;(2)劳动保护方面

① 李培智:《劳动法理论与实务》,中国劳动社会保障出版社2009年版。

的费用，如用人单位支付给劳动者的工作服、解毒剂、清凉饮料费用等；(3)按规定未列入工资总额的各种劳动报酬及其他劳动收入，如根据国家规定发放的创造发明奖、国家星火奖、自然科学奖、科学技术进步奖、合理化建议和技术改进奖、中华技能大奖等，以及稿费、讲课费、翻译费等。《国家统计局关于工资总额组成的规定》第11条对不列入工资总额的范围作了更为细化的规定，下列各项不列入工资总额的范围：(1)根据国务院发布的有关规定颁发的发明创造奖、自然科学奖、科学技术进步奖和支付的合理化建议和技术改进奖以及支付给运动员、教练员的奖金；(2)有关劳动保险和职工福利方面的各项费用；(3)有关离休、退休、退职人员待遇的各项支出；(4)劳动保护的各项支出；(5)稿费、讲课费及其他专门工作报酬；(6)出差伙食补助费、误餐补助、调动工作的旅费和安家费；(7)对自带工具、牲畜来企业工作职工所支付的工具、牲畜等的补偿费用；(8)实行租赁经营单位的承租人的风险性补偿收入；(9)对购买本企业股票和债券的职工所支付的股息(包括股金分红)和利息；(10)劳动合同制职工解除劳动合同时由企业支付的医疗补助费、生活补助费等；(11)因录用临时工而在工资以外向提供劳动力单位支付的手续费或管理费；(12)支付给家庭工人的加工费和按加工订货办法支付给承包单位的发包费用；(13)支付给参加企业劳动的在校学生的补贴；(14)计划生育独生子女补贴。

如何理解“未及时”？《工资支付暂行规定》第7条规定：“工资必须在用人单位与劳动者约定的日期支付。如遇节假日或休息日，则应提前在最近的工作日支付。工资至少每月支付一次，实行周、日、小时工资制的可按周、日、小时支付工资。”这就是说，用人单位应当按照其与劳动者约定的日期支付工资，且至少每月支付一次。但是，超过一个月支付不一定绝对被认为“未及时支付劳动报酬”。原劳动部《对〈工资支付暂行规定〉有关问题的补充规定》第4条规定，下列情况不属于“无故拖欠”：(1)用人单位遇到非人力所能抗拒的自然灾害、战争等原因，无法按时支付工资；(2)用人单位确因生产经营困难、资金周转受到影响，在征得本单位工会同意后，可暂时延期支付劳动者工资，延期时间的最长限制可由各省、自治区、直辖市劳动行政部门根据各地情况确定。可见，当满足以上两种法定情形时，用人单位超过一个月未支付工资可不被认定为“未及时支付劳动报酬”。排除存在以上两种特殊情形，在正常情况下用人单位究竟拖欠发放工资多少天可以被认定为“未及时支付劳动报酬”？目前《劳动合同法》对此并无明确规定，这取决于各地地方性的规定。比如，《深圳市员工工资支付条例》第11条规定：“工资支付周期不超过一个月的，约定的工资支付日不得超过支付周期期满后第七日;工资支付周期超过一个月不满一年的,约定的工资支付日不得超过支付周期期满后的一个月;工资支付周期在一年以上的,约定的工资支付日不得超过支付周期期满后的六个月。工资支付日遇法定休假节日或者休息日的,应当在之前的工作日支付。”可见,在深圳市,用人单位以月为支付周期的,约定的工资支付日不得超过支付周期满后第 7 日,例如,如果以每月 1 日至 30 日作为计薪周期,那么次月 15 日发工资就构成“未及时支付工资”。另外,即便用人单位生产经营困难,经过了工会同意延期支付工资,延期支付工资的最长期限是 15 日,超过 15 日则构成未及时支付工资。

(三)用人单位未依法为劳动者缴纳社会保险费的

实践中,因用人单位缴纳社会保险费用的标准不一,法院难以认定是否足额,且部分用人单位低于法定标准为职工缴纳社会保险费用是经过社会保险行政部门同意的,此时如果法院认定其未足额缴纳,就与社会保险行政部门的认定产生了冲突,因此对于如何为劳动者缴纳社会保险主要参考当地社会保险行政部门的有关规定。

实践中还会出现这样一种情形:用人单位与劳动者建立劳动关系后,未以本公司名义为劳动者参加社会保险,而是由另外一家公司代其为劳动者缴纳社会保险费,后来劳动者以用人单位未依法缴纳社会保险费为由,申请仲裁要求解除劳动合同,并要求用人单位支付经济补偿金。这种代缴社会保险费的行为是非常不可取的,会给用人单位带来诉讼风险和损失。现实中法院也会认为此类行为由于转移账户,改变缴费主体,违反了《社会保险法》第 4 条“用人单位和个人依法缴纳社会保险费”和第 10 条“职工应当参加基本养老保险,由用人单位和职工共同缴纳基本养老保险费”的规定,应认定为公司未依法缴纳社会保险。①

(四)用人单位的规章制度违反法律、法规的规定,损害劳动者权益的

用人单位的规章,自 2008 年《劳动合同法》实施后,其制作、公布等有效化问题,成为用人单位引用就业规则而合法解除劳动合同的重要依据。根据《劳动合同法》第 4 条规定,企业规章制度生效的条件是“应当经职工代表大会或者全体职工讨论,提出方案和意见,与工会或者职工代表平等协商确定”“用人单位应当将直接涉及劳

① 参见四川省德阳市中级人民法院民事裁定书,(2017)川 06 民特 121 号。

动者切身利益的规章制度和重大事项决定公示,或者告知劳动者”,实现规章制度有效化需要满足以下三点:一是程序性要求——与职工代表大会或全体职工讨论,经工会或职工协商确定后方可,即程序民主。二是可操作性要求——公示或告知,采取召开全员大会、张贴告知、邮件群发方式的公示或告知,或者下述方式:(1)将用人单位规章制度汇编成员工手册,由员工签字确认已阅读;(2)组织新入职员工参与规章制度培训,并签署培训纪要;(3)用人单位将规章制度列为劳动合同的附件。三是内容合法。同时,在规章制度实施过程中,工会或者员工认为用人单位的规章制度不适当的,有权向用人单位提出,通过协商作出修改完善。用人单位的规章制度同时满足上述三个条件,即为有效的,否则即为无效的。如果存在用人单位规章制度违反法律、法规的规定,损害劳动者权益情形的,劳动者即可以此为由提出解除劳动合同,并且主张经济补偿金。

(五)用人单位以欺诈、胁迫的手段或者乘人之危,使劳动者在违背真实意思的情况下订立或者变更劳动合同,致使劳动合同无效的

订立劳动合同因采取欺诈、威胁等手段而无效。欺诈,是指当事人一方故意制造假相或隐瞒事实真相,欺骗对方,诱使对方形成错误认识而与之订立劳动合同。如果用人单位欺诈劳动者,无论是哪种情形,采取欺诈手段订立的劳动合同都是无效的。威胁,是指当事人以将要发生的损害或者以直接实施损害相威胁,一方迫使另一方处于恐怖或者其他被胁迫的状态而签订劳动合同,可能涉及生命、身体、财产、名誉、自由、健康等方面。采用威胁的方式订立的劳动合同,劳动者可以主张合同无效。

劳动合同是否有效,由劳动争议仲裁机构或者人民法院确认,其他任何部门或者个人都无权认定劳动合同无效。在劳动合同被认定为无效的情形下,劳动者可以单方解除劳动合同。

(六)法律、行政法规规定劳动者可以解除劳动合同的其他情形

例如,如果用人单位以暴力、威胁或者非法限制人身自由的手段强迫劳动者劳动的,或者用人单位违章指挥、强令冒险作业危及劳动者人身安全的,劳动者可以立即解除劳动合同,不需要事先告知用人单位。

综上,根据该法条可知劳动者即时解除劳动合同的特点:第一,由劳动者提出解

除劳动合同的动议，它与劳动者预告解除劳动合同主体相同；第二，用人单位具有一定的过错，《劳动合同法》第38条明确规定劳动者解除劳动合同的几种情形，以此保护劳动者的合法权益；第三，用人单位需要支付经济补偿金，因为劳动者即时解除劳动合同并非劳动者的自愿离职行为，由于用人单位的过错给劳动者造成了损失，因此须支付经济补偿金。

案例说法

案例1：用人单位强行调岗，劳动者单方解除劳动合同

沈某某于1998年3月入职昆山某公司，从事操作工岗位工作。2013年6月18日，沈某某至昆山市巴城劳动和社会保障所申诉，申诉内容大致为昆山某公司调其至其他不能胜任的岗位，致使他无法再继续工作，工资大幅降低，要求单位支付补偿金及不足工资差额部分。

2013年7月30日，劳动仲裁庭审中，沈某某提出解除劳动合同并要求支付经济补偿金。仲裁裁决为：1. 昆山某公司在仲裁裁决生效之日起3日内一次性支付沈某某2013年5月、6月工资差额72.79元、加班费693元，上述款项合计765.79元；2. 驳回沈某某的其他诉讼请求。沈某某不服仲裁裁决，遂诉诸昆山市人民法院。

法院认为：劳动者的合法权益受法律保护，用人单位变更劳动合同内容的，应当与劳动者协商一致，用人单位应当足额支付劳动者劳动报酬。法院认定沈某某解除与昆山某公司劳动合同的责任在于昆山某公司未能按照劳动合同约定为劳动者提供劳动条件，故应向劳动者支付经济补偿金。

【裁判文书编号】

江苏省昆山市人民法院(2013)昆巴民初字第0457号民事判决书

案例2：公司拖欠劳动者工资，劳动者解除劳动合同并要求公司支付经济补偿金

郑某于2007年11月1日入职某房地产公司，岗位为客服，约定每月6日通过银行转账方式发放上个自然月工资，双方最后一份劳动合同期限为2012年10月1日起至A项目完成时终止。郑某月工资由底薪5250元、餐补（每个出勤日10元）和不固定的绩效工资构成。双方均认可郑某2021年4月1日至4月22日正常出勤，自

2021年4月23日起未出勤,某房地产公司未支付郑某2021年4月1日至6月17日工资。郑某主张某房地产公司安排其自2021年4月23日起待岗,某房地产公司则主张其公司B项目因甲方原因不能正常运转,安排郑某自2021年4月23日起回家等通知。某房地产公司主张不予支付郑某工资系因其给公司造成了损失,但未提交证据证明实际发生的损失。

郑某主张其以未提供劳动保护、劳动条件和未及时足额支付劳动报酬为由向某房地产公司邮寄了解除劳动合同通知书,某房地产公司于2021年6月18日签收该通知书,并提交《被迫解除劳动关系通知书》用于证明其主张。某房地产公司认可于2021年6月18日收到郑某邮寄的解除劳动合同通知书。

郑某于2021年6月29日向北京市东城区劳动人事争议仲裁委员会提出仲裁申请,该仲裁委裁决:某房地产公司支付郑某未发工资及解除劳动合同经济补偿金等。裁决后,双方均不服仲裁裁决结果,向人民法院提起诉讼。

一审法院认为:郑某是以拖欠劳动报酬向某房地产公司提出解除劳动合同的,某房地产公司也收到了郑某的解除通知,并且某房地产公司确实存在拖欠郑某工资的事实,因此郑某提出解除劳动合同的理由符合用人单位应予支付解除经济补偿金的情形,某房地产公司应支付郑某解除劳动合同经济补偿金。

【裁判文书编号】

北京市第二中级人民法院(2022)京02民终1333号民事判决书

案例3:劳动者未提前30日通知解除劳动合同,被判赔偿用人单位损失

左某与某公司于2013年7月签订劳动合同一份,公司聘用左某为其分公司门市部经理,合同期限为2013年7月10日至2016年7月9日。工作过程中,因左某的理念与公司的经营管理模式、运行模式不一致,因此左某于2013年9月底向公司提出离职申请,公司给左某缴纳社会保险至2013年10月,左某等待分公司工作人员配齐,工作交接完毕,于2013年11月19日离开某公司。2014年6月18日某公司向劳动人事争议仲裁委员会申请仲裁,2014年9月18日劳动人事争议仲裁委员会作出裁决,确认双方的劳动关系已于2013年11月19日解除,由左某在裁决书生效后10日内支付公司经济损失28,018.3元。左某不服,向人民法院提起诉讼。

一审法院认为:《劳动合同法》规定,劳动者提前30日以书面形式通知用人单位,可以解除劳动合同;劳动者违反劳动法规定解除劳动合同,给用人单位造成损失的，应承担赔偿责任。本案中，左某作为分公司门市部经理，负责门市部的日常经营、管理，其没有按照《劳动合同法》的规定提前30日以书面方式通知公司解除劳动合同即离职，导致公司无法及时调整门市部的人员安排、工作交接等，客观上给公司造成了经济损失，对此，左某应承担赔偿责任。综合考量门市部获利情况(2013年7月至11月获利106,758元，平均月利润21,300余元)、门市部房屋租金(年租金80,000元，月平均租金6600余元)、左某的职位及离职的主观过错，法院确定由左某赔偿经济损失28,000元。一审宣判后，左某不服，提起上诉。

二审法院认为：原审认定事实基本清楚，适用法律正确，驳回了上诉，维持原判。

【裁判文书编号】

浙江省金华市中级人民法院(2015)浙金民终字第113号民事判决书

风险应对

一、风险点：变相降低工资迫使劳动者离职

实践中，用人单位会为了避免支付较高的经济补偿金采取某些手段迫使劳动者自动离职，例如，将劳动者调换到非自身专业领域的岗位，通过其工作内容、工作时间的变动，变相降低劳动者工资，使劳动者接受不了工作安排自动辞职，或者直接降低劳动者的工资，使劳动者无法忍受低薪水而自行离职。但这两种做法是很不可取的，不但会给用人单位的管理带来负面影响，也会带来较大的法律风险。

随意的调岗或降薪不仅对单位、对员工的管理有着极大的负面影响，会导致人心惶惶，劳动者对公司的信任度和归属感大大减弱，还会使用人单位面对违法解除劳动合同应该支付经济补偿金的法律风险。经济补偿金不会因为劳动者是自动离职就可以不支付，如果劳动者的离职是用人单位的不合法行为导致的，用人单位也要为此承担法律责任。

【HR防范策略】

用人单位变相降低员工工资，虽然从短期的工资支出来看为用人单位节省了成本，但是这种行为埋下的隐患是无穷大的，不利于单位的发展。被逼走的员工会对单位心存怨恨，甚至会通过法律手段去维护自己的合法权益，用人单位很可能需要向劳动者支付经济补偿金。用人单位还需要花费时间和精力去参与诉讼，时间、金

钱的支出往往会很多,而且还会导致公司的形象受损。留在公司的员工则会人心惶惶,随时担心下一个被逼走的人会是自己,对工作的态度和对单位的印象就会很消极,从长远来看是很不利于单位发展的。

用人单位如果担心劳动者入职后不能满足单位的要求,则需要在招聘的时候注重专业技能的考察、在工作期间加强工作技能的培训、建立完善的考察机制,不可以通过不合理不合法的手段逼迫单位不想继续聘用的劳动者离职。

二、风险点:强制调岗迫使劳动者离职

《劳动合同法》第 35 条规定,用人单位与劳动者协商一致,可以变更劳动合同约定的内容。根据《劳动合同法》的规定,调岗属于劳动合同内容的变更,所以用人单位是需要和劳动者协商一致的。虽然在一些地方劳动法规中,用人单位因为生产经营的需要,可以对劳动者进行调岗,但也应该满足一定的条件,不可随意为之。在实践中,存在一些用人单位未经劳动者同意就将劳动者强制调岗的现象,这时候劳动者觉得无法接受新安排的工作岗位,而又与用人单位协商无果的情况下大多数会选择离职。根据《劳动合同法》第 46 条的规定,这种情况下用人单位要承担向劳动者支付经济补偿金的法律风险。

【HR 防范策略】

如果地方法规对于调岗没有更为明确的规定,根据《劳动合同法》第 35 条的规定,调动工作岗位,必须经用人单位和劳动者协商一致方可进行。对于有地方规定的地区,用人单位在对劳动者进行调岗时也应严格按照地方法规的规定进行操作。以广东省为例,《广东省高级人民法院、广东省劳动人事争议仲裁委员会关于审理劳动人事争议案件若干问题的座谈会纪要》第 22 条规定,用人单位调整劳动者工作岗位,同时符合以下情形的,视为用人单位合法行使用工自主权,劳动者以用人单位擅自调整其工作岗位为由要求解除劳动合同并请求用人单位支付经济补偿的,不予支持:(1)调整劳动者工作岗位是用人单位生产经营的需要;(2)调整工作岗位后劳动者的工资水平与原岗位基本相当;(3)不具有侮辱性和惩罚性;(4)无其他违反法律法规的情形。根据该条规定,如果调岗是用人单位生产经营的需要,调整岗位后劳动者的工资水平与原岗位基本相当,且调岗行为不具有侮辱性和惩罚性,调岗可以视为用人单位合法行使用工自主权,劳动者即便单方解除劳动合同,用人单位也不需要向其支付经济补偿金。因此,用人单位应以该条规定来规范对劳动者的调岗

行为。

三、风险点：用人单位未提供劳动条件，劳动者单方解除劳动合同

“劳动条件”，是指劳动者在劳动过程中所必需的物质设备条件。《劳动合同法》第 17 条规定，劳动合同应当具备以下条款：(1)用人单位的名称、住所和法定代表人或者主要负责人；(2)劳动者的姓名、住址和居民身份证或者其他有效身份证件号码；(3)劳动合同期限；(4)工作内容和工作地点；(5)工作时间和休息休假；(6)劳动报酬；(7)社会保险；(8)劳动保护、劳动条件和职业危害防护；(9)法律、法规规定应当纳入劳动合同的其他事项。由此可知劳动保护、劳动条件是用人单位必须提供给劳动者的，如果用人单位未能按照劳动合同约定为劳动者提供劳动条件是违法的，劳动者若以此为由单方解除劳动合同，用人单位应支付经济补偿金。

【HR 防范策略】

关于劳动保护和劳动条件，用人单位和劳动者往往会在劳动合同中进行约定。对于用人单位来说，在劳动合同中最好不要约定得过于明确和具体，因为一旦明确写入劳动合同中，后又以各种理由推脱无法达成（如以劳动者的工作性质比较特殊为由，不予提供），会直接违反劳动法规定，给予劳动者单方解除劳动合同的直接依据。当然，用人单位必须为劳动者提供必要的劳动条件和劳动保护，是同时有利于劳动者和用人单位自身的，必要的劳动条件不但是劳动者身体健康的保障，也是劳动者顺利履行义务的保障。

四、风险点：用人单位拖欠工资，劳动者单方解除劳动合同

根据《劳动合同法》第 38 条“用人单位有下列情形之一的，劳动者可以解除劳动合同：（一）未按照劳动合同约定提供劳动保护或者劳动条件的；（二）未及时足额支付劳动报酬的；（三）未依法为劳动者缴纳社会保险费的；（四）用人单位的规章制度违反法律、法规的规定，损害劳动者权益的；（五）因本法第二十六条第一款规定的情形致使劳动合同无效的；（六）法律、行政法规规定劳动者可以解除劳动合同的其他情形。用人单位以暴力、威胁或者非法限制人身自由的手段强迫劳动者劳动的，或者用人单位违章指挥、强令冒险作业危及劳动者人身安全的，劳动者可以立即解除劳动合同，不需事先告知用人单位”以及第 46 条“有下列情形之一的，用人单位应当向劳动者支付经济补偿：（一）劳动者依照本法第三十八条规定解除劳动合同

的……”的规定可知，用人单位未足额支付劳动报酬的，劳动者可以单方面解除劳动合同，且可以向用人单位主张经济补偿金。

【HR防范策略】

用人单位不应当拖欠工资，及时足额的发放工资是用人单位应尽的义务。当然，用人单位也可能因其他特殊原因迟延发放工资，在这时候，用人单位未及时足额发放工资是否具有主观恶意，是部分地方司法裁判机构考量是否支持经济补偿金的另一个重要因素。对于用人单位而言，要降低此类法律风险，应做到以下几点：一是规范用工，避免拖欠或克扣工资，实践中可能出现部分地方对“及时足额发放工资”有特殊规定，而当地用人单位未留意，最终导致无意中违反相关规定，如《深圳市员工工资支付条例》规定最迟不得超过22日发上月工资。二是如果出现法律规定的特殊情形，应当及时履行法定程序并告知劳动者，比如用人单位确实因为生产经营困难、资金周转受到影响，应征得本单位工会同意后，再延期支付劳动者工资。三是树立证据意识和沟通意识，避免矛盾的发生。建议用人单位每月让劳动者签收工资单，对工资计算和发放进行确认，以免日后发生矛盾陷入被动，如果发生矛盾，也应第一时间沟通，做好证据固定工作，以备不时之需。

操作指引

一、劳动者单方解除劳动合同管理流程

1. 用人单位无过错的情形：劳动者按照《劳动合同法》第37条规定，试用期内只需要提前3日通知用人单位，转正后提前30日书面通知用人单位，即可办理离职手续，用人单位无须补偿。

2. 用人单位存在《劳动合同法》第38条的情况，劳动者可以立即解除劳动合同，不需事先告知用人单位，且用人单位依照法律应当支付剩余的工资和经济补偿金（每工作1年支付1个月工资），并办理离职手续等。

二、用人单位如何正确调岗，避免劳动者单方解除劳动合同

1. 通过劳动合同、规章制度对需要调岗的情形进行约定。用人单位可以结合自身情况对于生产经营中可能出现的调岗情形进行列举，当然，用人单位的列举并不

一定都能得到司法裁判的支持，但是在发生争议时，司法裁判机构仍然会对这些规定进行审查，如果约定具有合理性，法院同样会予以认可。因此，用人单位在明确调岗情形的时候应当注意合理性、可操作性，且不可过于宽泛、模糊。

2. 严格遵循调岗程序。用人单位单方调岗前，应当树立程序意识，注重民主程序，通过集体决策（如工会介入），并留下相关书面记录（如股东决议、经营决议），体现调岗程序是有多方参与的。在这个过程中还要保证员工的知情权、申诉权，听取员工建议，积极沟通，最好能提供多种方案。

3. 注重调岗内容的正当性。用人单位应确保调岗前后工资基本相当，避免出现薪资的大幅下降，对于薪资的降低也应当有充分的理由，除此之外，应当保证工作地点、工作环境、工作时间尽量维持不便。需要特别注意的是，应当避免打击报复和侮辱性的调岗，比如，将财务人员调动至保洁岗位，很可能构成违法调岗，进而使劳动者能依法单方解除劳动合同。

疑难解答

一、用人单位在预告期内是否可以不同意劳动者单方解除劳动合同？

不可以。劳动者有劳动自由，可以根据自己的意志，自由选择自己从事的工作，同时也可以依法行使单方解除权，用人单位不同意解除劳动合同的行为不可以成为抗辩的理由。劳动者享有择业自由权，有权自主决定与什么用人单位签订劳动合同，也有权决定与用人单位单方解除劳动合同。依据《劳动法》第 31 条、《劳动合同法》第 37 条规定，只要劳动者履行了“提前 30 日或者按照劳动合同约定的提前通知期，以书面形式通知用人单位”的程序，其辞职行为即发生法律效力。

《劳动合同法实施条例》第 18 条规定，劳动者提前 30 日以书面形式通知用人单位，可以依照《劳动合同法》规定的条件、程序解除固定期限劳动合同、无固定期限劳动合同或者以完成一定工作任务为期限的劳动合同。

以上规定都未对劳动者因个人原因辞职进行其他限制，也未要求劳动者征得用人单位同意。在实践中仍然存在用人单位要求劳动者征求其同意的行为，这是与《劳动合同法》的立法精神相违背的。

二、劳动者不辞而别怎么办?

劳动者不辞而别并不能理所当然终止劳动关系,不代表用人单位从此不再需要履行任何义务,承担任何责任。劳动关系的终结需要满足法定的原因或者一方或双方明确解除劳动关系的意思表示,在实践中,用人单位如果未能正确应对可能存在败诉的风险。《劳动合同法》第 37 条规定,劳动者提前 30 日以书面形式通知用人单位,可以解除劳动合同。劳动者在试用期内提前 3 日通知用人单位,可以解除劳动合同。

以北京市为例,《北京市劳动合同规定》第 34 条第 2 款规定,劳动者给用人单位造成经济损失尚未处理完毕或者未按照劳动合同约定承担违约责任的,不得依据前款规定解除劳动合同。即使劳动者履行了法定的提前书面通知程序,也不发生解除劳动合同的法律效力。但需要注意的是,用人单位对劳动者给用人单位造成经济损失负有举证责任,这一点对于判定劳动者解除劳动合同的合法性尤为重要。

综合上述规定可知,劳动者有通知的义务,在其不辞而别时,用人单位应当履行解除劳动关系的法定程序并留存相应的证据,以避免可能发生的争议和风险。

法条链接

1.《劳动合同法》(2012 年 12 月 28 日修正)

第三十七条 劳动者提前三十日以书面形式通知用人单位,可以解除劳动合同。劳动者在试用期内提前三日通知用人单位,可以解除劳动合同。

第三十八条 用人单位有下列情形之一的,劳动者可以解除劳动合同:

(一)未按照劳动合同约定提供劳动保护或者劳动条件的;

(二)未及时足额支付劳动报酬的;

(三)未依法为劳动者缴纳社会保险费的;

(四)用人单位的规章制度违反法律、法规的规定,损害劳动者权益的;

(五)因本法第二十六条第一款规定的情形致使劳动合同无效的;

(六)法律、行政法规规定的劳动者可以解除劳动合同的其他情形。

用人单位以暴力、威胁或者非法限制人身自由的手段强迫劳动者劳动的,或者用人单位违章指挥、强令冒险作业危及劳动者人身安全的，劳动者可以即时解除劳动合同，不需事先告知用人单位。

第四十六条 有下列情形之一的，用人单位应当向劳动者支付经济补偿：

（一）劳动者依照本法第三十八条规定解除劳动合同的；

（二）用人单位依照本法第三十六条规定向劳动者提出解除劳动合同并与劳动者协商一致解除劳动合同的；

（三）用人单位依照本法第四十条规定解除劳动合同的；

（四）用人单位依照本法第四十一条第一款规定解除劳动合同的；

（五）除用人单位维持或者提高劳动合同约定条件续订劳动合同，劳动者不同意续订的情形外，依照本法第四十四条第一项规定终止固定期限劳动合同的；

（六）依照本法第四十四条第四项、第五项规定终止劳动合同的；

（七）法律、行政法规规定的其他情形。

第四十七条 经济补偿按劳动者在本单位工作的年限，每满一年支付一个月工资的标准向劳动者支付。六个月以上不满一年的，按一年计算；不满六个月的，向劳动者支付半个月工资的经济补偿。

劳动者月工资高于用人单位所在直辖市、设区的市级人民政府公布的本地区上年度职工月平均工资三倍的，向其支付经济补偿的标准按职工月平均工资三倍的数额支付，向其支付经济补偿的年限最高不超过十二年。

本条所称月工资是指劳动者在劳动合同解除或者终止前十二个月的平均工资。

2.《劳动合同法实施条例》(2008 年 9 月 18 日)

第十八条 有下列情形之一的，依照劳动合同法规定的条件、程序，劳动者可以与用人单位解除固定期限劳动合同、无固定期限劳动合同或者以完成一定工作任务为期限的劳动合同：

（一）劳动者与用人单位协商一致的；

（二）劳动者提前 30 日以书面形式通知用人单位的；

（三）劳动者在试用期内提前 3 日通知用人单位的；

（四）用人单位未按照劳动合同约定提供劳动保护或者劳动条件的；

（五）用人单位未及时足额支付劳动报酬的；

（六）用人单位未依法为劳动者缴纳社会保险费的；

（七）用人单位的规章制度违反法律、法规的规定，损害劳动者权益的；

（八）用人单位以欺诈、胁迫的手段或者乘人之危，使劳动者在违背真实意思的情况下订立或者变更劳动合同的；

（九）用人单位在劳动合同中免除自己的法定责任、排除劳动者权利的；

（十）用人单位违反法律、行政法规强制性规定的；

（十一）用人单位以暴力、威胁或者非法限制人身自由的手段强迫劳动者劳动的；

（十二）用人单位违章指挥、强令冒险作业危及劳动者人身安全的；

（十三）法律、行政法规规定劳动者可以解除劳动合同的其他情形。

3.《劳动部办公厅关于劳动者解除劳动合同有关问题的复函》（1995年12月19日）

按照《劳动法》第三十一条的规定："劳动者解除劳动合同，应当提前三十日以书面形式通知用人单位"。劳动者提前三十日以书面形式通知用人单位，既是解除劳动合同的程序，也是解除劳动合同的条件。劳动者提前三十日以书面形式通知用人单位，解除劳动合同，无需征得用人单位的同意。超过三十日，劳动者向用人单位提出办理解除劳动合同的手续，用人单位应予以办理。但由于劳动者违反劳动合同有关约定而给用人单位造成经济损失的，应依据有关法律、法规、规章的规定和劳动合同的约定，由劳动者承担赔偿责任。

劳动者违反提前三十日以书面形式通知用人单位的规定，而要求解除劳动合同，用人单位可以不予办理。劳动者违法解除劳动合同而给原用人单位造成经济损失，应当依据有关法律、法规、规章的规定和劳动合同的约定承担赔偿责任。

4.《违反〈劳动法〉有关劳动合同规定的赔偿办法》（1995年5月10日　劳部发〔1995〕223号）

第六条　用人单位招用尚未解除劳动合同的劳动者，对原用人单位造成经济损失的，除该劳动者承担直接赔偿责任外，该用人单位应当承担连带赔偿责任……

5.《北京市劳动合同规定》（2021年12月30日）

第三十四条　劳动者解除劳动合同，应当提前30日或者按照劳动合同约定的提前通知期，以书面形式通知用人单位。

劳动者给用人单位造成经济损失尚未处理完毕或者未按照劳动合同约定承担违约责任的，不得依据前款规定解除劳动合同。

第三十五条　有下列情形之一的，劳动者可以随时通知用人单位解除劳动合

同,用人单位应当支付劳动者相应的劳动报酬并依法缴纳社会保险费:

(一)在试用期内的;

(二)用人单位以暴力、威胁或者非法限制人身自由的手段强迫劳动的;

(三)用人单位未按照劳动合同约定支付劳动报酬或者提供劳动条件的;

(四)用人单位未依法为劳动者缴纳社会保险费的。

第三十六条 当事人依据本规定解除劳动合同的,用人单位应当向劳动者出具解除劳动合同的书面证明,并办理有关手续。

第三十七条 劳动者违反提前30日或者约定的提前通知期要求与用人单位解除劳动合同的,用人单位可以不予办理解除劳动合同手续。

6.《上海市劳动合同条例》(2002年5月1日)

第三十条 劳动者解除劳动合同,应当提前三十日以书面形式通知用人单位。

第三十一条 有下列情形之一的,劳动者可以随时通知用人单位解除劳动合同。

(一)在试用期内的;

(二)用人单位以暴力、威胁或者非法限制人身自由的手段强迫劳动的;

(三)用人单位未按照劳动合同约定支付劳动报酬或者提供劳动条件的。

文书工具

《员工离职声明》(见书尾文书工具附录,编号:NO.03)

第四节 用人单位解除劳动合同

实务精讲

一、用人单位解除劳动合同的类型

用人单位与劳动者依法订立的劳动合同受法律保护,非因法定的事由和程序,用人单位不得单方解除劳动合同。根据《劳动合同法》及其相关规定,用人单位单方解除劳动合同主要有两种情形:一种是因劳动者存在过错而单方解除劳动合同;另一种是非因劳动者存在过错而单方解除劳动合同。以下论述将这两种情形分别简称为“过错性解除劳动合同”和“非过错性解除劳动合同”。

(一)过错性解除劳动合同

过错性解除劳动合同具有普遍适用性,适用对象是用人单位的全体员工,不存在例外情形。即使对处于医疗期、孕期、产期、哺乳期,或因其他情形而享有特殊解雇保护的员工(《劳动合同法》第42条),只要存在法律规定的过错情形,用人单位都可以单方解除劳动合同。

(二)非过错性解除劳动合同

非过错性解除劳动合同不具有普遍适用性,出于对劳动者利益的保护,其情形需要法律明文规定。非过错性解除劳动合同的主要情形有:劳动者患病或者非因工负伤,在医疗期满后不能从事原来的工作,对用人单位另行安排的其他工作也不能够很好地完成;劳动者不能胜任工作,经过培训或调整工作岗位仍不能胜任工作,以及订立劳动合同时的客观情况发生重大变化使得必须要解除劳动合同的。

(三)经济性裁员

经济性裁员也属于用人单位解除劳动合同的类型之一,因为涉及内容较多,另辟一节阐述,在此不再展开。

二、用人单位过错性解除劳动合同的情形

1. 在试用期间被证明不符合录用条件的

录用条件是指用人单位在招用劳动者时依据岗位要求所提出的具体标准,而试用期则是为了考察劳动者是否符合用人单位所提出的要求和标准。劳动者在试用期是否合格,应当以劳动者的思想品德、劳动态度、文化水平、技能水平、身体素质等为标准。在试用期内,如果发现劳动者不符合录用条件的,如身体条件、受教育程度、实际工作能力不行,用人单位可以解除劳动合同,以保证职工队伍的素质,不断提高劳动生产率。

2. 严重违反用人单位的规章制度的

用人单位以该条为由解除劳动合同需要注意以下两点:第一,用人单位的规章制度不应违反法律强制性规定。对于违反法律强制性规定的规章制度,其本身就不具备法律效力,无法对劳动者产生约束力,更遑论以此单方面解除与劳动者的劳动合同。第二,需达到严重违反用人单位规章制度的"严重"这一程度。比如,在迟到、早退等轻微违纪的情况下,远达不到"严重"这一程度,以此单方面解除劳动合同显然是违法的。

3. 严重失职,营私舞弊,给用人单位造成重大损害的

劳动者严重失职、营私舞弊,并给用人单位造成重大损失,是法定解除事由之一。这里需要提示的是,用人单位需要承担举证责任,尤其是针对其中要求的"重大损失"。此类劳动争议面对的最大一个问题是用人单位提供的证据不足,不能充分证明,导致承担不利后果,这就要求用人单位在日常人力资源管理活动中做好证据收集工作。

4. 劳动者同时与其他用人单位建立劳动关系,对完成本单位的工作任务造成严重影响,或者经用人单位提出拒不改正的

关于劳动者是否可以从事第二职业,法律未作出禁止性规定。但当出现以下两种情形时,用人单位会享有单方解除劳动合同的权利:一种情形是劳动者从事第二职业对完成本单位的工作任务造成严重影响的;另一种情形是劳动者从事第二职业经用人单位提出,拒不改正的。按照上述规定,我们可以理解为在劳动者从事第二职业情形下,用人单位并不能直接解除劳动合同,除非对完成本单位的工作任务造成严重影响,对于"严重影响"用人单位应当承担举证责任,但具体何为"严重",用人单位往往难以把握。在司法实践中,允许用人单位在规章制度或劳动合同中明确规定禁止劳动者从事第二职业,一经发现,则立即予以解雇。通常而言,用人单位据此直接解雇从事第二职业的劳动者是会得到支持的。因此我们建议,用人单位应在规章制度或劳动合同中对于禁止劳动者从事第二职业作出明确规定,否则必须满足上述法律规定的限定条件,才能与从事第二职业的劳动者解除劳动合同。而对于第二种情形用人单位提出解除劳动合同,劳动者至少还有一次改正的机会,满足这些条件的用人单位才能解除劳动合同。

5. 劳动者以欺诈、胁迫的手段或者乘人之危,使用人单位在违背真实意思的情况下,订立或者变更劳动合同致使劳动合同无效的

关于劳动者采取欺诈、胁迫等手段使合同无效的行为。HR 可以明确规定员工

应向用人单位提交真实有效的个人资料和证明材料(其是对用人单位是否录用该劳动者或者是否变更其工作岗位起决定作用的信息),并要求劳动者对其真实性作出书面承诺或保证,通过书面形式与劳动者约定,一旦发现劳动者的行为构成欺诈或胁迫即可根据上述规定解除劳动合同。而对于员工采取胁迫手段签订劳动合同,在现实中极少出现,如果出现该种情形,用人单位对劳动者的“胁迫”行为承担举证责任,因此建议用人单位对于该种签订劳动合同的情形做好证据保存。

6. 劳动者被依法追究刑事责任的

关于劳动者是否属于“被依法追究刑事责任”的情形。这个问题关涉较多《刑法》《刑事诉讼法》的知识和法律概念,用人单位 HR 在碰到这类问题时可能会感到有些手足无措。根据原劳动部《关于贯彻执行〈中华人民共和国劳动法〉若干问题的意见》的规定,“被依法追究刑事责任”是指:被人民检察院免予起诉的、被人民法院判处刑罚的(刑罚包括:主刑——管制、拘役、有期徒刑、无期徒刑、死刑;附加刑——罚金、剥夺政治权利、没收财产)、被人民法院依据《刑法》第 32 条(1997 年修订后为第 37 条)免予刑事处分的。现实中 HR 如果简单地根据劳动者是否被限制人身自由来判断是否属于“被依法追究刑事责任”,可能会出现错误判断。在此需要区分刑事拘留和行政拘留,并不是所有限制人身自由的行为都属于刑事拘留。劳动者如果只是违反《治安管理处罚法》的规定被行政拘留的(如因为吸毒、嫖娼等事由),虽然被限制了人身自由但不属于“被追究刑事责任”,用人单位不能以此为由解除劳动合同。而没有被限制人身自由也并不一定代表没有“被依法追究刑事责任”,比如,劳动者被人民法院判处管制、缓刑或者被免予刑事处罚的,虽然劳动者的人身自由没有被完全限制,但属于“被追究刑事责任”,用人单位仍然可以解除劳动合同。总而言之,审判机关的生效裁判文书才是判断劳动者是否属于“被依法追究刑事责任”最准确依据,进而决定用人单位能否以《劳动合同法》第 39 条第 6 项为由解除劳动合同。

三、用人单位非过错性解除劳动合同的情形

根据《劳动合同法》第 40 条的规定,有下列情形之一的,用人单位提前 30 日以书面形式通知劳动者本人或者额外支付劳动者 1 个月工资后,可以解除劳动合同:

1. 劳动者患病或者非因工负伤,在规定的医疗期满后不能从事原工作,也不能从事由用人单位另行安排的工作的

用人单位因劳动者医疗期满而解除其劳动合同,至少需要具备以下四个条件:

其一，劳动者属于患病或非因工负伤；其二，劳动者的医疗期已经届满；其三，医疗期满后，劳动者不能从事原工作；其四，经调整岗位后，劳动者也不能从事另行安排的工作。对于如何确定劳动者"不能从事原工作"，现行的法律并没有相应的解释。一般来看，"不能从事原工作"与"不能胜任工作"显然是两个不同的概念。"不能从事原工作"是指劳动者因身体健康原因不能处理工作事务，"不能胜任工作"一般是由于劳动者智力、体力、技能等各方面的原因而无法完成工作，同时也包括劳动者主观上不努力导致工作无法完成。当劳动者因为身体健康原因"不能从事原工作"时，用人单位只能通过调岗的方式，使劳动者继续工作下去。

2. 劳动者不能胜任工作，经过培训或者调整工作岗位，仍不能胜任工作的

劳动者"不能胜任工作"仅限于可归责于客观原因造成的劳动者不能胜任工作。这种客观原因包括用人单位的原因和劳动者自身的客观原因两个方面。用人单位的客观原因是指用人单位方面由于市场条件、国际竞争、技术革新等原因而采取更高的考核标准或者采取更高、更先进的技术，导致劳动者在自身条件没有变化的情况下，不能适应用人单位的要求，产生了不能胜任工作的结果。劳动者的知识、技能不能胜任工作，其实起源于用人单位技术性或组织性的理由，即劳动者在订立劳动合同时，对所从事的工作是能够胜任的，但在工作的进程中由于用人单位方面采取自动化或新生产技术，才使劳动者面对新技术而造成不能胜任工作。用人单位的这种改变行为或提高要求的行为是订立合同时劳动者所不能预见的，劳动者不能承担这种不能预见的、对自己不良的后果，所以法律规定，此种原因造成的劳动者不能胜任工作的后果不能仅由劳动者自己来承担，而应当由用人单位承担一定的义务。劳动者的客观原因主要是指劳动者因年龄导致身体健康状况不能适应用人单位的工作要求，这种原因之所以认为是客观原因，主要是考虑它并非劳动者主观所能控制的，而是人类自身发展的规律使然。

总体来说，当劳动者所提供的劳动，无法达到用人单位通过劳动合同所希望达成的客观上合理的经济目的时，允许用人单位解雇劳动者，但解雇应是最后手段，以"无适当工作可安置"为底线。[①] 当劳动者没有具备从事某项工作的能力，不能完成某一岗位的工作任务时，用人单位可以对其进行职业培训，提高其职业技能，也可以把其调换到能够胜任的工作岗位上，这是用人单位负有的协助劳动者适应岗位的义

① 人民法院出版社编：《司法解释理解与适用全集·劳动争议卷》，人民法院出版社2018年版。

务。如果单位尽了这些义务,劳动者仍然不能胜任工作,说明劳动者不具备在该单位工作的职业能力,单位可以在提前30日书面通知的前提下,解除与该劳动者的劳动合同。需要注意的是,用人单位不能随意调动劳动者工作岗位或提高其工作强度,借口劳动者不能胜任工作而解除劳动合同。

3. 劳动合同订立时所依据的客观情况发生重大变化,致使劳动合同无法履行,经用人单位与劳动者协商,未能就变更劳动合同内容达成协议的

对于客观情况发生重大变化,致使劳动合同解除的,需要同时满足以下三个条件:第一个是劳动合同订立时所依据的客观情况发生重大变化,这里的客观情况发生重大变化要求发生在劳动合同订立后,且是劳动合同订立依据的客观情况,比如订立劳动合同时国家并没有出台"双减"政策,教辅机构得以正常招聘员工,但之后政策改变,教辅机构不得不根据这一客观情况的重大变化解除与劳动者的合同;第二个是该重大变化致使原劳动合同无法继续履行,上述举例所述的政策变动导致行业无法继续存在发展就属于"致使劳动合同无法履行的情形";第三个是经用人单位与劳动者协商未能就变更劳动合同内容达成协议。

四、非过错性解除劳动合同的禁止情形

非过错性解除劳动合同并不适用所有的劳动者,根据《劳动合同法》第42条的规定,劳动者有下列情形之一的,用人单位不得适用非过错性解除劳动合同:

1. 从事接触职业病危害作业的劳动者未进行离岗前职业健康检查,或者疑似职业病病人在诊断或者医学观察期间的

《职业病防治法》规定,对未进行离岗前职业健康检查的劳动者不得解除或者终止与其订立的劳动合同。《劳动合同法》亦规定,对从事接触职业病危害作业的劳动者未进行离岗前职业健康检查的,用人单位不得依照该法第40条、第41条的规定解除劳动合同,而第41条即是对于经济性裁员的规定。实践中,只要根据劳动者岗位职责、工作场所、职业健康检查表记载事项等,认定其属于从事接触职业病危害作业的劳动者,依据《职业病防治法》第35条等规定之精神,就能明确用人单位安排从事接触职业病危害作业的劳动者进行离岗职业健康检查是其法定义务,该项义务并不因用人单位依据《劳动合同法》第40条、第41条解除劳动合同而予以免除。

2. 在本单位患职业病或者因工负伤并被确认丧失或者部分丧失劳动能力的

职业病是劳动者在生产劳动及其职业活动中,接触职业性有害物质引起的疾

病。因工负伤，顾名思义是因工作遭受事故伤害。无论是前者还是后者，都和用人单位的工作条件、安全制度或者劳动保护制度不尽完善有关，发生以上不幸事故，用人单位作为用工组织者和直接受益者都应当承担相应责任，用人单位不能非过错性解除与这些劳动者的劳动合同。这是劳动保护的要求，也是企业承担社会责任的要求。

3. 患病或者非因工负伤，在规定的医疗期内的

根据《企业职工患病或非因工负伤医疗期规定》第 2 条规定，医疗期是指企业职工因患病或非因工负伤停止工作治病休息不得解除劳动合同的时限。在这期间，用人单位的解除合同途径受到一定的限制，但这不代表任何情形用人单位都不能解除劳动合同，如用人单位与劳动者协商一致的，可以解除劳动合同；如劳动者存在《劳动合同法》第 39 条规定的情形之一的，用人单位也可以解除劳动合同。需要注意的是，根据《劳动合同法》第 40 条规定，劳动者患病或者非因工负伤，在规定的医疗期满后不能从事原工作，也不能从事由用人单位另行安排的工作的，用人单位提前 30 日以书面形式通知劳动者本人或者额外支付劳动者 1 个月工资后，可以解除劳动合同。不过，除此之外，用人单位还需依据《劳动合同法》第 46 条第 3 项，向劳动者支付经济补偿。

4. 女职工在孕期、产期、哺乳期的

尽管依照《劳动合同法》第 42 条的规定，女职工在孕期、产期、哺乳期内的，用人单位不能依照本法第 40 条、第 41 条的规定解除劳动合同。但是，依据《劳动合同法》第 39 条规定，处于“三期”内的女职工存在下列情形之一的，用人单位仍可行使解除权：在试用期被证明不符合录用条件的；严重违反用人单位的规章制度的；严重失职，营私舞弊，给用人单位造成重大损害的；同时与其他用人单位建立劳动关系，对完成本单位的工作任务造成严重影响，或者经用人单位提出，拒不改正的；因本法第 26 条第 1 款第 1 项规定的情形致使劳动合同无效的；被依法追究刑事责任的。

5. 在本单位连续工作满 15 年，且距法定退休年龄不足 5 年的

用人单位对“在本单位连续工作满十五年，且距法定退休年龄不足五年的”劳动者不得以《劳动合同法》第 40 条、第 41 条的规定解除劳动合同，即不能因为劳动者不能胜任另行安排的工作，劳动合同订立时所依据的客观情况发生重大变化，企业因破产重整、生产经营发生严重困难，企业转产、经营方式调整等为由解除与上述人员的劳动合同。同时《劳动合同法》第 45 条还规定：“劳动合同期满，有本法第四十

二条规定情形之一的，劳动合同应当续延至相应的情形消失时终止……”也就是说，劳动合同期满，对在本单位连续工作满 15 年，距法定退休年龄不足 5 年的劳动者，劳动合同的期限应当自动延续至劳动者退休。

6. 法律、行政法规规定的其他情形

由于劳动者并不存在主观过错，但用人单位要因为客观原因依法单方面解除劳动合同，所以法律对于非过错性解除设定了较为严格的解除条件和程序，用人单位需要格外关注。

案例说法

案例 1：解除与不同意调岗的劳动者的劳动合同但未提供充足证据，法院判决用人单位支付赔偿金

金某于 2014 年 12 月 31 日到某实业有限公司工作，双方签订了期限为 2014 年 12 月 31 日至 2015 年 12 月 30 日的劳动合同，合同约定被告工作岗位为在生产部担任生产主管工作。2015 年 9 月 6 日，原告出具通告一份，内容为“生产部员工；金某……经过公司对其岗位培训和引导，其职责责任长期不明确，工作中按排组织与协调能力较差，工作中时常出现差错率。其行为不符合主管岗位工作。经公司研究决定对其调岗重新安排装配美工工作岗位，因本人拒绝从事新的岗位工作。根据《劳动法》及《劳动合同法》相关规定，提前一个月通知与其解除劳动关系，时间为 2015 年 9 月 30 日终止，由于其本人拒绝在解聘通知书上签字，特此公告。……” 2015 年 9 月 11 日，金某向上海市嘉定区劳动人事争议仲裁委员会申请仲裁，要求某实业有限公司支付代通知金、违法解除劳动合同赔偿金及高温费。

2015 年 10 月 19 日，该仲裁委作出裁决，某实业有限公司应支付金某违法解除劳动合同赔偿金人民币 8400 元。某实业有限公司不服仲裁裁决，遂诉至上海市嘉定区人民法院。

法院认为：本案中，原告以被告不能胜任生产主管岗位，又拒绝从事调岗后新岗位工作为由，解除与被告的劳动合同，是否合法有效？首先，原告提供的证据不足以证明被告职责不明、组织与协调能力差，不符合主管岗位工作的事实；其次，原告也未提供证据证明其就调岗事宜与被告存在协商过程以及被告拒绝从事新岗位的事实。因此,原告以被告不能胜任工作又不服从调岗安排为由,对被告作出解除劳动合同处理的理由尚不成立。故原告要求不予支付被告违法解除劳动合同赔偿金的请求,法院难以支持。

【裁判文书编号】

上海市嘉定区人民法院(2015)嘉民四(民)初字第1099号民事判决书

案例2:用人单位解雇员工未能提供充足证据,法院判决支付赔偿金

祁某于2007年10月15日入职某驻京联络处,月工资为3500元,双方签有期限为2009年10月15日至2012年10月14日的劳动合同,其中约定:如祁某严重违反劳动纪律,影响生产、工作秩序,某驻京联络处可以解除劳动合同。2010年4月15日,某驻京联络处向祁某送达解聘通知书,与祁某解除劳动合同,解聘通知书中未写明解聘理由。

2010年5月,祁某向北京市朝阳区劳动争议仲裁委员会申请劳动仲裁,要求某驻京联络处支付解除劳动关系赔偿金。北京市朝阳区劳动争议仲裁委员会裁决:某驻京联络处向祁某支付违法解除劳动合同经济赔偿金21,000元。某驻京联络处不服裁决,起诉至北京市朝阳区人民法院。

一审法院经审理认为:某驻京联络处未举证祁某违反单位规章制度,亦未举证证明与祁某解除劳动合同的合同依据及法律依据,故其与祁某解除劳动合同应属违法解除。其要求不支付经济赔偿金,无法律依据,难以支持。据此,一审法院于2011年3月判决:某驻京联络处于判决生效后7日内给付祁某违法解除劳动合同经济赔偿金21,000元。

二审法院认为:某驻京联络处主张因祁某违反了单位规章制度,故对祁某予以解聘,并提交了2名单位员工的书面证明,但祁某并不认可书面证明内容的真实性,故某驻京联络处解除与祁某的劳动合同,不符合双方的约定。某驻京联络处提交的证据不足以证明祁某存在严重违反劳动纪律,影响生产、工作秩序的行为,故其与祁某解除劳动合同,亦不符合法律规定,应属违法解除。某驻京联络处要求不支付祁某经济赔偿金的上诉请求,事实依据不足,不予支持。遂驳回上诉,维持原判。

【裁判文书编号】

北京市第二中级人民法院(2011)二中民终字第××× 26号民事判决书

案例3:用人单位解雇劳动者未通知工会,法院判决双方继续履行合同

2009年8月1日,史某进入某公司担任财务部经理一职,双方签订了劳动合同,办理了社会保险,最后一期劳动合同是自2012年5月24日起的无固定期限劳动合同。2013年1月起,史某每月工资17,000元。2014年9月24日,某公司向史某出具了《解除劳动合同通知书》,载明:“由于公司现状,经公司领导研究决定,提前解除劳动合同。请于2014年9月26日前做好相关财务移交工作。我司将按照《劳动合同法》依法支付薪金和补偿金”。史某工作至当月26日止,并于当日向仲裁委申诉,要求恢复劳动关系、赔偿工资损失,并补缴社会保险。

仲裁委裁决撤销某公司作出的解除劳动合同决定,双方继续履行劳动合同,并支付史某工资8932.59元,为史某补缴2014年9月26日至11月18日的社会保险,后双方均不服,于法定期限内向人民法院提起诉讼。

一审法院认为:用人单位与劳动者解除劳动合同,应当符合法律规定。本案中,某公司以经营困难,效益下滑,且史某与其公司之间的矛盾久拖未决为由作出解除劳动合同的决定,显然不是法定理由,且某公司主张史某已经不适应工作岗位要求,也未提供证据证实,加之某公司在作出解除劳动合同的决定后,并未按《劳动合同法》第43条“用人单位单方解除劳动合同,应当事先将理由通知工会”的规定通知工会,违反了解除劳动合同的法定程序。综上,某公司解除与史某之间的劳动合同属于违法解除。史某要求撤销某公司作出的解除劳动合同决定,继续履行劳动合同的请求,符合法律规定,应予支持。

二审法院认为:根据《江苏省劳动合同条例》第41条规定,用人单位解除或者终止劳动合同,应当符合法定的条件和程序。用人单位单方解除劳动合同,应当事先将理由通知工会;用人单位尚未建立工会的,通知用人单位所在地工会。本案中,某公司虽未建立工会组织,但其也未在解除与史某之间的劳动合同时事先将理由通知公司所在地工会,某公司解除与史某之间的劳动合同程序不当。一审法院认定某公司解除与史某之间的劳动合同违法,具有相应的事实和法律依据。故对某公司要求确认双方劳动合同已于2014年9月24日解除的上诉请求,法院不予支持。遂驳回上诉,维持原判。

【裁判文书编号】

江苏省南京市中级人民法院(2015)宁民终字第7826号民事判决书

案例4:用人单位解雇劳动者引发纠纷,法院以解雇证据不足为由判决支付赔偿金

2013年1月19日董某与沈阳某有限公司铁西分公司签订了劳动合同,合同有效期至2016年1月18日,董某为沈阳某有限公司铁西分公司前厅工作人员。2013年7月9日沈阳某有限公司铁西分公司以董某明知钱款是假币的情况下将假币找给客人,给酒店造成了严重的负面影响,存在严重过失,辞退了董某。董某不服,于2013年7月22日向沈阳市劳动人事争议仲裁委员会申请仲裁,要求沈阳某有限公司铁西分公司给付违法解除劳动合同赔偿金24,000元。

2013年8月27日,沈阳市劳动人事争议仲裁委员会作出沈劳人仲字(2013)713号仲裁裁决书,认定沈阳某有限公司铁西分公司违法解除劳动合同,沈阳某有限公司铁西分公司需支付董某违法解除劳动合同赔偿金16,053.44元。沈阳某有限公司铁西分公司不服仲裁裁决,起诉至人民法院。

一审法院认为:关于原告沈阳某有限公司铁西分公司解除与被告董某的劳动合同是否违法,就要审查原告所主张的被告明知钱款是假币的情况下将假币退还给客人的情况是否存在,审查原告为证明被告存在故意使用假币行为所提供的证据材料,一、原告提供了监控录像,但监控录像中显示了被告是从原告沈阳某有限公司铁西分公司前台钱柜中找给客人钱,无法显示被告当时找客人钱时明知是假币;二、关于原告提供的前厅经理文某给李某打电话的电话录音、总经理礼某跟李某谈话的电话录音,本院认为当时事发时在场的人员除被告外就是李某和另一工作人员于某,而李某又是当初收取假币的人员,也是案件的关键证人,但李某和于某均未到庭,其录音内容不予采信;三、关于总经理礼某找被告董某的谈话录音,该录音并不完整,且被告在录音中也未承认明知是假币而找给顾客;四、关于原告单位工作人员文某、马某的证言,文某、马某并不是事发时在场人员,证言内容中陈述被告使用假币一事的信息,一是从李某处获得,二是主张在与被告谈话中被告承认信息,本院认为,鉴于证人的身份,更为重要的是仅有证人证言而没有其他证据材料相佐证,其不足以证明被告存在故意使用假币的事实;五、关于李某在公安机关的询问笔录,其内容并未表明被告找客人钱时明知是假币,另外,询问笔录中李某陈述假币是从其手中给被告的,但本案庭审证据材料显示,假币是被告从钱柜中找给客人的,二者有矛盾之处。综上,原告单位主张的被告存在故意使用假币的违法事实证据不足。原告单位对钱币收支也未尽到监管职责,在证据不足以证明被告存在故意使用假币的情况下解除劳动关系应系违法,原告沈阳某有限公司铁西分公司应向被告董某支付违法解除劳动合同赔偿金。

二审法院认为:上诉人以被上诉人“已知是假钞的情况下将假钞找给客人,属于严重过失”为由,与被上诉人解除劳动合同证据不足,一审法院认定上诉人违法解除劳动合同,判决上诉人支付被上诉人解除劳动合同赔偿金并无不当。判决驳回上诉,维持原判。

【裁判文书编号】

辽宁省沈阳市中级人民法院(2015)沈中民五终字第1106号民事判决书

案例5:用人单位歧视性解除劳动合同引发纠纷,法院判决支付精神抚慰金及赔礼道歉

2010年6月10日,谌某入职某公司,任职汽车维修师傅。2010年6月13日,谌某经某公司的安排至宝安中医院进行入职体检,该体检项目中包含了对乙肝病毒血清指标的检验。经检查,谌某的乙肝表面抗原、乙e抗原以及乙肝核心抗体IgG呈阳性,属于乙肝表面抗原携带者。后某公司要求解除合同,但对于解除劳动关系的时间和原因存在争议。谌某称2010年6月23日,因某公司认为其属于乙肝表面抗原携带者,故通过车间主管徐某通知其解除劳动关系,办理相关离职手续。而某公司则称早在2010年6月17日就通过人事部陈经理电话通知谌某解除劳动关系,因为发现谌某提交的入职资料存在造假情况。

法院认为:谌某提交的录音资料经某公司证实确实是发生在与该公司的车间主管以及人事等管理工作人员之间,其中的内容清晰可辨,无论是从谈话内容还是从谈话方式上看,均在客观上反映了当时的事实,徐某在谈话中明确表示经向公司领导侧面了解,解除劳动关系的原因是谌某经体检是乙肝病原携带者。故法院认为,应当采信上述录音资料的证明力。此外,对于某公司主张的解除劳动关系的原因,其并未提交证据证明曾向谌某提出过其入职资料中存在造假的情形,也没有提交证据证明因此向谌某送达了辞退书,因此,法院对某公司的主张不予采信。本案应当认定为某公司因为乙肝病毒携带就业歧视而解除与谌某的劳动关系。劳动和社会保障部作出的《关于维护乙肝表面抗原携带者就业权利的意见》中明确规定用人单位在招工、用工的过程中,除国家法律、行政法规和卫生部规定禁止从事的工作外,不得强行将乙肝病毒血清指标作为体检标准;用人单位不得以劳动者携带乙肝表面

抗原为由拒绝招用或者辞退。某公司为谌某提供的汽车维修师傅岗位并不属于上述意见规定的“除外”工作范围，故该公司以谌某体检项目不合格为由解除与之建立的劳动关系违反了相关规定，谌某据此主张某公司赔偿其精神损害抚慰金，合法合理，法院酌定该项损失数额为人民币 4000 元。遂判决：一、被告某公司应在本判决生效之日起 3 日内向原告谌某支付精神损害抚慰金人民币 4000 元；二、被告某公司应在本判决生效之日起 3 日内向原告谌某赔礼道歉。

【裁判文书编号】

深圳市宝安区人民法院(2011)深宝法民一初字第 2828 号民事判决书

风险应对

一、风险点：员工不服从调岗，用人单位解除劳动合同

用人单位在企业管理过程中会经常遇到调岗的问题，调岗的原因多样，有双方协商调岗、劳动者不胜任工作调岗、用人单位因生产经营需要调岗以及客观情况发生重大变化调岗。法律在调岗方面也有诸多规定，特别是对劳动者不能胜任工作调岗，用人单位在调岗的过程中要特别注意法律的适用，不然也有可能与劳动者产生劳动争议。一般来说，调动岗位必须与劳动者协商一致，若用人单位强行调动岗位而劳动者又不服从调岗，非常容易产生劳动纠纷，如果用人单位以劳动者不服从管理为由解除劳动合同，用人单位可能面临支付赔偿金的法律风险。

【HR 防范策略】

《劳动合同法》第 40 条规定了单位可以单方调岗的情形，该条规定，劳动者不能胜任工作，经过培训或者调整工作岗位，仍不能胜任工作的，用人单位提前 30 日以书面形式通知劳动者本人或者额外支付劳动者 1 个月工资后，可以解除劳动合同。也就是在劳动者出现不能胜任工作的情形时，用人单位可以进行单方调岗，并且该种调岗可以是“平行调整”，即工资待遇和职位等不变，也可以是下调，即降低工资或者岗位，但是用人单位需要提供不适应岗位的相应证据，若出现证据不足的情况，那么用人单位可能会面临一定的法律风险，即当劳动者不同意解除劳动合同，用人单位解除劳动合同时有支付赔偿金的风险。为避免纠纷 HR 可以从以下几个方面来防范：

第一，用人单位应该建立一套系统的考核制度，该制度的制定应该经过民主程序并向员工进行公示。在考核制度中作出考核的具体规定，并让劳动者知道这些考核的存在，每一个阶段进行一次考核总结测评，依据一个季度或者一个年度的考核结果对劳动者能否胜任其工作岗位作出判断。

第二，考核的依据、材料和考核结果应保留原始证据，与劳动者保持良好的沟通尽量让其对该考核材料予以签名确认。如果劳动者认为该结果有异议，应该让劳动者有申辩的机会和渠道。

第三，在确认劳动者确实不能胜任该工作岗位时要进行调岗工作安排，可向劳动者发出书面通知，用人单位也可制作《工作岗位异动表》《调动通知单》等，在书面通知中告知劳动者因不能胜任工作，公司决定调整其工作岗位，从原工作岗位调整至某工作岗位，调岗通知需送达劳动者并由劳动者确认签名。

二、风险点：用人单位以劳动者被追究刑事责任为由解除劳动合同

《劳动法》第 25 条规定："劳动者有下列情形之一的，用人单位可以解除劳动合同：……（四）被依法追究刑事责任的。"原劳动和社会保障部办公厅《关于职工被人民检察院作出不予起诉决定用人单位能否据此解除劳动合同问题的复函》规定："人民检察院根据《中华人民共和国刑事诉讼法》第一百四十二条第二款规定作出不起诉决定的，不属于《劳动法》第二十五条第（四）项规定的被依法追究刑事责任的情形。因此，对人民检察院根据《中华人民共和国刑事诉讼法》第一百四十二条第二款规定作出不起诉决定的职工，用人单位不能依据《劳动法》第二十五条第（四）项规定解除其劳动合同。但其行为符合《劳动法》第二十五条其他情形的，用人单位可以解除劳动合同。"

需要说明的是，复函中的"《中华人民共和国刑事诉讼法》第一百四十二条第二款"，现为现行《刑事诉讼法》"第一百七十七条第二款"，即"对于犯罪情节轻微，依照刑法规定不需要判处刑罚或者免除刑罚的，人民检察院可以作出不起诉决定"，此为酌定不起诉。因此实践中，检察机关一旦依照此条款作出不起诉决定，从法律意义上讲，被决定不起诉的人就是无罪的。

【HR 防范策略】

对于未被判决有罪的劳动者，用人单位虽然不能依据《劳动法》第 25 条第 4 项的规定，单方解除与劳动者之间的劳动合同，但如果劳动者的行为符合《劳动法》第

25 条其他情形或者用人单位规章制度规定可以解除劳动合同情形的,用人单位亦可以依法解除劳动合同。

三、风险点:对因劳动者过错解除合同情形举证不能

《劳动法》规定了用人单位解除劳动合同无须向劳动者支付经济补偿金的情形,总共 12 种:(1)劳动者提出解除劳动合同,并与用人单位协商一致而解除的;(2)劳动者在试用期被证明不符合录用条件而解除的;(3)劳动者严重违反用人单位的规章制度而解除的;(4)劳动者严重失职,营私舞弊,给用人单位造成重大损害而解除的;(5)劳动者同时与其他用人单位建立劳动关系,对完成本单位的工作任务造成严重影响,或者经用人单位提出,拒不改正而解除的;(6)因劳动者的过错,致使劳动合同无效而解除的;(7)劳动者被依法追究刑事责任而解除的;(8)固定期限劳动合同期满终止,用人单位维持或者提高劳动合同约定条件续订劳动合同,而劳动者不同意续订的;(9)非全日制用工劳动合同的解除或终止;(10)自用工之日起一个月内,经用人单位书面通知后,劳动者不与用人单位订立书面劳动合同,用人单位依法与劳动者终止劳动关系的;(11)用人单位违反《劳动合同法》的规定解除或者终止劳动合同,依法支付了赔偿金的,不再支付经济补偿;(12)劳动者开始依法享受基本养老保险待遇而终止劳动合同的。对于这些劳动者存在过错的事实均须用人单位提供证据予以证实,如果用人单位无法提供相应的证据予以证实,若劳动者主张用人单位违法解除劳动合同,用人单位将面临支付赔偿金的风险。

【HR 防范策略】

根据《最高人民法院关于民事诉讼证据的若干规定》规定,当事人对自己提出的诉讼请求所依据的事实或者反驳对方诉讼请求所依据的事实有责任提供证据加以证明。以上这 12 种情形,用人单位解除与劳动者的劳动合同,均无须支付经济补偿金,但是用人单位必须举证证明解除劳动合同的情形符合上述 12 种情形中的某种或数种。用人单位若无法提供证据证明解除劳动合同符合以上情形的,会面临相应的法律风险。没有证据或者证据不足以证明当事人的事实主张的,由负有举证责任的当事人承担不利后果。用人单位在开除员工时要收集证据,否则会陷入被动。具体而言,用人单位对员工旷工、迟到、早退的情况应当留存考勤记录;对员工打架斗殴的情况,应及时向公安机关报警并留存相关笔录;对员工的工作任务和业绩,要有量化考核等记录。在仲裁过程中,能够作为员工违纪事实的证据包括员工书写的检

讨，员工签字确认的情况说明书，影像、视听资料，证人证言，物证和有关行政部门的决定书等。这些证据都要加以留存，避免诉讼中无据可依。

四、风险点：用人单位设置末位淘汰规定

用人单位以末位淘汰形式单方解除与劳动者的劳动合同存在法律风险，“末位等次”不等同于“不能胜任工作”。2012年6月，《最高人民法院关于审理劳动争议案件适用法律若干问题的解释（四）（征求意见稿）》向社会征求意见。该司法解释规定，劳动合同存续期间，用人单位通过“末位淘汰”等形式单方解除劳动合同，劳动者以用人单位违法解除劳动合同为由，请求用人单位支付赔偿金的，法院应予支持。最高人民法院2016年11月30日公布的《第八次全国法院民事商事审判工作会议（民事部分）纪要》明确，用人单位以“末位淘汰”单方解除劳动合同属于违法。劳动者在用人单位等级考核中居于末位等次，不等同于“不能胜任工作”，不符合单方解除劳动合同的法定条件，用人单位不能据此单方解除劳动合同。

【HR防范策略】

“末位淘汰制”本质是优胜劣汰，有利于激励员工，避免人浮于事，但是用人单位如果以此作为单方解除劳动合同的依据是不符合法律规定的。用人单位在内部实行该套制度的时候要注意在法律框架内合理设置：

第一，用人单位应该有一套明确的工作职责规定，让劳动者知道自己工作内容要做到哪种标准才能达到要求。

第二，用人单位的考核标准应该公开，并适用于每一位劳动者，让劳动者清楚考核的方法以及考核不合格的后果，也可以让劳动者依据考核内容随时调整自己的工作态度和提升自己的工作能力。

第三，对于考核结果不佳的劳动者，用人单位不能直接以此解除劳动合同，直接解除劳动合同存在法律风险。劳动者有权利获得劳动技能的培训，用人单位可以调整岗位或者进行培训，只有经过调整工作岗位或培训后，仍不能胜任工作的，才是法律规定的“不能胜任工作的”，用人单位才能依法与其解除劳动合同。

五、风险点：用人单位解雇员工未通知工会

《劳动合同法》第43条关于工会在劳动合同解除中监督作用的规定：“用人单位单方解除劳动合同，应当事先将理由通知工会。用人单位违反法律、行政法规规定

或者劳动合同约定的，工会有权要求用人单位纠正。用人单位应当研究工会的意见，并将处理结果书面通知工会。”《最高人民法院关于审理劳动争议案件适用法律问题的解释(一)》第47条规定：“建立了工会组织的用人单位解除劳动合同符合劳动合同法第三十九条、第四十条规定，但未按照劳动合同法第四十三条规定事先通知工会，劳动者以用人单位违法解除劳动合同为由请求用人单位支付赔偿金的，人民法院应予支持，但起诉前用人单位已经补正有关程序的除外”。也就是说，已建立工会组织的用人单位在解除劳动关系时，如未提前通知工会则其行为将被视为违法解除。同时，司法解释规定了通知工会程序存在补正机制，未事先通知工会不必然导致违法解除，如果用人单位单方解除符合实体法的相关规定，则用人单位可通过事后补正的方式，将违法解除变更为合法解除。因此，用人单位在解雇员工时应当事先通知工会，最迟也需在起诉前补正通知工会的相关程序。

【HR 防范策略】

为了避免程序违法，用人单位应当注意以下事项：

1.解除劳动合同符合《劳动合同法》第39条、第40条情形的，用人单位出具的《解除/终止劳动合同证明书》中应当增加单位工会意见，注明用人单位已经按照《劳动合同法》第43条规定事先通知了工会。

2.《工会法》赋予了工会参与、维护、建设和教育四项职能，工会“要求用人单位纠正”履行的只是工会的参与职能，而非责令改正之行政职能，其动机除了维护劳动者权益外，还要避免因用人单位违法造成的各种损失。因此，工会“要求用人单位纠正”的意见不能左右用人单位作出的处理决定。

3.《劳动合同法》第48条规定：“用人单位违反本法规定解除或者终止劳动合同，劳动者要求继续履行劳动合同的，用人单位应当继续履行……”根据此项规定，用人单位单方解除劳动合同没有事先通知工会，劳动者要求继续履行劳动合同的，将会得到劳动仲裁机构和人民法院的支持。

六、风险点：用人单位歧视性解雇员工

职场中，员工若多次公开表达与公司决策相悖的工作诉求，触犯所谓“职场禁忌”，常会招致用人单位不满，从而采取极端方式找理由辞退员工或逼迫员工自行辞职，易引发劳动争议纠纷，这可能会构成歧视性解雇员工。而在这种情况下，劳动者与用人单位之间的关系往往“水深火热”，极易激化矛盾，难以通过和解、调解等方式

化解矛盾，有可能给单位带来舆论危机，是用人单位在解雇员工过程中应当非常重视的一种情况。

【HR 防范策略】

用人单位不能带有歧视性目的解除与劳动者的劳动关系，为了避免此类法律风险，不但应从源头防范，也应在管理中做到合法合规，重点要注意以下三点：

第一，招聘广告不能存在歧视性内容。用人单位在发布招聘广告时，应当注意其内容，要保证不含有任何歧视性条款。除国家法律另有规定外，不得设置性别要求，不得以身体、婚姻、生育状况等为由拒绝招录某一类人或者提高某一类人的招录标准，违反这一规定，可能会招致人力资源和社会保障部门的行政处罚。当然，如果根据性别比例平衡指导意见以及有关法律、法规的规定对某一性别采取优先、优待措施的，不受此限。

第二，明确工作岗位对劳动者的要求。不要进行就业歧视，并不是说用人单位无条件妥协，如果是该工作岗位的内在需要，就不属于就业歧视。比如，招一个外卖员，这个时候提出不要残疾人，那就不会被认定为就业歧视。但如果招一个办公室文员，他的腿有问题也完全可以胜任该份工作，这个时候不录用就有可能构成就业歧视。因此，在招聘时要明确各个岗位的职责和要求。

第三，不能歧视性解除劳动合同。用人单位在管理中同样不能因性别、婚姻、生育状况或者其他原因对劳动者进行歧视性对待，更不能以此为由与其解除劳动合同，否则将面临比违法解除劳动合同更为严重的法律后果，用人单位的商誉也会因此而受损。

操作指引

一、用人单位辞退劳动者的程序

用人单位单方依据《劳动合同法》第 39 条、第 40 条之规定解除劳动合同的，应当履行以下程序：

1. 制作书面解除劳动合同通知书，并且送达给劳动者。解除劳动合同通知书应当载明用人单位解除劳动合同的事实、理由及依据。

2. 应当事先将解除劳动合同理由通知工会，用人单位违反法律、行政法规规定或者劳动合同约定的，工会有权要求用人单位纠正。用人单位应当研究工会的意见，并将处理结果书面通知工会。用人单位解除劳动合同与职工的利益密切相关，而工会是维护职工合法权益的组织，因此，在劳动合同解除时应发挥工会的作用以防止用人单位滥用权利，保护职工合法权益。用人单位将单方解除劳动合同的理由事先告知工会，就能使工会及时发现单位违法解除、侵害职工权益的情况并予以制止。

3. 在解除或者终止劳动合同时出具解除或者终止劳动合同的证明，并在 15 日内为劳动者办理档案和社会保险关系转移手续。

4. 用人单位依照法律有关规定应当向劳动者支付经济补偿的，在劳动者办结工作交接时支付。用人单位对已经解除或者终止的劳动合同的文本，至少保存 2 年备查。

二、用人单位制作《辞退通知书》的注意事项

《辞退通知书》是公司与员工解除劳动合同所使用的文书。公司录用员工，与员工签订了劳动合同，双方都要遵守劳动合同的规定，受劳动合同的约束。但当员工违反合同约定，或严重违法违纪时，或者公司因业务重组的需要，可以依据合同的约定辞退员工。辞退劳动者需向劳动者签发通知书。

用人单位单方解除劳动合同，应当事先将理由通知工会。用人单位违反法律、行政法规规定或者劳动合同约定的，工会有权要求用人单位纠正。用人单位应当研究工会的意见，并将处理结果书面通知工会。

制作《辞退通知书》的基本要求是要把辞退的理由解释清楚。属于劳动者自己的原因而被辞退的，对造成公司损失的，用人单位有权追究劳动者的责任，要求劳动者依合同约定承担赔偿责任。如果属于用人单位自身的原因而解除劳动合同，比如产业结构的调整而进行的裁员，用人单位应当给予劳动者相应的补偿。

疑难解答

一、用人单位可以辞退孕期女职工吗？

不可以。《劳动法》《劳动合同法》尤其是《女职工劳动保护特别规定》都对孕期

女职工的劳动权益进行了特别规定:用人单位不得因女职工怀孕、生育、哺乳降低其工资、予以辞退、与其解除劳动或者聘用合同;女职工在孕期不能适应原劳动的,用人单位应当根据医疗机构的证明,予以减轻劳动量或者安排其他能够适应的劳动。这是法律给予怀孕女性的特殊保护,也是用人单位应当承担的社会责任。

二、用人单位可以辞退严重违反规章制度的孕期女职工吗?

可以。《劳动合同法实施条例》第 19 条规定的清清楚楚,只要劳动者有 14 种情形中的任何一种,用人单位都可以与劳动者解除劳动合同。

根据《劳动合同法》第 42 条之规定:“女职工在孕期、产期、哺乳期的”,用人单位不得解除劳动合同。然而《劳动合同法》第 39 条及《劳动合同法实施条例》第 19 条又明文规定,严重违反用人单位的规章制度的,用人单位可以解除劳动合同。也就是说,女职工“三期”也并非违规的“免死金牌”。

三、劳动者拒绝调岗能否被辞退?

实践中对于该类型案件,既有支持用人单位的结果,也有支持劳动者的结果,具体需要结合案件的情况判断,综合考虑用人单位调岗是否合理,劳动者拒绝理由是否合理等。比如,在一个案件中,用人单位举证证明了劳动者工作地点因疫情关停这一客观事实,将劳动者调往其他工作地点,并明确表示不改变工作内容和工作待遇,但是劳动者仍然拒绝公司的管理,用人单位已经第二次发调岗通知,劳动者仍然拒绝,此时法院认为,公司根据《劳动法》解除劳动合同是不违反法律规定的。

四、派遣工退回能不能成为解聘事由?

派遣单位不能以用人单位“退人”为由解聘派遣公司被退回的员工,而应积极为劳动者联系新的用人单位,除非满足一些法律规定的特定情形。

《劳动合同法》第 58 条规定,被派遣劳动者在无工作期间,劳务派遣单位应当按照所在地人民政府规定的最低工资标准,向其按月支付报酬。除非满足以下情况:劳动者存在《劳动合同法》第 39 条规定的过错或第 40 条规定的劳动者无力承担或不能正常履行相应岗位工作被退回的情形。

五、如以绩效考核不合格为由开除劳动者，那用人单位应如何才能证明劳动者绩效结果在客观上不合格？

按照《劳动合同法》第40条第2项规定："劳动者不能胜任工作，经过培训或者调整工作岗位，仍不能胜任工作的"，可以解除劳动合同，但需向劳动者支付经济补偿金。

在日常绩效管理中，用人单位应完善绩效管理制度和流程建设，首先，要建立绩效工作计划沟通机制，即对于考核周期工作内容及所要达到的目标进行计划和安排，并确保劳动者清楚工作目标、通过努力能够完成；其次，在工作过程中按照计划定期沟通工作成果，收集工作完成的证明资料，并进行适当的辅导；最后，对照此岗位考核标准进行绩效考核。

以上资料中每一项都需要有双方的签字确认证明，用人单位对于不胜任的劳动者须进行培训或者调岗，这些流程不能少，每项流程在实施时一定要有劳动者签字同意的纸制证明书。只有调岗或培训后仍不能胜任的，才能解除劳动合同，并支付经济补偿金。

六、用人单位倒闭时解除劳动合同应如何赔偿？

用人单位破产倒闭常见的原因是经营不善，出现了资不抵债的情况，这个时候用人单位与大部分劳动者的劳动合同都还没有到期，也就是会出现提前终止劳动合同的情况。《劳动合同法》第44条规定："有下列情形之一的，劳动合同终止：……（四）用人单位被依法宣告破产的；……"第46条规定："有下列情形之一的，用人单位应当向劳动者支付经济补偿：……（六）依照本法第四十四条第四项、第五项规定终止劳动合同的；……"因此，若用人单位倒闭，必须按照《劳动合同法》规定支付劳动者经济补偿金。

七、劳动者"严重失职"给用人单位"造成重大损害"如何界定？

《劳动合同法》第39条第3项规定，劳动者严重失职，营私舞弊，给用人单位的利益造成重大损害的，用人单位可以解除劳动合同。该规定明确并非只要劳动者给用人单位造成重大损害，用人单位即有权解除劳动合同，而是同时要求劳动者存在严重失职、营私舞弊的行为。

法律上对于“严重失职、重大损害”并无明确的认定,各地劳动仲裁机构、司法部门也无统一的裁审标准可供参考。只有原劳动部办公厅《关于〈劳动法〉若干条文的说明》第25条第3款规定:“本条中的‘重大损害’由企业内部规章来规定。因为企业类型各有不同,对重大损害的界定也千差万别,故不便对重大损害作统一解释。若由此发生劳动争议,可以通过劳动争议仲裁委员会对其规章规定的重大损害进行认定。”所以用人单位要在规章制度里合理制定“严重失职、重大损失”的标准,要定义什么叫“重大损害”。用人单位应当根据本单位的实际情况,如企业规模、资产净值、效益状况、当地经济发展状况、劳动者所在岗位的法律风险大小等来确定。“重大损害”不仅包括直接经济利益损失,亦包括企业商誉受损、潜在或现有客户流失等利益损失。对于可量化的损害,规定经济损失达到一定数额即为“重大损害”,如造成3000元以上的损失,避免因损害程度之争而导致法律风险。对于不可量化的损害,如工作进度延误、安全质量事故、企业名誉受到影响等,可以确定一个损害范围。对于劳动者,要明确其工作职责,确定其符合工作职责的标准,才能据此确定造成损失的行为是否属于劳动者工作职责范围,并由此来判断其是否存在严重失职的行为。如果用人单位未制定具体的岗位职责并对其进行详尽描述,那么即使劳动者在工作上存在过错,导致了一定的经济损失,也很难认定是否存在严重失职。对于劳动者在工作过程中不符合工作职责的行为应该及时调查事实,确认责任归属,并由劳动者签名确认事实。

法条链接

1.《劳动法》(2018年12月29日修正)

第二十五条 劳动者有下列情形之一的,用人单位可以解除劳动合同:

(一)在试用期间被证明不符合录用条件的;

(二)严重违反劳动纪律或者用人单位规章制度的;

(三)严重失职,营私舞弊,对用人单位利益造成重大损害的;

(四)被依法追究刑事责任的。

第二十六条 有下列情形之一的,用人单位可以解除劳动合同,但是应当提前三十日以书面形式通知劳动者本人:

（一）劳动者患病或者非因工负伤，医疗期满后，不能从事原工作也不能从事由用人单位另行安排的工作的；

（二）劳动者不能胜任工作，经过培训或者调整工作岗位，仍不能胜任工作的；

（三）劳动合同订立时所依据的客观情况发生重大变化，致使原劳动合同无法履行，经当事人协商不能就变更劳动合同达成协议的。

第二十七条 用人单位濒临破产进行法定整顿期间或者生产经营状况发生严重困难，确需裁减人员的，应当提前三十日向工会或者全体职工说明情况，听取工会或者职工的意见，经向劳动行政部门报告后，可以裁减人员。

用人单位依据本条规定裁减人员，在六个月内录用人员的，应当优先录用被裁减的人员。

第二十八条 用人单位依据本法第二十四条、第二十六条、第二十七条的规定解除劳动合同的，应当依照国家有关规定给予经济补偿。

第二十九条 劳动者有下列情形之一的，用人单位不得依据本法第二十六条、第二十七条的规定解除劳动合同：

（一）患职业病或者因工负伤并被确认丧失或者部分丧失劳动能力的；

（二）患病或者负伤，在规定的医疗期内的；

（三）女职工在孕期、产期、哺乳期内的；

（四）法律、行政法规规定的其他情形。

第三十条 用人单位解除劳动合同，工会认为不适当的，有权提出意见。如果用人单位违反法律、法规或者劳动合同，工会有权要求重新处理；劳动者申请仲裁或者提起诉讼的，工会应当依法给予支持和帮助。

2.《北京市劳动合同规定》（2021年12月30日修改）

第三十条 劳动者有下列情形之一的，用人单位可以解除劳动合同：

（一）在试用期内被证明不符合录用条件的；

（二）严重违反劳动纪律或者用人单位规章制度，按照用人单位规定或者劳动合同约定可以解除劳动合同的，但用人单位的规章制度与法律、法规、规章相抵触的除外；

（三）严重失职、营私舞弊，对用人单位利益造成重大损害的；

（四）被依法追究刑事责任的。

第三十一条 有下列情形之一的，用人单位可以解除劳动合同，但应当提前30

日以书面形式通知劳动者本人：

（一）劳动者患病或者非因工负伤，医疗期满后不能从事原工作，也不能从事由用人单位另行安排的工作或者不符合国家和本市从事有关行业、工种岗位规定，用人单位无法另行安排工作的；

（二）劳动者不能胜任工作，经过培训或者调整工作岗位，仍不能胜任工作的；

（三）劳动合同订立时所依据的客观情况发生重大变化，致使原劳动合同无法履行，经当事人协商不能就变更劳动合同达成协议的。

第三十二条　用人单位有下列情形之一，确需裁减人员的，应当提前30日向工会或者全体职工说明情况，听取工会或者职工的意见，经向人力资源和社会保障部门报告后，可以裁减人员：

（一）濒临破产进行法定整顿期间的；

（二）因防治工业污染源搬迁的；

（三）生产经营发生严重困难的。

用人单位依据前款规定裁减人员，在6个月内录用人员的，应当优先录用被裁减人员。

第三十三条　劳动者有下列情形之一的，用人单位不得依据本规定第三十一条、第三十二条的规定解除劳动合同：

（一）患职业病或者因工负伤并被确认达到伤残等级的；

（二）患病或者负伤，在规定的医疗期内的；

（三）女职工在孕期、产期、哺乳期内的；

（四）应征入伍，在义务服兵役期间的；

（五）复员、转业退伍军人退伍后初次参加工作未满3年的；

（六）建设征地农转工人员初次参加工作未满3年的；

（七）在同一单位连续工作满10年以上，且距法定退休年龄5年以内的；

（八）实行集体合同制度的企业，职工一方协商代表在劳动合同期限内自担任代表之日起5年以内的；

（九）国家和本市规定的其他情形。

3.《劳动合同法实施条例》（2008年9月18日）

第十九条　有下列情形之一的，依照劳动合同法规定的条件、程序，用人单位可以与劳动者解除固定期限劳动合同、无固定期限劳动合同或者以完成一定工作任务为期限的劳动合同：

(一)用人单位与劳动者协商一致的；

(二)劳动者在试用期间被证明不符合录用条件的；

(三)劳动者严重违反用人单位的规章制度的；

(四)劳动者严重失职，营私舞弊，给用人单位造成重大损害的；

(五)劳动者同时与其他用人单位建立劳动关系，对完成本单位的工作任务造成严重影响，或者经用人单位提出，拒不改正的；

(六)劳动者以欺诈、胁迫的手段或者乘人之危，使用人单位在违背真实意思的情况下订立或者变更劳动合同的；

(七)劳动者被依法追究刑事责任的；

(八)劳动者患病或者非因工负伤，在规定的医疗期满后不能从事原工作，也不能从事由用人单位另行安排的工作的；

(九)劳动者不能胜任工作，经过培训或者调整工作岗位，仍不能胜任工作的；

(十)劳动合同订立时所依据的客观情况发生重大变化，致使劳动合同无法履行，经用人单位与劳动者协商，未能就变更劳动合同内容达成协议的；

(十一)用人单位依照企业破产法规定进行重整的；

(十二)用人单位生产经营发生严重困难的；

(十三)企业转产、重大技术革新或者经营方式调整，经变更劳动合同后，仍需裁减人员的；

(十四)其他因劳动合同订立时所依据的客观经济情况发生重大变化，致使劳动合同无法履行的。

4.《深圳市劳动合同法》

第十八条 有下列情形之一的，用人单位可以解除劳动合同：

(一)员工经试用不符合录用条件的；

(二)员工严重违反劳动纪律，影响工作、生产的；

(三)员工严重失职，营私舞弊，对用人单位利益造成重大损害的；

(四)员工以欺诈等手段，使用人单位在违反真实意思的情况下订立劳动合同而受损害的；

(五)法律、法规规定的其他情形。

第十九条 有下列情形之一的，用人单位可以解除劳动合同，但是应当提前三十日以书面形式通知员工本人：

（一）员工患病或者非因工负伤，医疗期满后不能在原单位工作的；

（二）员工不能胜任工作，经过培训或者调整工作岗位，仍不能胜任工作的；

（三）劳动合同订立时所依据的客观情况发生重大变化，致使原劳动合同无法履行，经当事人协商不能就变更劳动合同达成协议的。

用人单位按前款规定解除劳动合同，未提前三十日通知员工的，应当支付该员工当年一个月月平均工资的补偿金。

第二十条 用人单位濒临破产进行法定整顿期间或者生产经营状况发生严重困难，确需裁减人员的，应当提前三十日向工会或者全体员工说明情况，听取工会或者员工的意见，经向劳动部门报告后，可以裁减人员。

用人单位依据前款规定裁减人员，在六个月内录用人员的，应当优先录用被裁减的人员。

第二十一条 用人单位解除劳动合同，工会认为不适当的，有权提出意见。如果用人单位违反法律、法规或者劳动合同，工会有权要求重新处理；员工申请仲裁或者提起诉讼的，工会应当依法给予支持和帮助。

第二十二条 有下列情形之一的，用人单位不得依据本条例第十九条、第二十条的规定解除劳动合同：

（一）员工患职业病或因工负伤，医疗终结后经市医务劳动鉴定委员会确认尚能在原单位工作的；

（二）员工患病或者非因工负伤，在规定的医疗期内的；

（三）女员工在孕期、产期或者哺乳期内的；

（四）法律、法规规定的其他情形。

第二十三条 劳动合同有效期内，用人单位不得因法定代表人的变更而解除劳动合同。

第二十四条 员工解除劳动合同，应当提前三十日以书面形式通知用人单位。

文书工具

《辞退通知书》（见书尾文书工具附录，编号：NO.04）

第五节　经济性裁员

实务精讲

一、经济性裁员的概念

经济性裁员，是指用人单位单方面与劳动者集体解除劳动合同的行为。[①] 由于是用人单位与劳动者集体解除劳动合同，因此，为了保护劳动者的合法权益，相关规定也更为严格，用人单位只有具备法律规定的条件方可裁员。根据《劳动合同法》第41条规定，用人单位进行经济性裁员必须符合法律规定的情形；《企业经济性减裁人员规定》第4条对于用人单位裁减员工所需进行的程序也进行了详细的规定。

根据《劳动合同法》第41条规定，用人单位需要裁减人数20人以上或者裁减不足20人但占用人单位职工总数10%以上的，用人单位须提前30日向工会或者全体职工说明情况，在听取其意见后，用人单位须将裁减方案向劳动行政部门报告。经济性裁员需要向劳动行政部门报告，但无须取得行政部门的批准。

二、经济性裁员的法定情形

用人单位进行经济性裁员必须符合法律规定的情形：

第一，用人单位依照企业破产法规定进行重整。

"依照企业破产法规进行重整"，是指根据《企业破产法》《民事诉讼法》及相关规定，企业被法院裁定进行重整的情形。企业需要提供法院出具的裁定企业进行重整的法律文书。《企业经济性裁减人员规定》第2条规定，用人单位濒临破产，被人民法院宣告进入法定整顿期间或生产经营发生严重困难，达到当地政府规定的严重困难企业标准，确需裁减人员的，可以裁员。由此可见，当用人单位被人民法院宣告进入法定整顿期间，确因经营需要裁减员工的，可以进行经济性裁员。

---

① 肖胜方：《劳动合同法下的人力资源管理流程再造》，中国法制出版社2013年版，第321页。

第二，用人单位生产经营发生严重困难。

该条件的成就实质是用人单位发生了严重经营困难导致如仍保持原有的用工数量可能使企业无法正常经营，甚至面临破产的可能。如何界定该标准？根据《企业经济性裁减人员规定》第 2 条规定："用人单位濒临破产，被人民法院宣告进入法定整顿期间或生产经营发生严重困难，达到当地政府规定的严重困难企业标准，确需裁减人员的，可以裁员。"经营困难标准由当地政府规定。比如，广东省地方政府虽然没有直接就"生产经营发生严重困难"的界定作出相关规定，但可以参考 2009 年广东省劳动和社会保障厅、财政厅、地方税务局《关于发挥社会保险功能扶持企业发展积极应对国际金融危机有关问题的通知》的规定。该文件第 5 点规定，困难企业必须同时符合以下条件：(1)生产经营出现暂时困难且恢复有望；(2)没有裁员或净裁员人数未达到在职总人数的 25%；(3)没有出现拖欠职工工资行为；(4)总负债与总资产之比在 80%～100%之间；(5)在申请前 3 个月没有出现连续亏损；(6)生产经营活动符合国家及所在区域产业和环保政策的(国家限制的行业和企业除外)；(7)守法诚信经营，信贷征信良好；(8)依法参加社会保险并按规定履行缴费义务。

司法判例中，围绕该实质条件提交的证据主要包括但不限于：第三方的审计报告证明财务出现严重亏损，可能的话，尽可能提交连续三年的财务报表来证明亏损情况，当然很多企业提供自行制定的财务报表，如在没有其他证据可证明的情况下，其证明力较低；税务局出具的鉴证报告，证明税务缴纳情况，以此来证明企业的收入情况；当地人社部门出具的因资金困难导致社保延缓缴纳的证明；合作客户取消订单的证明，当然对于取消的业务类型和数量应当具备一定的合理性；其他能够证明企业存在严重经营困难的，如新闻媒体报道、网络新闻等。

第三，用人单位转产、重大技术革新或者经营方式调整，经变更劳动合同后，仍需裁减人员。

目前，我国现行的法律对于"企业转产""重大技术革新""经营方式调整"没有明确的规定。从司法实践来看，这里的"企业转产"应当是指，用人单位生产经营发生了质变而非量变，或者生产活动转为经营活动，或者由经营活动转为生产活动。"重大技术革新"应当理解为，用人单位核心业务所依赖的技术发生改变、升级，这种变化导致劳动者需适应、胜任新技术下的工作环境。"经营方式调整"应当理解为，企业的经营模式、组织架构等发生了实质性的变化，这种变化导致履行劳动合同的基础不复存在。用人单位需要举证证明"企业转产""重大技术革新""经营方式调整";反之,则会存在比较大的法律风险。

第四,其他因劳动合同订立时所依据的客观经济情况发生重大变化,致使劳动合同无法履行。

我国现行法律对于"订立劳动合同时所依据的客观经济情况发生重大变化"在理解和适用法律依据方面存在区别:一种情形是《劳动合同法》第 40 条第 3 项。这里的"客观情况",是指发生不可抗力或出现致使劳动合同全部或者部分条款无法继续履行的其他情况,如企业迁移、被兼并、企业资产转移等。此时,用人单位应当首先与员工协商变更劳动合同,未能就协商变更劳动合同达成一致的,用人单位可以依法解除劳动合同。另一种情形即是经济性裁员中的"客观情况"。这里是指,排除《劳动合同法》第 40 条第 3 项规定之外的其他"客观经济情况"。换言之,经济性裁员中的"客观情况"可简单理解为,用人单位想与员工继续劳动关系,但是客观上没有能力继续维持劳动关系。故此,用人单位在适用该项启动裁员程序时,应当特别注意与《劳动合同法》第 40 条第 3 项的情形进行区分以避免混同。

三、经济性裁员的限制条件

《劳动合同法》第 41 条对经济性裁员规定了限制条件,主要包括优先留用和优先招用两种限制。

优先留用,是指用人单位在裁减人员时对部分劳动者优先留用,包括以下三种劳动者:(1)与本单位订立较长期限的固定期限劳动合同的劳动者;(2)与本单位订立无固定期限劳动合同的劳动者;(3)家庭无其他就业人员,有需要扶养的老人或者未成年人的劳动者。

优先招用,是指用人单位根据经济性裁员的规定裁减人员后,在 6 个月内重新招用人员的,应当通知被裁减的劳动者,并在同等条件下优先招用被裁减的劳动者。

四、经济性裁员的禁止条件

根据《劳动合同法》第 42 条规定,劳动者有下列情形之一的,用人单位不得解除劳动合同:(1)从事接触职业病危害作业的劳动者未进行离岗前职业健康检查,或者疑似职业病病人在诊断或者医学观察期间的;(2)在本单位患职业病或者因工负伤并被确认丧失或者部分丧失劳动能力的;(3)患病或者非因工负伤,在规定的医疗期内的;(4)女职工在孕期、产期、哺乳期的;(5)在本单位连续工作满 15 年,且距法定退休年龄不足5年的；(6)法律、行政法规规定的其他情形。此外，根据《劳动合同法》第21条规定，试用期内不能进行经济性裁员。

案例说法

案例1：用人单位进行经济性裁员不符合法定程序，法院判决用人单位支付经济赔偿金

上诉人江苏某健康品有限公司（以下简称某公司）与被上诉人×××劳动争议纠纷一案，某公司称，2019年5月，因营销策略发生重大调整，不得不进行经济上的裁减人员，该项裁减人员方案在听取工会和职工意见后已经向当地劳动行政主管部门报告并取得同意，随后上诉人与被裁减人员进行了协商，大部分被裁减员工和上诉人达成了解除劳动合同的协议，并办理了离职手续，上诉人解除劳动合同完全符合《劳动法》的规定。

一审法院认为：因用人单位作出解除劳动合同决定而发生争议的，由用人单位承担举证责任。某公司虽然主张因经济性裁员而解除与×××的劳动合同，但未就符合经济性裁员的法定情形以及已履行相关程序事项举证，应承担不利后果，故某公司单方解除劳动合同违法，应支付×××经济赔偿金。

二审法院认为：某公司上诉称，因公司营销策略发生重大调整不得不进行经济性裁员，故某公司应对其此次经济性裁员已按规定履行了相关程序性事项承担举证证明责任。在某公司不能证实其裁员符合法律规定的情况下，一审法院认定某公司解除与被上诉人之间的劳动关系违法，支持被上诉人有关经济赔偿金的诉请，并无不当。

【裁判文书编号】

江苏省徐州市中级人民法院(2020)苏03民终1391号民事判决书

案例2：用人单位以经济性裁员为由解除与劳动者的劳动合同，法院以依据不足，判决双方继续履行劳动合同

2011年6月22日，田某玺入职某公司，双方签订劳动合同书，约定合同期限为2011年6月22日至2014年6月22日。2019年6月20日，某公司以严重亏损、经营发生严重困难、经济性裁员为由与田某玺解除劳动关系；某公司未对经济性裁员到劳动行政部门进行备案。某公司主张其经营发生严重困难，并提交某公司2017年、2018年审计报告。田某玺向北京市朝阳区劳动人事争议仲裁委员会申请仲裁，要求某公司继续履行劳动关系。

仲裁委员会以京朝劳人仲字(2020)第01733号裁决书裁决，某公司撤销解除劳动关系决定，继续履行与田某玺的劳动关系。田某玺及某公司均不服该裁决，故诉至法院。

一审法院认为：发生劳动争议，当事人对自己提出的主张，有责任提供证据。某公司主张其经营发生严重困难，但其提交的审计报告不足以证明该主张，且某公司就其所述经济性裁员也未到劳动行政部门进行备案，某公司就田某玺是否属于优先留用人员也没有举证；故某公司解除与田某玺的劳动关系不符合法律规定，应予以撤销。田某玺要求继续履行劳动关系的请求，一审法院予以支持。

二审法院认为：依据相关法律规定，用人单位应当对其解除劳动合同的合法性和合理性承担举证责任。本案中，某公司系以严重亏损、经营发生严重困难、经济性裁员为由与田某玺解除劳动关系，但某公司提交的审计报告等证据尚不足以证明其严重亏损及经营发生严重困难之事实；同时，某公司亦未就其依据履行经济性裁员的程序事项提交充分证据佐证，故其上诉主张有权参照《劳动合同法》第41条规定，解除与田某玺之间的劳动合同缺乏充分证据佐证，本院难以采信。一审法院认定某公司的解除行为属于违法解除劳动合同关系并无不当，本院予以确认。因田某玺坚持要求继续履行双方劳动合同，一审法院判令某公司应撤销其作出的解除劳动合同通知，并判令双方继续履行劳动合同符合法律规定。某公司虽上诉表示双方劳动合同履行基础完全丧失，田某玺与公司领导之间存在矛盾，故无法继续履行劳动合同，但某公司并未就此提交充分证据佐证，本院亦不予采信。遂判决驳回上诉，维持原判。

【裁判文书编号】

北京市第三中级人民法院(2021)京03民终13626号民事判决书

风险应对

一、风险点：用人单位先实施经济性裁员，再补正报告程序，存在违法解除风险

实施经济性裁员应提前向劳动行政部门报告，事后补正缺乏法律依据，且由于实施经济性裁员涉及人员多，法律规定提前报告的目的在于实现事前监督、预防集体争议，而事后补正将导致这一立法目的落空。

【HR 防范策略】

经济性裁员并不是必须需要劳动行政部门审批同意才可以进行。《企业经济性裁减人员规定》第 4 条规定："用人单位确需裁减人员，应按下列程序进行：……(四)向当地劳动行政部门报告裁减人员方案以及工会或者全体职工的意见，并听取劳动行政部门的意见……""报告裁减人员方案以及工会或者全体职工的意见"属于告知而非申请许可或要求审批，只要资料齐全的，即需当场予以备案。实践中，劳动行政部门往往也仅是出具一个收件回执。但是，从实践经验来看，在裁员前与行政部门、工会等机构充分沟通、协商，对于化解矛盾、减少争议，尤其是防控群体事件极有意义。

在用人单位单方解除劳动合同情形中，有些程序瑕疵，在一定情况下允许事后补正。比如，根据《最高人民法院关于审理劳动争议案件适用法律问题的解释(一)》第 47 条规定，建立了工会组织的用人单位解除劳动合同符合《劳动合同法》第 39 条、第 40 条规定，但未按照《劳动合同法》第 43 条规定事先通知工会，劳动者以用人单位违法解除劳动合同为由请求用人单位支付赔偿金的，人民法院应予支持，但起诉前用人单位已经补正有关程序的除外。但是，实施经济裁员应提前向劳动行政部门报告，事后补正缺乏法律依据，因此，用人单位还是需要严格遵守事先报告的法定程序，事后补正存在违法解除风险。

二、风险点：未履行经济性裁员法定程序，用人单位有支付赔偿金的风险

《劳动合同法》第 41 条规定，经济性裁员，用人单位应当提前 30 日向工会或者全体职工说明情况，听取工会或者职工的意见后，裁减人员方案经向劳动行政部门

报告，方可裁减人员。如果用人单位实施经济性裁员没有履行法定程序，即使客观情况符合《劳动合同法》规定裁员的条件，也会因为程序不合法而使其裁员行为被认定为违法。因此，在进行经济性裁员过程中应当严格按照法律法规的规定，且保存和收集相关证据，否则将会面临相应的法律后果。

【HR 防范策略】

第一，应符合经济性裁员的条件。用人单位至少应提供充分的证据以证明经济状况较为糟糕，如用工成本提升，原材料价格猛涨等。这一点的困难在于，因为我国对于经济性裁员条件目前尚无统一标准，这就给用人单位适用该条款造成了认识和适用困难。在现实中，用人单位最好从自身实际出发，综合多方面情况考虑，包括企业财务、生产、销售、利润等方面情况，参考当地对于经济性裁员的一些规章制度或者司法判决，据此来判断自身是否符合经济裁员的条件。各地政府制定的裁员标准因各地经济发展水平的不平衡而不同，这样会在一定程度上造成操作困难，但同时也给用人单位灵活操作提供了一些条件。

第二，符合法定程序。依据《劳动合同法》规定，用人单位裁减人员必须提前 30 日向工会和全体职工说明情况，听取工会或职工的意见，但需要注意的是，用人单位并非必须得到工会或职工的事前“同意”。从现行法律规定和司法实践来看，工会和职工反对对用人单位的裁员活动影响力和阻力有限。通常情况下，用人单位只要能提供向职工、工会提前说明情况的证据（如书面通知、通知回执等），即可视为完成了该项程序，该法定程序的程序性意义更为重要。

第三，寻求劳动部门支持。为防范实体条件不足的法律风险，用人单位应准备好财务资料，以书面方式向当地劳动和社会保障部门征询意见，取得同意后应要求劳动部门出具书面回执。这样做的原因在于，虽然《劳动合同法》规定向当地劳动部门仅为报告备案义务，但是否符合经济性裁员的实体条件却直接关系着用人单位裁员的合法性，确保操作合法能最大限度规避用人单位的法律风险。

第四，依法向劳动者支付经济补偿。用人单位必须按《劳动合同法》的规定给予劳动者经济补偿。在与职工协商后，除了直接的现金经济补偿外，用人单位还可以多元化规定劳动贡献补偿的方式，给被裁减人员以选择机会，如既可以货币的形式支付补偿金，也可以结合企业改组、改制给予被裁人员部分资产所有权或企业的股权等。当然，前提是取得劳动者的同意。

第五，要注意禁止经济性裁员的情形。用人单位要注意《劳动合同法》第 42 条的规定，根据该条规定，劳动者有以下情形的，用人单位不得经济性裁员：(1)从事接触职业病危害作业的劳动者未进行离岗前职业健康检查，或者疑似职业病病人在诊断或者医学观察期间的；(2)在本单位患职业病或者因工负伤并被确认丧失或者部分丧失劳动能力的；(3)患病或者非因工负伤，在规定的医疗期内的；(4)女职工在孕期、产期、哺乳期的；(5)在本单位连续工作满 15 年，且距法定退休年龄不足 5 年的；(6)法律、行政法规规定的其他情形。

操作指引

一、用人单位如何进行经济性裁员

（一）制定裁员方案

1. 裁员方案的主要内容

一般情况下，裁员方案的主要内容需要包括明确裁员依据的法定情形、裁员岗位、裁员数量和比例、裁员标准、裁员名单、裁员实施时间及实施步骤、劳动合同到期终止情况、经济补偿支付标准和方式、清偿拖欠工资和补缴欠缴社会保险费的计划等。

2. 不得裁减和应当优先留用的人员

(1)按照《劳动合同法》等法律法规和相关政策规定，企业不得裁减以下人员：从事接触职业病危害作业的劳动者未进行离岗前职业健康检查，或者疑似职业病病人在诊断或者医学观察期间的；在本单位患职业病或者因工负伤并被确认丧失或者部分丧失劳动能力的；患病或者非因工负伤，在规定的医疗期内的；女职工在孕期、产期、哺乳期的；在本单位连续工作满 15 年，且距法定退休年龄不足 5 年的；依法实行隔离治疗或者医学观察的新冠肺炎患者、病原携带者、疑似病人、密切接触者及因政府实施隔离措施或采取其他紧急措施导致不能提供正常劳动的职工；法律、行政法规规定的其他情形。

(2)企业应当优先留用下列人员：与本单位订立较长期限的固定期限劳动合同的；与本单位订立无固定期限劳动合同的；家庭无其他就业人员，有需要扶养的老人或者未成年人的；烈士遗属、本单位接收的由国家安排工作的退役军人等。

3. 做好经济补偿方案

(1)经济补偿的支付标准。按劳动者在本单位工作的年限,每满1年支付1个月工资的标准向劳动者支付。6个月以上不满1年的,按1年计算;不满6个月的,向劳动者支付半个月工资的经济补偿。

(2)月工资的计算标准。月工资是指劳动者在劳动合同解除或者终止前12个月的平均工资。按照劳动者应得工资计算,包括计时工资或者计件工资以及奖金、津贴和补贴等货币性收入。劳动者在劳动合同解除或者终止前12个月的平均工资低于当地最低工资标准的,按照当地最低工资标准计算。劳动者工作不满12个月的,按照实际工作的月数计算平均工资。

(3)经济补偿的相关限制。劳动者月工资高于企业所在地的地级以上市人民政府公布的本地区上年度职工月平均工资3倍的,向其支付经济补偿的标准按职工月平均工资3倍的数额支付,向其支付经济补偿的年限最高不超过12年。

(二)依法履行民主程序

1. 提前30日告知工会或者全体职工

企业可以通过会议、电话、短信、微信、电子邮件等形式,提前30日向工会或者全体职工说明裁员的有关情况,包括企业生产经营状况、目前面临的主要困难、已采取的尽量减少裁员的措施以及裁员的初步方案等。

2. 听取工会、职工意见

企业设立工会的,向工会说明情况,听取工会意见。企业没有设立工会的,应当召开全体职工会议,向职工说明情况,听取职工意见。企业应当保留沟通记录。采取会议方式沟通的,做好人员签到和会议记录,并保留好相关记录。

3. 完善裁员方案

企业根据工会和职工的合理意见修改完善裁员方案,确定裁员名单,确保裁员方案公开、公平、公正。

(三)依法向劳动行政部门报告

《企业经济性裁减人员规定》规定,在征求工会或者全体职工的意见后,企业应当向当地劳动行政部门报告裁减人员方案以及工会或者全体职工的意见,并听取劳动行政部门的意见。

（四）实施裁员方案

用人单位依法向劳动行政部门报告裁员方案以及工会或者全体职工的意见，并听取劳动行政部门的意见后，正式公布裁员方案，与被裁减人员办理解除劳动合同手续，按照有关规定向被裁减人员支付经济补偿金，出具裁减人员证明书。

二、劳务派遣用工下如何进行经济性裁员

在劳务派遣用工中，用工单位可以适用经济性裁员的规定，停止使用被派遣劳动者，将劳动者退回派遣单位，而不能以用工单位名义直接与被派遣劳动者解除劳动合同。

在用工单位因经济性裁员将被派遣劳动者退回劳务派遣单位后，劳务派遣单位不得直接与劳动者解除劳动合同，需根据不同情况作出安排：

1. 劳务派遣单位无法对被退回的劳动者进行重新派遣

在此种情况下，根据《劳务派遣暂行规定》第 12 条、第 15 条的规定，劳务派遣单位不得直接与劳动者解除劳动合同。被派遣劳动者被退回后在无工作期间，劳务派遣单位应当按照不低于所在地区最低工资标准按月支付劳动者待派期间的报酬，并应依法缴纳社保公积金。

2. 劳务派遣单位降低劳动合同约定条件重新派遣

此种情况下，根据《劳务派遣暂行规定》第 15 条的规定，重新派遣需要经被派遣劳动者同意。如被派遣劳动者不同意，劳务派遣单位也不得解除劳动合同，应按照待派期间的规定支付相关待遇。

3. 劳务派遣单位维持或者提高劳动合同约定条件重新派遣

此种情况下，根据《劳务派遣暂行规定》第 15 条的规定，被派遣劳动者不同意的，劳务派遣单位可以解除劳动合同，并向被派遣劳动者支付经济补偿。

三、进行经济性裁员时，听取意见环节应注意的问题

用人单位进行经济性裁员时，应当注意以下问题：

1. 程序二选一问题。向工会或者全体职工“说明情况”“听取意见”，是二选一的关系，并不需要同时向工会和全体职工履行两次听取意见的程序，当然如果用人单位自愿选择两种途径同时采用，法律并不禁止。

2. 强制性时间规定。应当提前 30 日向工会或者全体职工“说明情况”“听取意见”，这个时间要求是强制性规定，应当遵守。

3. 能否以支付代通知金的方式替代“提前三十日”的要求。

用人单位未能满足“提前三十日向工会或者全体职工说明情况”的程序条件，能否比照《劳动合同法》第 40 条的规定，以支付代通知金的方式替代，司法实践中亦存在不同观点。多数人认为，以支付代通知金的方式替代“提前三十日”缺乏法律依据；也少部分人认为，“提前三十日”不是法定生效条件，可以通过支付代通知金替代“提前三十日”的通知义务，对劳动者的权益作出弥补。

疑难解答

一、实际裁减人员能否与向劳动行政部门报告的裁减人员方案不同？

实践中，可能在最终实施裁减人员方案时，由于一些原因，导致实际裁减人员与报告的裁减人员方案存在差异。这种情况下，是否会导致违法解除劳动合同，需要区分不同情况：第一，如实际实施裁减人员人数少于向劳动行政部门报告的人数，一般不会导致解除违法，但降低后裁减人员人数低于法定人员规模（低于 20 人且低于企业职工总数 10%）的要求，则存在违法解除风险；第二，如实际实施裁减人员人数超过向劳动行政部门报告的人数，报备名单之外的员工，存在违法解除风险；第三，报备名单上拟裁减人员实际未被解除的，一般不会导致对其他裁减人员的解除行为违法；第四，如对裁减人员报备名单进行变更调整，对未列入名单的人员实施经济性裁员的，存在违法解除风险。

二、以协商一致解除实施经济性裁员是否需要履行听取意见及报告程序？

实践中，在实施经济性裁员时，用人单位更愿意采用与员工协商一致解除劳动合同的方式。一方面，协商一致解除劳动合同，操作更为灵活简便，时间效率最优；另一方面，协商一致解除有利于降低诉讼风险。但需要注意的是，以协商一致解除实施经济性裁员时是否应履行法定的听取意见和报告程序，在司法实践中存在不同观点：第一种观点认为，协商解除劳动合同的人数达到法定规模且符合裁员的实质性条件时，应当履行裁员的法定程序。2014 年 12 月 31 日公布的《企业裁减人员规定(征求意见稿)》第18条的规定就采纳了这种观点。第二种观点认为,协商一致解除是《劳动合同法》第36条规定的另一种解除情形,与经济性裁员无关,即便具有类似的解除背景和人员规模,仍然应该按照《劳动合同法》第36条的规定,尊重双方意思自治。

鉴于司法实践存在不同观点,如用人单位出现经济性裁员的情形,与一定规模比例的劳动者协商解除劳动合同,建议事先向工会或全体职工说明情况,并向劳动行政部门进行告知。

法条链接

1.《劳动合同法》(2018年12月28日修正)

第四十一条 有下列情形之一,需要裁减人员二十人以上或者裁减不足二十人但占企业职工总数百分之十以上的,用人单位提前三十日向工会或者全体职工说明情况,听取工会或者职工的意见后,裁减人员方案经向劳动行政部门报告,可以裁减人员:

(一)依照企业破产法规定进行重整的;

(二)生产经营发生严重困难的;

(三)企业转产、重大技术革新或者经营方式调整,经变更劳动合同后,仍需裁减人员的;

(四)其他因劳动合同订立时所依据的客观经济情况发生重大变化,致使劳动合同无法履行的。

裁减人员时,应当优先留用下列人员:

(一)与本单位订立较长期限的固定期限劳动合同的;

(二)与本单位订立无固定期限劳动合同的;

(三)家庭无其他就业人员,有需要扶养的老人或者未成年人的。

用人单位依照本条第一款规定裁减人员,在六个月内重新招用人员的,应当通知被裁减的人员,并在同等条件下优先招用被裁减的人员。

第四十二条 用人单位不得解除劳动合同的情形

劳动者有下列情形之一的,用人单位不得依照本法第四十条、第四十一条的规定解除劳动合同：

（一）从事接触职业病危害作业的劳动者未进行离岗前职业健康检查，或者疑似职业病病人在诊断或者医学观察期间的；

（二）在本单位患职业病或者因工负伤并被确认丧失或者部分丧失劳动能力的；

（三）患病或者非因工负伤，在规定的医疗期内的；

（四）女职工在孕期、产期、哺乳期的；

（五）在本单位连续工作满十五年，且距法定退休年龄不足五年的；

（六）法律、行政法规规定的其他情形。

2.《最高人民法院关于审理劳动争议案件适用法律问题的解释（一）》（2021年1月1日）

第四十七条 建立了工会组织的用人单位解除劳动合同符合劳动合同法第三十九条、第四十条规定，但未按照劳动合同法第四十三条规定事先通知工会，劳动者以用人单位违法解除劳动合同为由请求用人单位支付赔偿金的，人民法院应予支持，但起诉前用人单位已经补正有关程序的除外。

3.《劳务派遣暂行规定》（2014年3月1日）

第十二条 有下列情形之一的，用工单位可以将被派遣劳动者退回劳务派遣单位：

（一）用工单位有劳动合同法第四十条第三项、第四十一条规定情形的；

（二）用工单位被依法宣告破产、吊销营业执照、责令关闭、撤销、决定提前解散或者经营期限届满不再继续经营的；

（三）劳务派遣协议期满终止的。

被派遣劳动者退回后在无工作期间，劳务派遣单位应当按照不低于所在地人民政府规定的最低工资标准，向其按月支付报酬。

第十五条 被派遣劳动者因本规定第十二条规定被用工单位退回，劳务派遣单位重新派遣时维持或者提高劳动合同约定条件，被派遣劳动者不同意的，劳务派遣单位可以解除劳动合同。

被派遣劳动者因本规定第十二条规定被用工单位退回，劳务派遣单位重新派遣时降低劳动合同约定条件，被派遣劳动者不同意的，劳务派遣单位不得解除劳动合同。但被派遣劳动者提出解除劳动合同的除外。

4.《北京市劳动合同规定》(2021 年 12 月 30 日修改)

第三十二条 用人单位有下列情形之一,确需裁减人员的,应当提前 30 日向工会或者全体职工说明情况,听取工会或者职工的意见,经向人力资源和社会保障部门报告后,可以裁减人员:

(一)濒临破产进行法定整顿期间的;

(二)因防治工业污染源搬迁的;

(三)生产经营发生严重困难的。

用人单位依据前款规定裁减人员,在 6 个月内录用人员的,应当优先录用被裁减人员。

5.《上海市劳动合同条例》(2002 年 5 月 1 日)

第三十五条 用人单位确需依法裁减人员的,应当向工会或者全体职工说明情况,听取意见。用人单位的裁员方案应当在与工会或者职工代表协商采取补助措施的基础上确定,并向劳动保障行政部门报告。

用人单位实施裁员方案,应当提前三十日通知工会和劳动者本人。

用人单位依据本条规定裁减人员,在六个月内录用人员的,应当优先录用被裁减的人员。

文书工具

《经济性裁员通知书》(见书尾文书工具附录,编号:NO. 05)

第二章

劳动合同的终止及离职

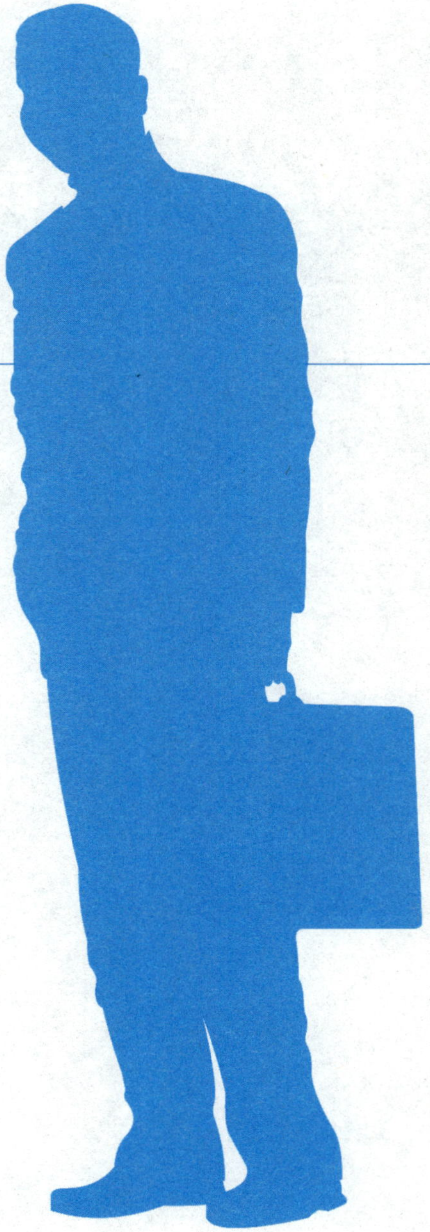

第一节　劳动合同终止

实务精讲

一、劳动合同终止的概念

劳动合同终止，是指由于法定原因，用人单位与劳动者的劳动关系消灭，劳动者与用人单位之间原权利义务不复存在。

劳动合同终止和劳动合同解除是两个不同的概念。终止劳动合同是劳动合同法律效力的终止，也就是双方当事人之间劳动关系的终结。劳动合同的解除，是当事人双方提前终止劳动合同的法律效力，解除双方的权利义务关系。具体而言：

首先，劳动合同解除与终止是否由当事人作出意思表示不同。劳动合同终止是指劳动合同订立后，因出现某种法定的事实，导致用人单位与劳动者之间形成的劳动关系自动归于消灭，或导致双方劳动关系的继续履行成为不可能而不得不消灭的情形。劳动合同终止主要是基于某种法定事实的出现，其一般不涉及用人单位与劳动者的意思表示，只要法定事实出现，一般情况下，都会导致双方劳动关系的消灭。

其次，劳动合同解除与劳动合同终止情形不同。根据《劳动合同法》的规定，劳动合同解除分为：意定解除（第 36 条）、劳动者提前通知单方解除即劳动者主动辞职（第 37 条）、劳动者随时单方解除即被迫解除（第 38 条）、用人单位单方通知解除（第 39 条）、用人单位提前通知单方解除（第 40 条、第 41 条），前述各种解除的成就条件是不同的。《劳动法》第 23 条规定："劳动合同期满或者当事人约定的劳动合同终止条件出现，劳动合同即行终止。"但并没有对劳动合同终止的具体情形作出明确规定。《劳动合同法》第 44 条、第 45 条对劳动合同终止的具体情形作出了列举式规定。

最后，劳动合同解除与劳动合同终止是否需要履行法定程序不同。劳动合同解除根据不同情形，需要履行不同的法律程序，如果未履行必要的法定程序，可能会导致劳动合同解除违法，从而不能出现当事人预想达到的解除效果，甚至事与愿违地承担相应的损害赔偿责任。在劳动合同解除的诸多情形中，除了意定解除以及劳动者在人身受到威胁，被强迫劳动情形下解除劳动合同，不需要履行相应的法定程序外，其他均需履行相应的程序。而对于劳动合同终止是否履行相应的法定程序，以及未履行法定程序的法律后果，我国《劳动法》和《劳动合同法》均没有作出明确规定，从而导致实践中对于劳动合同终止时用人单位是否需要履行提前通知义务，以及需要提前多长时间通知，各地掌握的尺度不尽一致。

二、劳动合同终止的情形

1. 劳动合同期满

劳动合同期满是最常见的劳动合同终止情形之一，但是劳动合同期满并不必然导致劳动合同终止，依据《劳动合同法》《工伤保险条例》《工会法》的相关规定，以下 11 种情况下劳动合同期满也不能终止劳动合同：(1) 从事接触职业病危害作业的劳动者未进行离岗前职业健康检查的，需等到职业健康检查后确定无碍后才能够终止合同。(2) 疑似职业病病人在诊断或者医学观察期间的，需待医学观察期结束经诊断非职业病后才可终止合同。(3) 劳动者在本单位患职业病或者因工负伤，视伤残等级而定：一级至四级，职工因工致残被鉴定为一级至四级伤残的，保留劳动关系，退出工作岗位，合同到期不能终止劳动合同；五级至六级，保留与用人单位的劳动关系，不能因劳动合同到期终止合同，由用人单位安排适当工作，但劳动者可提出解除或终止劳动关系。(4) 劳动者患病或者非因工负伤，在规定的医疗期内的，正常情况下需待法定医疗期结束才可终止劳动合同。如果法定医疗期届满前已经治愈的，亦可以终止合同。(5) 女职工在孕期、产期、哺乳期的，一般来说，用人单位需待女职工哺乳期结束才可终止劳动合同。但如果女职工属违反计划生育政策，则难以获得法律的特殊保护，司法实践中大多数意见认为可以终止合同。《劳动合同法》第 42 条对用人单位解除劳动合同的行为作出单向性限制，即如果员工处于孕期、产期、哺乳期的，用人单位不能以员工的非过错原因解除劳动合同。同时也不能对此类员工采取经济性裁员而解除合同。《劳动合同法》第 45 条也规定，劳动合同期满，有本法第 42 条规定的情形之一的，劳动合同应当续延至相应的情形消失时终止。(6) 劳动者在本单位连续工作满 15 年，且距法定退休年龄不足 5 年的，只能等到退休时才可终止合同。(7) 劳动者已在该用人单位连续工作满 10 年，且劳动者提出签订无固定期限劳动合同的，用人单位不能终止劳动关系，必须续订无固定期限劳动合同。(8) 用人单位初次实行劳动合同制度或者国有企业改制重新订立劳动合同时，劳动者已在该用人单位连续工作满10年且距法定退休年龄不足10年，且劳动者提出签订无固定期限劳动合同的，用人单位不能终止劳动关系，必须续订无固定期限劳动合同。(9)劳动者已连续订立二次固定期限劳动合同，且劳动者没有《劳动合同法》第39条和第40条第1项、第2项规定的情形，劳动者提出签订无固定期限劳动合同的，目前主流意见是用人单位不能终止劳动关系，必须续订无固定期限劳动合同(注意：实践中各地有不同意见，全国绝大多数地区持该意见，上海除外)。(10)基层工会专职主席、副主席或者委员自任职之日起，其劳动合同期限自动延长，延长期限相当于其任职期间；非专职主席、副主席或者委员自任职之日起，其尚未履行的劳动合同期限短于任期的，劳动合同期限自动延长至任期期满。(11)职工协商代表在任期内，劳动合同期满的。原劳动和社会保障部等四部门《关于进一步推行平等协商和集体合同制度的通知》规定，职工协商代表在任期内，劳动合同期满的，企业原则上应当与其续签劳动合同至任期届满。职工代表的任期与当期集体合同的期限相同。

2. 劳动者开始依法享受基本养老保险待遇的(劳动者达到法定退休年龄)

实践中往往出现这样一种情况，劳动者已经达到法定退休年龄，但未能享受基本养老保险待遇，此种情况劳动合同是否终止呢？这个答案众说纷纭，各地也出现了不同的司法判决，但大多数观点认为劳动者达到法定退休年龄的，不论其是否依法享受基本养老保险待遇，劳动合同都应终止。

《劳动合同法》第44条规定了劳动合同终止的相关情形，依照该条第2项的规定，劳动者开始依法享受基本养老保险待遇的，劳动合同终止。同时该法第44条第6项规定，有法律、行政法规规定的其他情形的，劳动合同终止。《劳动合同法实施条例》系国务院颁布的行政法规，该实施条例第21条规定，劳动者达到法定退休年龄的，劳动合同终止。因此，劳动者达到法定退休年龄与劳动者开始依法享受基本养老保险待遇的情形，均可产生劳动合同终止的法律效果。

3. 劳动者死亡或者被人民法院宣告死亡，或者宣告失踪的

该种情形下，劳动合同自然履行不能，因此是劳动合同终止的法定事由之一。当然，针对劳动者被人民法院宣告死亡，或宣告失踪这一情形，需要符合法律规定的宣告程序，在相关法律文书生效之日，才能具备终止劳动合同的法律效果。

4. 用人单位被依法宣告破产，或者被吊销营业执照、责令关闭、撤销，或者用人单位决定提前解散的

用人单位也是劳动合同的一方主体，当用人单位被依法宣告破产或被解散后，

劳动合同也依法应当终止。认定破产的时间节点非常关键,这不但关系到劳动者工作年限的认定和经济补偿的计算,也关系到工资发放以及社会保险费缴纳的节点确定。《民法典》第69条规定:"有下列情形之一的,法人解散:(一)法人章程规定的存续期间届满或者法人章程规定的其他解散事由出现;(二)法人的权力机构决议解散;(三)因法人合并或者分立需要解散;(四)法人依法被吊销营业执照、登记证书,被责令关闭或者被撤销;(五)法律规定的其他情形。"上述规定不但明确了用人单位的解散情形,同时对不同解散情形的时间节点也作了明确。例如,单位提前解散的,以"权力机构作出决议解散"的时间为准。

另外,《民法典》第70条规定:"法人解散的,除合并或者分立的情形外,清算义务人应当及时组成清算组进行清算。法人的董事、理事等执行机构或者决策机构的成员为清算义务人。法律、行政法规另有规定的,依照其规定。清算义务人未及时履行清算义务,造成损害的,应当承担民事责任;主管机关或者利害关系人可以申请人民法院指定有关人员组成清算组进行清算。"根据上述规定,在用人单位因解散而终止劳动合同时,应当对劳动者的工资、经济补偿、社保费等权益进行清算,清算义务人为用人单位的"董事、理事等执行机构或者决策机构的成员"。

5. 法律、行政法规规定的其他情形

法律规定不可能包含现实生活中出现的所有现象,因此,《劳动合同法》将这一规定作为劳动合同终止的兜底条款。

三、劳动合同终止的例外情形

劳动合同终止同时存在法定例外情形,根据《劳动合同法》规定,在劳动合同期限届满时,劳动者出现下列情形,用人单位不得与劳动者终止劳动合同:

1. 从事接触职业病危害作业的劳动者未进行离岗前职业健康检查,或者疑似职业病病人在诊断或者医学观察期间的;

2. 在本单位患职业病或者因工负伤并被确认丧失或者部分丧失劳动能力的;患病或非因工负伤,在规定的医疗期内的;

3. 女职工在孕期、产期、哺乳期的;

4. 在本单位连续工作满15年,且距法定退休年龄不足5年的;

5. 法律、行政法规规定的其他情形。

劳动合同终止的例外情形和第一章第四节用人单位解除劳动合同中的"非过错

性解除劳动合同的禁止情形”基本相同，例外情形的具体内涵可参考本书该部分的说明。

案例说法

案例1：用人单位按约定终止劳动合同，法院判决认定约定无效，双方继续履行合同

冀某某退伍转业至河南省襄城县某有限公司工作，2013年7月1日，冀某某与河南省襄城县某有限公司签订停薪留职合同，约定冀某某停薪留职期限从2013年7月1日起至2016年6月30日止。合同第6条约定停薪留职期间，冀某某按河南省襄城县某有限公司核算的养老统筹、医疗保险、住房公积金于当年1月15日缴纳，逾期一个月不缴纳，河南省襄城县某有限公司可以按冀某某自动离职处理。2014年6月23日，冀某某缴纳2014年三项保险金。至2015年3月2日，冀某某未在合同规定的期间内缴纳2015年三项保险金。2015年3月5日，河南省襄城县某有限公司召开职工大会解除与冀某某劳动合同关系，并将决定予以通报，出席职代会人员签到表加盖有河南省襄城县某有限公司公章及该公司工会委员会公章。2015年3月6日，河南省襄城县某有限公司在《许昌日报》刊登通知，通知冀某某因违反公司规章制度，公司将与其解除劳动合同关系。2015年3月10日，河南省襄城县某有限公司向冀某某送达了2015年3月6日《许昌日报》复印件。2015年3月11日，河南省襄城县某有限公司向冀某某送达解除劳动合同书。

一审法院认为：《劳动合同法》施行以后，劳动合同的终止只有法定终止，没有约定终止，用人单位与劳动者不能再自由约定劳动合同的终止条件。即便双方对终止条件的约定系各自真实的意思表示，也因违反了法律的强制性规定而归于无效。本案约定原告逾期一个月不缴纳养老统筹、医疗保险、住房公积金按自动离职处理违背《劳动合同法》和《劳动合同法实施条例》中用人单位与劳动者不得约定法外的终止条件的规定，应属无效。遂依法判决撤销被告河南省襄城县某有限公司作出的冀某某解除劳动合同书。

二审法院认为：劳动合同的解除条件具有法定性，用人单位不得以劳动合同约定或规章制度的形式另行确定劳动合同解除条件，用人单位与劳动者另行约定劳动合同解除条件的，所作约定应视为无效。本案中，上诉人河南省襄城县某有限公司在停薪留职合同和规章制度中关于劳动者逾期缴纳社会保险费按自动离职处理的内容，因违反《劳动合同法》相关规定，应认定无效。上诉人河南省襄城县某有限公司依据无效的劳动合同条款和规章制度内容解除与被上诉人冀某某之间的劳动关系自然也不具有合法性，不应得到支持。

【裁判文书编号】

河南省许昌市中级人民法院(2016)豫10民终109号民事判决书

案例2：用人单位因涉及刑事案件遂提前解散而终止与劳动者的劳动关系，法院认为不符合劳动合同终止法定情形，应支付经济补偿金

邱某辉于2015年12月18日入职某公司，任职研发工程师，双方签订了劳动合同。2021年2月5日，某公司因为公司不再经营而与邱某辉解除了劳动合同。邱某辉向长沙市劳动人事争议仲裁委员会（以下简称仲裁委）申请仲裁，请求裁决某公司向其支付赔偿金、代通知金。2021年4月23日，仲裁委作出长劳人仲案字(2021)第3194号裁决书，裁决某公司向邱某辉支付经济补偿金99,000元。某公司不服该裁决，故诉至一审法院，形成本诉。

一审法院认为：本案系劳动争议纠纷，与某公司所涉的刑事案件非同一法律关系，不符合先刑后民的规定，不影响本案继续审理。关于经济补偿金，某公司因公司不再经营而终止与邱某辉的用工关系，依据《劳动合同法》第44条、第46条规定，某公司应支付经济补偿金。

二审法院认为：本案中，双方当事人均认可因用人单位决定提前解散而终止与劳动者的劳动关系，符合《劳动合同法》第44条第5项劳动合同终止的法定情形，一审法院根据《劳动合同法》第46条第6项判处某公司向邱某辉支付经济补偿金并无不当，本院予以维持。关于某公司主张该公司已被公安机关管控、银行账户被冻结，无法履行民事给付义务，本院认为该事由不影响本案对某公司民事义务的确定，对某公司的主张不予支持。

【裁判文书编号】

湖南省长沙市中级人民法院(2021)湘01民终15082号民事判决书

风险应对

一、风险点：与连续工作15年距退休不足5年劳动者终止劳动合同

用人单位可以终止劳动合同的情形中有一种例外情况，用人单位容易忽略。即便是双方签订的劳动合同期限已经届满，如果劳动者在用人单位连续工作满15年且距法定退休年龄不足5年的，用人单位是不能因劳动合同期满而与劳动者终止劳动合同的，劳动合同应当延续至劳动者达到法定退休年龄时终止。用人单位如果解除或者终止劳动合同，会被认定为违法解除行为，需支付经济赔偿金。劳动者要求继续履行劳动合同的，用人单位应当继续履行。

【HR防范策略】

对于在用人单位工作已满15年且距法定退休年龄不足5年的劳动者，即便劳动合同到期，用人单位也不可终止劳动合同关系，须将劳动合同期限延续至劳动者退休之时。当然，并不是完全没有解除劳动合同的可能性，如果用人单位不希望延续与该劳动者的劳动合同关系，根据《劳动合同法》第36条的规定，与劳动者协商一致，可以解除劳动合同。除此之外，如果劳动者存在《劳动合同法》第39条规定的情形，比如，严重违反用人单位的规章制度，严重失职给用人单位造成重大损害，同时与其他用人单位建立劳动关系并对完成本单位的工作任务造成严重影响拒不改正，劳动合同无效，或被依法追究刑事责任的，用人单位也可以依照《劳动合同法》第39条解除劳动合同。

二、风险点：劳动合同终止未提前通知

这一风险点主要源于地方性立法规定，因为《劳动合同法》并没有明确规定用人单位需要提前通知劳动者终止劳动合同这一义务，但某些地方性立法作出了明确的规定。就规范性文件而言，《北京市劳动合同规定》第40条和第47条规定，劳动合同期限届满前，用人单位应当提前30日将终止或者续订劳动合同意向以书面形式通知劳动者，经协商办理终止或者续订劳动合同手续。用人单位违反本规定第40条规定，终止劳动合同未提前30日通知劳动者的，以劳动者上月日平均工资为标准，每延迟1日，支付劳动者1日工资的赔偿金。就司法实践而言，广东省的法院也

支持支付未提前通知的“代通知金”,用人单位若不提前告知劳动者终止劳动合同,应承担支付一个月工资的代通知金的法律风险。

【HR 防范策略】

虽然没有提前通知,期满终止前劳动合同仍然有效,但 HR 应注意地方性规定是否对“用人单位在合同到期前多长时间作出终止或续签的决定并通知劳动者”给予明确规定,并参照当地规定执行,避免在期限届满前一两天才通知劳动者,造成劳动者缺乏准备,引起不必要的争议和纠纷。

三、风险点:用人单位依劳动合同的约定任意终止劳动合同

《劳动合同法》修改后,明确了劳动合同不能依约定终止。《劳动合同法实施条例》第 13 条规定:“用人单位与劳动者不得在劳动合同法第四十四条规定的劳动合同终止情形之外约定其他的劳动合同终止条件。”而法定终止情形只有《劳动合同法》第 44 条规定的 6 种:“有下列情形之一的,劳动合同终止:(一)劳动合同期满的;(二)劳动者开始依法享受基本养老保险待遇的;(三)劳动者死亡,或者被人民法院宣告死亡或者宣告失踪的;(四)用人单位被依法宣告破产的;(五)用人单位被吊销营业执照、责令关闭、撤销或者用人单位决定提前解散的;(六)法律、行政法规规定的其他情形。”

【HR 防范策略】

司法实践中,用人单位违法解除劳动合同后,多数劳动者主张违法解除赔偿金。由于劳动关系具有人合性的特征,较少劳动者会主张恢复劳动关系,因此审判机关在审理恢复劳动关系案件时比较谨慎。《劳动法》规定了用人单位与劳动者在很多情形下均可以自由协商,确定双方的权利义务关系及劳动合同的内容,但这种自由协商并非没有边界。在普通的劳动关系中,除法律规定的几种情形外,用人单位不得随意约定劳动合同终止的条件,这是与劳动法律法规保护弱势劳动者的立法精神相一致的。

总而言之,从法律规定我们可以知道,劳动合同的终止只有法定终止,没有约定终止,即便有双方合意且有明确的书面表示,用人单位与劳动者也不能自由约定劳动合同的终止条件。因为即便双方对终止条件的约定系各自的真实意思表示,也因违反了法律的强制性规定而归于无效,且一旦发生纠纷,用人单位可能在这个过程中会因此而承受较劳动者更大的法律风险,因此,用人单位不要与劳动者自由约定

劳动合同的终止条件。

四、风险点：用人单位终止劳动合同时未足额支付经济补偿金

有些用人单位在与劳动者终止劳动合同关系时，出于节省成本的考虑，并未依法足额向劳动者支付经济补偿金。如果劳动者不再追究，当然不会有什么风险；如果劳动者要求按照法定标准实践，仲裁庭或法院会支持劳动者的诉求。

【HR 防范策略】

用人单位在和劳动者签订终止劳动合同协议时，约定经济补偿金需要注意以下问题：一般来说，用人单位在与劳动者解除劳动合同时还是要按照法定标准支付经济补偿金的，这有利于用人单位的稳定和减少法律风险。但是，在双方协商一致，劳动者也同意不按法定标准领取经济补偿金的情况下，则可以低于法定标准。用人单位可以在书面协议中注明已明确告知劳动者相关法律法规的规定，明确告知劳动者法定补偿标准，劳动者若自愿放弃领取法定标准的经济补偿金并签订相关的协议，此时协议里关于经济补偿金的约定就可以发生法律效力，用人单位也可以依此减少自己的法律风险。

操作指引

劳动合同到期终止程序如下所示：

1. 审查劳动者是否存在终止的例外情形

用人单位应当在劳动期限届满前审查劳动者是否存在期限届满终止的例外情形，若存在则应当书面告知劳动者顺延期限具体时间。

2. 通知劳动者不续签劳动合同

提前 1 个月通知劳动者不续签合同，将按照劳动者服务时间给劳动者补偿金，每 1 年补偿 1 个月工资（近 12 个月的平均工资），不满 1 年按 1 年计算，不满半年按半年计算，具体算法详见本书第三章“经济补偿金”相关内容。

3. 劳动者办理离职手续

劳动者可以按约定的离职日期办理离职。劳动者需要交接工作，退还各种公司财产（包含工作服、书籍、电脑、工具等物品），核算考勤，结算当月工资、补偿金总额，约定发放时间，人事发送离职证明、《住房公积金提取审批单》等证明，凭借离职证明

和《劳动合同》到社保局办理失业保险证，按月领取失业保险，凭借离职证明、身份证和《住房公积金提取审批单》到住房公积金管理中心办理住房公积金提取。

疑难解答

一、终止劳动合同是否需要提前 30 日通知？

终止劳动合同不需要提前通知。原因在于两点：第一，用人单位和劳动者均知道终止的时间点，不存在缺乏预见性；第二，法律并没有明确规定终止劳动合同需要提前 30 日通知。因此，终止劳动合同不需要提前 30 日通知，用人单位与劳动者另有约定的除外。需要注意的是，一些地方法规要求终止劳动合同需要提前 30 日通知，因此，要特别注意地方规定。

二、劳动合同期限届满而终止劳动合同是否需要支付经济补偿金？

根据《劳动合同法》第 46 条规定，除用人单位维持或者提高劳动合同约定条件续订劳动合同，劳动者不同意续订外，用人单位应当向劳动者支付经济补偿。即除用人单位维持或提高劳动合同约定条件续订劳动合同，而劳动者不同意续订这一情形外，其他情形下用人单位均需支付经济补偿金。

三、劳动合同终止有什么法律要求？

第一，提前 30 日通知。《劳动合同法》未对劳动合同终止的通知期限等要求作明确规定，《北京市劳动合同规定》及其他一些地方性立法，要求在劳动合同期限届满前，用人单位应当提前 30 日将终止劳动合同意向以书面形式通知劳动者，经协商办理终止劳动合同手续等。因此，出于全面规避法律风险考虑，建议用人单位提前 30 日通知劳动者劳动合同终止。

第二，办理手续、出具书面证明。依照《劳动合同法》第 50 条第 1 款规定，用人单位应当在解除或者终止劳动合同时出具解除或者终止劳动合同的证明，并在 15 日内为劳动者办理档案和社会保险关系转移手续。第 89 条规定，用人单位违反本法规定未向劳动者出具解除或者终止劳动合同的书面证明，由劳动行政部门责令改正；给劳动者造成损害的，应当承担赔偿责任。

关于出具的证明内容。《劳动合同法实施条例》第 24 条规定,用人单位出具的解除、终止劳动合同的证明,应当写明劳动合同期限、解除或者终止劳动合同的日期、工作岗位、在本单位的工作年限。

第三,支付经济补偿金。根据《劳动合同法》第 46 条规定,以下终止劳动合同的情形,用人单位应当向劳动者支付经济补偿金:(1)除用人单位不降低现有劳动合同约定条件,劳动者不同意续签劳动合同的情况外,因劳动合同期满而终止固定期限劳动合同的;(2)用人单位被依法宣告破产的;(3)用人单位被吊销营业执照、责令关闭、撤销或者用人单位决定提前解散的。

除此之外,根据《劳动合同法实施条例》第 22 条规定,以完成一定工作任务为期限的劳动合同因任务完成而终止的,用人单位应当依照《劳动合同法》第 47 条的规定向劳动者支付经济补偿。

关于支付经济补偿金时间问题。根据《劳动合同法》第 50 条的规定,劳动者应当按照双方约定,办理工作交接。用人单位须支付经济补偿的,应当在办结交接时向劳动者支付。

第四,给付医疗补助费。依据原劳动部《关于实行劳动合同制度若干问题的通知》第 22 条规定,劳动者患病或非因工负伤,合同期满终止劳动合同的,用人单位应当支付不低于 6 个月工资的医疗补助费;对患重病或绝症的,还应适当增加医疗补助费。

四、劳动合同解除和劳动合同终止有何异同点?

两者的共同点在于:都是劳动合同所确定的法律关系消灭,用人单位和劳动者的劳动合同关系不复存在,双方之间的权利和义务也随之消灭。

两者的不同点在于:劳动合同的终止,是指由于《劳动合同法》第 44 条中的法定事由出现,导致的劳动合同关系期满终止或依法终止。包括:劳动合同期满的;劳动者开始依法享受基本养老保险待遇的;劳动者死亡,或者被人民法院宣告死亡或者宣告失踪的;用人单位被依法宣告破产的;用人单位被吊销营业执照、责令关闭、撤销或者用人单位决定提前解散的等情形。注意,劳动合同终止仅限于法定情形。

而劳动合同的解除可分为三种情况:一是双方协商一致的解除;二是劳动者单方解除,包括提前通知解除、用人单位存在过错、违法时的解除;三是用人单位单方解除,包括提前 30 日通知或支付一个月代通知金的劳动者无过错情况下的解除、劳动者试用期内不符合录用条件、有过错、被追究刑事责任等6种情况下的解除、经济性裁员的解除等情形。

五、达到法定退休年龄但是未享受养老保险待遇可以终止劳动合同吗？

可以终止劳动合同，主要是基于《劳动合同法实施条例》第21条规定。

2008年1月实施的《劳动合同法》第44条总共规定了6项劳动合同终止的法定事由，其中第6项属于兜底性条款，即："法律、行政法规规定的其他情形。"同年9月实施的《劳动合同法实施条例》第21条规定："劳动者达到法定退休年龄的，劳动合同终止。"《劳动合同法实施条例》第21条规定正是《劳动合同法》第44条第6项中规定的"行政法规规定的其他情形"。以此来推断，"达到法定退休年龄"也是劳动合同法定终止的事由之一。因此，达到法定退休年龄，虽然没有享受养老保险待遇，依然是劳动关系法定终止事由。

法条链接

1.《劳动合同法》(2012年12月28日修正)

第四十四条 有下列情形之一的，劳动合同终止：

(一)劳动合同期满的；

(二)劳动者开始依法享受基本养老保险待遇的；

(三)劳动者死亡，或者被人民法院宣告死亡或者宣告失踪的；

(四)用人单位被依法宣告破产的；

(五)用人单位被吊销营业执照、责令关闭、撤销或者用人单位决定提前解散的；

(六)法律、行政法规规定的其他情形。

第四十五条 劳动合同期满，有本法第四十二条规定情形之一的，劳动合同应当续延至相应的情形消失时终止。但是，本法第四十二条第二项规定丧失或者部分丧失劳动能力劳动者的劳动合同的终止，按照国家有关工伤保险的规定执行。

第四十八条 用人单位违反本法规定解除或者终止劳动合同，劳动者要求继续履行劳动合同的，用人单位应当继续履行；劳动者不要求继续履行劳动合同或者劳动合同已经不能继续履行的，用人单位应当依照本法第八十七条规定支付赔偿金。

2.《劳动合同法实施条例》(2008 年 9 月 18 日)

第十三条　用人单位与劳动者不得在劳动合同法第四十四条规定的劳动合同终止情形之外约定其他的劳动合同终止条件。

第十七条　劳动合同期满，但是用人单位与劳动者依照劳动合同法第二十二条的规定约定的服务期尚未到期的，劳动合同应当续延至服务期满；双方另有约定的，从其约定。

第二十一条　劳动者达到法定退休年龄的，劳动合同终止。

3.《北京市劳动合同规定》(2021 年 12 月 30 日修改)

第四十条　劳动合同期限届满前，用人单位应当提前 30 日将终止或者续订劳动合同意向以书面形式通知劳动者，经协商办理终止或者续订劳动合同手续。

第四十七条　用人单位违反本规定第四十条规定，终止劳动合同未提前 30 日通知劳动者的，以劳动者上月日平均工资为标准，每延迟 1 日支付劳动者 1 日工资的赔偿金。

4.《上海市劳动合同条例》(2002 年 5 月 1 日)

第三十七条　有下列情形之一的，劳动合同终止：

(一)劳动合同期满的；

(二)当事人约定的劳动合同终止条件出现的；

(三)用人单位破产、解散或者被撤销的；

(四)劳动者退休、退职、死亡的。

劳动合同当事人实际已不履行劳动合同满三个月的，劳动合同可以终止。

劳动者患职业病、因工负伤，被确认为部分丧失劳动能力，用人单位按照规定支付伤残就业补助金的，劳动合同可以终止。

5.《江苏省劳动合同条例》(2013 年 5 月 1 日)

第三十一条　用人单位解除或者终止劳动合同，应当符合法定的条件和程序。

用人单位单方解除劳动合同，应当事先将理由通知工会；用人单位尚未建立工会的，通知用人单位所在地工会。

第三十五条　解除或者终止劳动合同时，劳动者应当归还用人单位的财物、技术资料等，并根据用人单位规章制度、双方约定办理工作交接手续。

劳动合同因劳动者退休而终止的，保密协议、竞业限制约定仍具有约束力。

文书工具

《劳动合同到期终止的通知》(见书尾文书工具附录,编号:NO.06)

第二节 离职程序

实务精讲

一、劳动者离职的类型

劳动者离职的类型有以下两种:

1. 主动离职。主动离职,是指离职的决定是由劳动者作出的,包括所有劳动者主动辞职的形式。

2. 被动离职。被动离职,是指离职的决定是由用人单位作出的,包括劳动者被解雇、裁员、退休或死亡。

劳动者离职是劳动者和用人单位之间结束劳动关系,劳动者离开原公司的行为。这种结束劳动关系的具体表现形式主要有两种,一种是劳动合同终止,另一种是解除劳动合同,二者区别在第二章第一节有具体阐述,此处不再赘述。劳动者离职是劳动者流动的一种重要方式,劳动者流动对企业人力资源的合理配置具有重要作用,但过高的劳动者离职率会影响企业的持续发展。

二、用人单位在离职程序中的义务

用人单位在离职程序中负有以下义务:

1. 一次性付清劳动者工资。《工资支付暂行规定》第9条规定,劳动关系双方依法解除或终止劳动合同时,用人单位应在解除或终止劳动合同时一次付清劳动者工资。

2. 依法支付经济补偿金或赔偿金。解除或者终止劳动合同,用人单位依法应向劳动者支付经济补偿的，应当在劳动者按照约定与用人单位办结工作交接时支付。如用人单位违法解除或者终止劳动合同，劳动者不要求继续履行劳动合同或者劳动合同无法履行的，用人单位应当向劳动者支付违法解除、终止的赔偿金。

3. 劳动者因工受伤的，需支付伤残补助金。在劳动者离职时单位和工伤基金应足额支付劳动者一次性就业补助金和一次性医疗补助金。

4. 劳动者患病或者非因工负伤的，需支付医疗补助金。《违反和解除劳动合同的经济补偿办法》第 6 条规定：“劳动者患病或者非因工负伤，经劳动鉴定委员会确认不能从事原工作、也不能从事用人单位另行安排的工作而解除劳动合同的，用人单位应按其在本单位的工作年限，每满一年发给相当于一个月工资的经济补偿金，同时还应发给不低于六个月工资的医疗补助费。患重病和绝症的还应增加医疗补助费，患重病的增加部分不低于医疗补助费的百分之五十，患绝症的增加部分不低于医疗补助费的百分之百。”

5. 与劳动者约定了竞业限制条款的，支付竞业限制补偿费。根据《劳动合同法》第 23 条第 2 款的规定，对负有保密义务的劳动者，用人单位可以在劳动合同或者保密协议中与劳动者约定竞业限制条款，并约定在解除或者终止劳动合同后，在竞业限制期限内按月给予劳动者经济补偿。

6. 出具劳动合同解除或者终止证明。根据《劳动合同法》第 50 条的规定，用人单位应当自解除或者终止劳动合同之日出具解除或终止劳动合同的证明。

7. 办理档案关系和社会保险关系转移手续。《企业职工档案管理工作规定》第 18 条规定，企业职工调动、辞职、解除劳动合同或被开除、辞退等，应由职工所在单位在一个月内将其档案转交其新的工作单位或其户口所在地的街道劳动（组织人事）部门。

8. 办理退休手续。劳动者符合退休条件终止劳动合同的，用人单位应当为其办理退休手续。到达法定退休年龄（目前的法定退休年龄男干部 60 周岁，工人 55 周岁；女干部 55 周岁，工人 50 周岁），由单位经办人员填写退休人员审批表、退休人员审批花名册并携带人事档案到社保局初审，初审通过后再到地方人力资源和劳动保障政务大厅审批，审批需要公示一周，公示期满后将公示表加盖工会、监察和人事部门的印章再到人力资源和劳动保障政务大厅审批，审批后将审批表送社保局，次月就可以领取养老金了。

9. 退还劳动者的财物或证件。劳动合同解除或者终止时，用人单位应当将劳动者存放在单位的财物或者证件返还给劳动者。

案例说法

案例1:拒不出具解除或终止劳动合同证明,法院判决用人单位承担赔偿责任

滕某某系某公司原职工,双方劳动关系存续期间,某公司为滕某某办理和缴纳了社会保险。2012年8月21日,某公司宣布解除与滕某某的劳动关系,将滕某某的社会保险关系转为个体。因某公司未在失业保险部门为滕某某办理退工手续,造成社保中心档案记载滕某某与某公司的劳动关系显示为"在职状态",滕某某以个人名义续缴社会保险受到了限制,其实现再就业因社会保险关系不能有效转移亦受到了限制。

一审法院认为:本案中,某公司于2012年8月21日强行解除了与滕某某的劳动关系,应于2012年9月5日前为滕某某办理退工手续以便滕某某实现再就业。某公司于2014年7月28日才在徐州市劳动监察部门的督促下为滕某某办理退工手续,致使滕某某在前后约23个月内难以实现再就业,其间的损失应由某公司按照法律的规定予以赔偿。

二审法院认为:某公司于2012年8月与滕某某解除了劳动关系,但拒不出具解除劳动关系通知书,拒不办理就业转失业人员通知书,并扣留特种作业人员操作证和电焊工中级资格证,造成滕某某不能合法就业,故上诉人某公司应当承担滕某某的未就业生活费损失。原审法院综合考虑滕某某的年龄、身体状况、工作技能、双方解除劳动合同前的工资水平及失业金领取等情况,酌定依照当时最低月工资标准给予其补偿并无不当。

【裁判文书编号】

江苏省徐州市中级人民法院(2015)徐民终字第0979号民事判决书

案例2:用人单位拒发员工年终奖,法院判决用人单位限期发放

孔某原系某有限公司员工,双方于2011年3月28日签订了一份无固定期限书面劳动合同。双方确认的《聘用通知》记载了下列内容:1. 孔某的入职日期为2011年3月28日,工作岗位为工业包装设计主管,税前月薪为12,000元;2. 某有限公司于每年年终向孔某发放相当于一个月工资额的奖金;3. 孔某的岗位目标业绩奖金为年度税前薪金的15%,根据某有限公司及孔某个人的业绩情况确定并发放等。2013年2月28日,某有限公司向员工发放了2012年年终奖,但未向孔某发放此款。原审庭审中,某有限公司自认向徐某等员工发放了部分2012年年终奖。

2013年4月28日,仲裁委员会作出对孔某的全部申诉请求均不予支持的裁决。孔某不服该仲裁裁决结果,诉至原审法院。

一审法院认为:关于2012年年终奖的争议。年终奖是用人单位对员工在过去的一年辛勤工作的肯定和奖励。既然某有限公司在2013年1月晋升了孔某的职位,说明某有限公司对孔某在2012年度的工作表现是认可的,而且并未因孔某及其所在的团队"擅自将为客户提供服务的外来钱款据为己有"(注:引用原文)受到阻碍,那么某有限公司以此为由拒发孔某2012年年终奖即缺乏依据。何况,某有限公司作出不发孔某2012年年终奖之决定后,并未以妥当的方式向孔某释明理由,上述理由只是某有限公司在案件审理中陈述的,而且某有限公司已认可向其他受警告人员发放了年终奖。至于2012年年终奖的金额,由于某有限公司未提供相关财务凭证,致使无法对年终奖发放情况进行审查,由此产生的不利后果只能由某有限公司承担。据此,采纳孔某的主张,即以孔某2011年度获取的年终奖为支付标准。

二审法院认为:某有限公司以孔某及其所在的团队"擅自将为客户提供服务的外来钱款据为己有"为由拒发孔某2012年年终奖,缺乏依据。至于2012年年终奖的金额,由于某有限公司未提供相关财务凭证,致使原审法院无法对年终奖发放情况进行审查,由此产生的不利后果只能由某有限公司承担,原审法院据此采纳孔某的主张,即以孔某2011年度获取的年终奖为支付标准判决某有限公司支付孔某2012年年终奖27,737元,可予维持。遂判决驳回上诉,维持原判。

【裁判文书编号】

上海市第一中级人民法院(2013)沪一中民三(民)终字第1916号民事判决书

风险应对

一、风险点:拒发离职员工年终奖

许多劳动争议中都涉及年终奖的支付问题,最典型的如员工手册规定劳动者离职，用人单位不予发放年终奖金的规定是否有效，以及劳动者离职时用人单位是否要按比例支付当年的年终奖。各地司法实践中有不同的做法。一种意见认为，年终奖属于对劳动者的一种激励，是否发放、何时发放以及如何发放，完全是用人单位的权利，如果规章制度中规定了劳动者提前离职不享受年终奖，不违反法律规定，可以不发。还有一种意见认为，就算是劳动者提前离职，也得按照比例折算年终奖。

【HR 防范策略】

劳动者离职时，虽然并未到年终奖的发放时间，但用人单位应在离职时与劳动者协商结清年终奖，或者在发放年终奖的时候，向离职劳动者支付其应得的年终奖。此外，根据法律规定，当劳动者证明用人单位有面向公司员工发放年终奖的行为，那么用人单位就应当对劳动者是否有资格获得年终奖以及获得的年终奖金额承担举证责任。因此，用人单位需要制定明确的年终奖发放规定或者考评细则，明确年终奖的发放人员范围、条件以及标准，而且要保留发放年终奖的相关证据。

二、风险点：未依法出具解除或终止劳动合同证明

这里的未依法出具离职证明包括两种情形，一种是在离职证明中作出不利于劳动者说明的，另一种是未依法及时出具离职证明导致劳动者损失的。

对于第一种情形，非因劳动者要求，用人单位在离职证明中作出不利于劳动者说明的，劳动者除了可以要求重新出具离职证明之外，还可能主张用人单位承担名誉权侵权或平等就业权侵权的法律责任。

对于第二种情形，用人单位未依法及时出具离职证明，若导致劳动者无法申领失业保险待遇的，劳动者可就相关失业保险损失，要求用人单位赔偿。虽然《人力资源社会保障部办公厅关于进一步推进失业保险金"畅通领、安全办"的通知》(人社厅发〔2020〕24 号)规定："经办机构认定失业人员失业状态时，应通过内部经办信息系统比对及信息共享，核实用人单位已停止为失业人员缴纳社会保险费即可确认，不得要求失业人员出具终止或者解除劳动关系证明、失业登记证明等其他证明材料。"但是，政策落地以及各地实施具体情况都可能存在各种差异、出现各种情况，因此仍可能发生要求劳动者提供解除劳动关系证明的情形。若导致劳动者确实丧失了新的工作机会，劳动者可按照失去工作机会的薪酬标准，要求用人单位赔偿其经济损失，此处可根据广东省深圳市中级人民法院(2019)粤 03 民终 6975 号民事判决书中的判决。

【HR 防范策略】

依据《劳动合同法》规定,用人单位应当在解除或者终止劳动合同时出具解除或者终止劳动合同的证明,并在 15 日内为劳动者办理档案和社会保险关系转移手续。用人单位未向劳动者出具解除或者终止劳动合同的书面证明,由劳动行政部门责令改正;给劳动者造成损害的,应当承担赔偿责任。《社会保险法》对此也进行了相应的规定,用人单位在终止或者解除劳动合同时拒不向职工出具终止或者解除劳动关系证明,导致职工无法享受社会保险待遇的,用人单位应当依法承担赔偿责任。

用人单位应当及时、主动地向解除或终止劳动关系的劳动者出具相关证明,如果给劳动者造成损失则需要承担相关赔偿义务。用人单位的赔偿义务主要包括两个方面:一方面是劳动者无法领取失业保险待遇所造成的损失。这一点不但有《劳动合同法》第 50 条的规定,人力资源和社会保障部《实施〈中华人民共和国社会保险法〉若干规定》第 19 条也有更具体的要求,该条规定,用人单位在终止或者解除劳动合同时拒不向职工出具终止或者解除劳动关系证明,导致职工无法享受社会保险待遇的,用人单位应当依法承担赔偿责任。另一方面导致劳动者无法再就业所带来的工资损失。根据《劳动合同法》第 91 条的规定,用人单位招用与其他用人单位尚未解除或者终止劳动合同的劳动者,给其他用人单位造成损失的,应当承担连带赔偿责任。新用人单位担心承担连带责任,往往会要求劳动者在求职时提供原用人单位出具的解除或终止劳动合同的证明,如果劳动者不能提供,则无法入职,这无疑会给劳动者带来工资损失,这种损失可以要求未依法出具解除或终止劳动合同关系证明的用人单位承担。

操作指引

一、离职的程序管理建议

1. 辞职流程:劳动者辞职应提前 30 日以书面形式通知用人单位;用人单位接受劳动者辞职申请后,3 日内签署明确意见,报相关部门审批;人力资源管理部门批准后办理劳动合同解除以及相关离职手续。

2. 辞退流程:辞退劳动者应提出明确意见并出具翔实证明,经用人单位领导签字确认后转至公司人力资源管理部门,人力资源管理部门审核并征求工会建议,完成相关程序后，对辞退劳动者办理离职手续。

3. 自动离职流程：自动离职人员连续旷工超过 15 日，经所在单位领导签署明确意见，报人力资源管理部门，及时按用人单位薪酬相关管理规定对其工资性收入、劳动保险关系等工资福利待遇进行核查、停发、封存、冻结等处理，并做好原始记录的保留工作。依法办理解除劳动合同手续。解除劳动合同通知书应直接送达本人，本人不在的，可交其直系成年亲属签收；在无法直接送达情况下，可通过特快专递邮寄并在邮寄单上注明信函的主要内容，送达本人或转达直系成年亲属；在其下落不明或用上述方式无法送达的情况下，通过新闻媒体通知的方式予以公告，自发出公告之日起，经过 30 日，即视为送达。在规定期限内自动离职人员未回公司办理相关手续的，其双方劳动关系自动终止。对未按照公司有关规定办理各种手续自动离职的，公司保留追究其法律责任的权利。

4. 退休流程：劳动者符合提前退休条件时得本人提出申请，达到法定退休年龄时由用人单位人力资源管理部门通知。人力资源管理部门协助办理退休事宜，退休办法按照国家相关规定执行，其劳动合同自离职之日其自动终止。

二、离职交接管理流程

（一）工作的交接

工作交接即劳动者将原来自己从事的工作、用人单位的财物交还给单位，劳动者和用人单位签名盖章，以免引起不必要的纠纷。

（二）债务的清算

债务清算包括用人单位对劳动者所应支付的工资等收入、经济补偿金的支付，劳动者给单位造成损失的，在劳动者离职时应予以核算。

（三）解除或终止劳动合同的证明

根据《劳动合同法》的规定，用人单位应当在解除或者终止劳动合同时出具解除或者终止劳动合同的证明，以便劳动者办理失业登记或者再次就业。

（四）档案交接和社会保险关系转移手续

根据《劳动合同法》的规定，用人单位应当在解除或者终止劳动合同时出具解除或者终止劳动合同的证明，并在15日内为劳动者办理档案和社会保险关系转移手续。

三、出具《离职证明》的注意事项

《劳动合同法》第15条规定，用人单位应当在劳动合同解除或终止时出具解除或终止劳动合同证明，也就是通常称的《离职证明》。根据法律规定出具《离职证明》时用人单位应当注意：

1. 无论用人单位与劳动者就劳动合同解除是否存在争议、存在何种争议、争议解决进度及结果如何，用人单位都应当在解除劳动合同时，及时向劳动者出具《离职证明》。

2.《离职证明》不是用人单位对劳动者工作能力的“差评单”，其内容应当符合法律规定，除了法律规定的内容外，一般不得载有对劳动者不利的主观评价。根据《劳动合同法实施条例》第24条的规定，《离职证明》的内容应包括：(1)劳动合同期限；(2)解除或者终止劳动合同的日期；(3)工作岗位；(4)在本单位的工作年限。除此之外用人单位不得再肆意增添。

3. 劳动者主动要求用人单位写明离职原因的，用人单位应当依据劳动者申请，按照原劳动部《关于实行劳动合同制度若干问题的通知》第15条第2款规定，在离职证明中客观说明解除劳动合同的原因，以便劳动者自主选择再次就业或享受失业保险待遇。“客观说明解除劳动合同的原因”，是为了协助劳动者办理失业登记、求职登记。用人单位说明时，应限定在办理失业登记、求职登记所需信息范围内；不利于劳动者失业登记或再就业的内容，不应记载。

疑难解答

一、劳动关系解除后，用人单位和劳动者应当办理哪些财务结算？

1. 在职期间的劳动报酬，包括未结算工资、奖金、津贴、货币性补助、加班工资、未休年假工资等。该项费用，用人单位最迟应在劳动者解除劳动合同后的第一个工资支付日支付，除非双方另有约定。如根据用人单位规章制度，劳动者存在未到期的递延薪酬，用人单位应在支付条件满足后，及时向劳动者支付。

2. 解除劳动合同的经济补偿金，用人单位应在劳动者完成工作交接后支付。具体如何支付、哪些情况不应当支付经济补偿金请参见本书相关章节所述。

3. 还需要向部分劳动者支付医疗补助费。劳动者医疗期满解除劳动合同，经鉴定丧失或部分丧失劳动能力的，用人单位应当支付医疗补助费。应当注意的是，尽管《违反和解除劳动合同的经济补偿办法》（劳部发〔1994〕481 号）已于 2017 年 11 月 24 日被废止，但司法实践中有观点仍然支持医疗补助费的支付，依据是原劳动部《关于贯彻执行〈中华人民共和国劳动法〉若干问题的意见》（劳部发〔1995〕309 号）、《关于因病或非因工负伤医疗期管理等若干问题的请示的复函》（劳办函〔1996〕40 号）、《关于实行劳动合同制度若干问题的通知》（劳部发〔1996〕354 号）均有医疗补助费的规定，且仍有效。此外，各地的地方性法规中也存在医疗补助费的相关规定，用人单位需关注所在地和劳动合同履行地相关裁审口径。

4. 劳动者有工作费用报销、工作借款等，用人单位应进行据实结算。

5. 如劳动者存在以下行为，依法应对用人单位承担违约或赔偿责任的，用人单位可要求劳动者支付，或从用人单位应支付款项中抵扣：

（1）损失赔偿。劳动者在职期间因违纪、违法行为给用人单位造成经济损失的，用人单位可要求在离职时一并处理。

（2）培训服务期协议违约金。劳动者与用人单位签订专项培训服务期协议的，劳动者因个人原因违反约定提前解除劳动合同，或因严重违纪被用人单位解除劳动合同的，劳动者应当按照培训协议，承担尚未履行服务期应分摊的专项培训费用。

（3）落户协议违约赔偿。劳动者与用人单位签订落户服务期协议的，劳动者因个人原因违反约定提前离职，或因严重违纪被用人单位解除劳动合同的，用人单位能否主张违约赔偿或损失赔偿，各地裁审口径差异很大。北京市支持用人单位根据协议约定要求劳动者赔偿损失；上海市则认为即使双方自愿就落户约定了违约金或赔偿金，但因有违《劳动合同法》的禁止性规定，相关约定依然无效。

（4）特殊待遇返还。为吸引人才，用人单位给予劳动者汽车、住房或者高额补贴等特殊经济待遇，并约定一定工作期限的，因劳动者提前辞职或存在过错导致劳动合同提前解除的，用人单位是否可以要求劳动者就未履行期限按比例返还上述特殊经济待遇，北京市、上海市对此均持支持观点。但需注意实践中存在不同认识，用人单位应关注所在地和劳动合同履行地相关裁审口径。

6. 用人单位应当保留向劳动者支付或收取各类款项的财务凭证。涉及劳动者同意赔偿和抵扣款项的,应当要求劳动者书面确认。

7.劳动者与用人单位存在其他生活费用借款、租房、房屋回购、股权返还等纠纷,无法协商解决的,可通过民事诉讼程序解决。

二、劳动者离职时,当月工资是离职时付清还是下一个工资支付日再进行支付?

当月工资应在离职时付清。根据《工资支付暂行规定》第9条规定,劳动关系双方依法解除或终止劳动合同时,用人单位应在解除或终止劳动合同时一次付清劳动者工资。在这个问题上,各地方立法也表现出一致的态度,各地的地方立法一般均规定在解除或者终止劳动合同当日一次性付清劳动者工资,而不应当在下一个工资支付日再支付。

三、劳动者未办理离职手续用人单位能否暂扣工资?

不能。现实庭审中时常出现这样的情况,用人单位主张只要劳动者办理完离职手续,就立马结算工资,这样的主张往往无法得到法庭的支持,离职手续不能成为用人单位暂扣劳动者工资的借口。根据《劳动法》第15条规定,工资应以货币形式按月支付给劳动者,不得克扣或无故拖欠。《工资支付暂行规定》第7条规定,工资必须在用人单位与劳动者约定日期支付;第15条规定,可以代扣劳动者工资的仅限于代扣代缴个人所得税,社会保险费用,法院判决、裁定中要求代扣的抚养费、赡养费,法律、法规规定可以扣除的其他费用。基于以上法律规定,用人单位仅以劳动者未办理离职手续为由,暂扣劳动者工资的做法没有法律依据。

但是劳动者作为也并不是不受任何限制,用人单位正当权益也应受到法律保护。主要针对劳动者未办理交接工作手续情形和给用人单位造成损失的情形,《劳动合同法》第50条规定,如劳动者未办理工作交接手续,单位可暂不支付经济补偿金;第90条规定,劳动者违反本法规定解除劳动合同,给用人单位造成损失的,应承担赔偿责任。该条规定因劳动者自动离职给用人单位造成损失的,用人单位可要求劳动者赔偿。

四、劳动者办理离职时用人单位必须协助办理社会保险关系转移手续吗?

必须要协助,这是用人单位的法定义务。《劳动合同法》第50条规定,用人单位应当在解除或者终止劳动合同时出具解除或者终止劳动合同的证明，并在15日内为劳动者办理档案和社会保险关系转移手续。劳动者应当按照双方约定，办理工作交接。用人单位依照本法有关规定应当向劳动者支付经济补偿的，在办结工作交接时支付。用人单位对已经解除或者终止的劳动合同的文本，至少保存2年备查。也就是说，依据法律的相关规定，用人单位应在劳动者离职后及时为离职员工办理社会保险关系转移手续，也应承担未办理社会保险关系转移手续给劳动者造成的损失。

法条链接

1.《劳动合同法》(2012年12月28日修正)

第五十条 用人单位应当在解除或者终止劳动合同时出具解除或者终止劳动合同的证明，并在十五日内为劳动者办理档案和社会保险关系转移手续。

劳动者应当按照双方约定，办理工作交接。用人单位依照本法有关规定应当向劳动者支付经济补偿的，在办结工作交接时支付。

用人单位对已经解除或者终止的劳动合同的文本，至少保存二年备查。

2.《劳动合同法实施条例》(2008年9月18日)

第二十四条 用人单位出具的解除、终止劳动合同的证明，应当写明劳动合同期限、解除或者终止劳动合同的日期、工作岗位、在本单位的工作年限。

3.《北京市劳动合同规定》(2021年12月30日修改)

第三十九条 符合下列条件之一的，劳动合同即行终止：

(一)劳动合同期限届满的；

(二)劳动合同约定的终止条件出现的；

(三)劳动者达到法定退休条件的；

(四)劳动者死亡或者被人民法院宣告失踪、死亡的；

(五)用人单位依法破产、解散的。

第四十一条 用人单位依据本规定第三十九条第(一)项、第(二)项、第(五)项规定终止劳动合同的，用人单位应当向劳动者出具终止劳动合同的书面证明，并办理有关手续。

4.《上海市劳动合同条例》(2002年5月1日)

第四十一条 劳动合同解除或者终止,用人单位应当出具解除或者终止劳动合同关系的有效证明。

劳动者可以凭有效证明材料,直接办理失业登记手续。

文书工具

《离职/辞职交接单》(见书尾文书工具附录,编号:NO.07)

第三节 劳动者退休

实务精讲

一、劳动者退休的概念

劳动者退休,是指劳动者达到法定年龄或因工、因病致残完全丧失劳动能力而退出工作岗位。《劳动合同法》规定,劳动者开始依法享受基本养老保险待遇的,劳动合同终止。《劳动合同法实施条例》规定,劳动者达到法定退休年龄的,劳动合同终止。可见,劳动者退休,会导致劳动合同终止。

二、劳动者退休的条件

1. 具体而言,我国法定的退休年龄为男职工年满60周岁、女干部年满55周岁、女工人年满50周岁。

2. 从事井下、高空、高温、繁重体力劳动和其他有害健康工种并在这类岗位上达到规定年限的职工,男满55周岁、女满45周岁。以上情形均需要连续工龄或者工作年限满10年的。

3. 因病和非因工致残,有医院证明并经劳动能力鉴定委员会确认完全丧失劳动能力的,退休年龄为男满50周岁、女满45周岁。以上情形同样需要连续工龄或者工作年限满10年的。

对于当下热议的延长退休,虽然被认为是大势所趋,但具体实施方案仍未出台,因此目前仍然按照以上退休年龄规定进行执行。

三、退休返聘的概念及相关问题

我国已开始进入老龄社会,随着身体健康、学识增加、观念转变,越来越多的退休人士进入就业市场,通过返聘、再创业,从事义务活动、志愿者活动或再就业等。更加丰富的退休生活将成为常态,对社会运行将产生重大影响。

(一)返聘人员和用人单位之间的关系不受劳动法调整

根据《劳动合同法》第44条第2项的规定,劳动者开始依法享受养老保险待遇(办理退休),劳动合同终止。因此劳动者退休后被用人单位返聘,双方形成的关系,不是劳动关系,不受《劳动合同法》调整。双方的权利、义务由双方协商一致约定。双方自行协议工作内容、报酬、医疗、劳动保护待遇等权利、义务。对于社保、住房公积金等,可以补贴也可以不补贴,根据用人单位的情况决定。

原劳动部《关于实行劳动合同制度若干问题的通知》(劳部发〔1996〕354号):"13.已享受养老保险待遇的离退休人员被再次聘用时,用人单位应与其签订书面协议,明确聘用期内的工作内容、报酬、医疗、劳动待遇等权利和义务。"

《最高人民法院关于审理劳动争议案件适用法律问题的解释(一)》第32条规定,用人单位与其招用的已经依法享受养老保险待遇或者领取退休金的人员发生用工争议而提起诉讼的,人民法院应当按劳务关系处理。

但是,对于这种法律关系也有例外规定。《劳动部办公厅对〈关于实行劳动合同制若干问题的请示〉的复函》(劳办发〔1997〕88号):"二、关于离退休人员的再次聘用问题。各地应采取适当的调控措施,优先解决适龄劳动者的就业和再就业问题。对被再次聘用的已享受养老保险待遇的离退休人员,根据原劳动部《关于实行劳动合同制度若干问题的通知》(劳部发〔1996〕354号)第13条的规定,其聘用协议可以明确工作内容、报酬、医疗、劳动保护待遇等权利、义务。离退休人员与用人单位应当按照聘用协议的约定履行义务,聘用协议约定提前解除书面协议的,应当按照双方约定办理,未约定的,应当协商解决。离退休人员聘用协议的解除不能依据《劳动法》第28条执行。离退休人员与用人单位发生争议,如果属于劳动争议仲裁委员会受案范围的，劳动争议仲裁委员会应予受理。”

（二）返聘时发生伤害事故

如退休劳动者在返聘时发生伤害事故，若有约定就按约定处理；没有约定的，则根据《中共中央办公厅　国务院办公厅转发〈中央组织部、中央宣传部、中央统战部、人事部、科技部、劳动保障部、解放军总政治部、中国科协关于进一步发挥离退休专业技术人员作用的意见〉的通知》第 4 条的规定，离退休专业技术人员受聘工作期间，因工作发生职业伤害的，应由聘用单位参照工伤保险的相关待遇标准妥善处理；因工作发生职业伤害与聘用单位发生争议的，可通过民事诉讼处理。

退休劳动者本人或死亡退休劳动者的继承人对伤害索赔的范围不仅要围绕人身损害赔偿数额本身，还应综合考虑退休劳动者的所有相关情况从而得出更为全面的赔偿项目和赔偿要求，以维护自身的合法权益。具体如下：

我国《社会保险法》第 17 条规定：“参加基本养老保险的个人，因病或者非因工死亡的，其遗属可以领取丧葬补助金和抚恤金……”因此，在退休劳动者的原用人单位已经为其依法缴纳社保的情况下，退休劳动者发生因病或其他非因工死亡的，其遗属有权从社保机构获得相应的丧葬补助金和抚恤金，具体金额由各地社保部门规定。

需要说明的是，在退休劳动者的原用人单位未为劳动者缴纳社保的情况下，退休劳动者无法获得上述费用。但是根据劳动法司法解释的规定，劳动者退休后，与尚未参加社会保险统筹的原用人单位因追索养老金、医疗费、工伤保险待遇和其他社会保险费而发生的纠纷的，人民法院应当受理。退休后劳动者以原用人单位未为其办理社会保险手续，且社会保险经办机构不能补办导致其无法享受社会保险待遇为由，要求原用人单位赔偿损失而发生争议的，人民法院应予受理。因此发生了该种情况，退休劳动者的遗属可以通过诉讼方式向原用人单位要求养老金损失、丧葬补助金和抚恤金以及退休后的医疗费损失。

案例说法

案例 1：劳动者工作属于管理岗但以工人身份办理退休

2011 年 3 月，冯某某办理内退手续，其内退前在保康烟草营销部综合办公室担任档案管理员。2014年12月30日，襄阳市烟草公司保康营销部申报冯某某退休，在其填报的《湖北省企业职工退休条件审批表》本人签字栏中，冯某某签署了因其内退前属管理岗位故不同意办理退休的意见。2015年7月14日，襄阳市烟草公司保康营销部向保康县人社局发出保烟营函〔2015〕1号《襄阳市烟草公司保康营销部关于办理冯某某退休手续的函》，向保康县人社局申报冯某某退休审批。2015年7月24日，保康县人社局向襄阳市烟草公司保康营销部作出保人社函〔2015〕13号《关于对襄阳市烟草公司保康营销部冯某某退休问题的复函》（以下简称《复函》），认为冯某某目前不符合退休条件，等符合退休条件后，再重新申报退休。襄阳市烟草公司保康营销部不服该《复函》，于2015年8月16日向襄阳市政府提出行政复议申请，2015年12月9日，襄阳市政府作出襄政行复决字〔2015〕72号行政复议决定。该决定认为，冯某某于2011年3月内退，内退时为工人身份，申请人襄阳市烟草公司保康营销部申报为冯某某办理退休手续，符合国发〔1978〕104号、鄂人发〔2009〕44号和襄烟局人〔2012〕127号文件规定，被申请人保康县人社局不予办理冯某某退休审批手续的理由不充分。

一审法院认为：原告冯某某应按照其工人身份性质确定退休年龄，即其应当在年满50周岁时办理退休手续。综上，保康县人社局作出的《复函》认定事实清楚，但在对法律、法规、政策的理解上存在错误，襄阳市政府作出的襄政行复决字〔2015〕72号行政复议决定对其进行纠正正确。虽然襄阳市政府作出该行政复议决定在办理延期手续后仍然超过法定期限，存在程序上的瑕疵，但不影响该行政复议决定实体处理的正确性。依照《行政诉讼法》第69条之规定，判决驳回冯某某的诉讼请求。

冯某某不服，向湖北省高级人民法院提起上诉。湖北省高级人民法院驳回上诉，维持原判。

再审法院认为：根据原审认定事实，保康县劳动部门的相关档案《劳动合同制工人转正定级呈报表》《关于企业职工转正定级的通知》等证据表明，冯某某办理内退前系工人身份，申请人冯某某并未提供其具备女干部身份的充分证据，保康县人社局向襄阳市烟草公司保康营销部作出的保人社函〔2015〕13号《复函》认定事实清楚，但在对法律、法规、政策的理解上存在错误，襄阳市政府作出襄政行复决字〔2015〕72号行政复议决定对其进行纠正正确。冯某某的其他申请再审理由不足以引起本案再审，一审判决驳回冯某某诉讼请求，二审维持原判并无不当。

【裁判文书编号】

最高人民法院(2017)最高法行申8303号行政裁定书

案例2:超过法定退休年龄,女职工发生事故后未被认定劳动关系

李某某,女,2018年6月1日入职湖北省某市环卫处从事路面清扫保洁工作,入职时已年满57周岁。2018年12月1日6时许,李某某在清扫路面时,被车撞倒,致李某某当场死亡。经司法鉴定,李某某的死亡原因系生前因交通事故造成严重的颅脑损伤导致急性中枢神经系统功能障碍死亡。2018年12月19日,交警作出事故认定书,认定李某某在此次交通事故中不承担责任。2019年1月,李某某家属向人社局申请工伤认定,2019年3月11日,人社局以李某某与环卫处劳动关系存在争议为由,作出《工伤认定中止通知书》中止工伤认定。2019年3月25日,李某某家属申请仲裁提起确认劳动关系之诉,仲裁委以李某某已超过法定退休年龄,不属于劳动人事争议处理范围为由,通知不予受理。

一审法院认为:本案争议的主要焦点:已超过法定退休年龄的李某某与用人单位之间是否存在劳动关系。不能仅以达到退休年龄人员未享受养老保险待遇或领取退休金而由此认定与用人单位之间存在劳动关系。本案中,李某某到环卫处工作时即已年满57周岁,已达到法定退休年龄,不属于法律、法规规定的劳动关系的主体范围,虽然其所从事的工作属于环卫处的业务组成部分,接受该处的监督管理,并由该处支付相应报酬,但其与环卫处之间不能形成劳动关系。

二审法院认为:用人单位和劳动者符合法律、法规规定的主体资格是劳动关系成立的首要条件。《劳动合同法实施条例》第21条规定,劳动者达到法定退休年龄的,劳动合同终止。本案中,李某某到环卫处工作时年满57周岁,已达到法定的退休年龄,根据上述法规的规定,其不能与用人单位形成劳动关系。一审法院认定李某某与用人单位之间不存在劳动关系并无不当,本院予以维持。

【裁判文书编号】

湖北省荆门市中级人民法院(2019)鄂08民终790号民事判决书

案例3:退休人员要求原单位在社会保险以外给予其他待遇,能否纳入劳动争议案件范围

原告王某1996年由内蒙古鄂尔多斯市某盟委老干部局安排在A集团公司退休

(人事档案在盟里)。2000年A集团公司解体,被告B公司从A集团公司分立出来,原B公司下属单位C公司也单独分立。原告王某将其持有的在A集团公司中的全部股份,转入C公司。因为当时原告已经退休,没有完整的人事关系调动手续。原告的退休金由社保机构直接发放。B公司一直认为,根据盟里的规定,A集团公司解体时人员归属实行"股随人走"的原则,原告的关系应当在C公司。而C公司认为,原告是在A集团公司办理的退休手续,没有与C公司签订过协议,故不是C公司员工。原告则认为自己是B公司员工,B公司否认该关系,事实上对其作了除名处理,侵害了其应享有的保险、福利待遇。

因反复协商不成,原告提起诉讼,请求判令被告B公司承担对原告错误除名的责任,并以通知或通告形式在本企业员工中恢复声誉;依法报销原告已经发生的和将要发生的没有报销的医疗费用,并恢复原告按同期同级退休干部应享有的配股、住房等待遇。

一审法院经审理认为:本案双方的争议焦点是原告的诉讼请求从程序和实体两个方面是否具有事实及法律依据。原告的第一项诉讼请求是要求被告B公司承担对原告错误除名的责任并恢复原告声誉。"除名"是指企业因为职工无正当理由旷工达到一定程度而提出与其解除劳动关系的一种法律行为。本案中,原告早在1996年即从被告B公司的前身A集团公司办理了退休手续,双方之间已不存在任何劳动关系。因此,原告主张被告B公司对其作出"除名"行为无从说起,在不存在劳动关系的原告、被告之间既不可能有这样的法律行为,也不会有这种行为产生的法律后果。退一步说,即使被告实施了这一行为,也没有任何法律意义,产生不了任何法律后果,当然也谈不上对原告声誉的影响。故对原告要求被告B公司承担对原告错误除名的责任并恢复声誉这一诉讼请求,不予支持。关于原告要求被告B公司报销医疗费及恢复配股、住房待遇的请求,法院认为,根据《劳动法》第2条、《最高人民法院关于审理劳动争议案件适用法律若干问题的解释》第1条规定,退休后的劳动者与原用人单位只有在原单位尚未参加社会保险统筹的前提下,双方因各项社会保险费发生纠纷才属于劳动争议案件的范畴,才能受《劳动法》及相关法律规定的调整。而本案中被告B公司已参加了社会保险统筹,而原告提出的配股、住房的问题也不属于社会保险的范畴,原告要求原单位直接报销的请求没有法律依据。据此,判决如下:驳回原告的诉讼请求。

案例 4：退休返聘发生工伤，用人单位承担工伤赔偿责任

饶某是 1969 年 10 月生人，2019 年 8 月饶某与东莞某公司签订劳务合同，明确双方为劳务关系，而不再是劳动关系，并在合同中约定，因其他第三方原因导致饶某在工作过程中受到伤害，饶某统一直接请求第三方承担赔偿责任。

2020 年 1 月某天，饶某骑自行车从出租屋上班途中，途经东莞市某路段时，被货车撞倒，5 天后抢救无效死亡。肇事司机已承担相应刑事责任，并向饶某支付了丧葬补助金 3 万余元。饶某 2020 年 5 月被认定为工伤。家属在饶某工伤认定之后申请劳动仲裁，请求东莞某公司支付供养亲属抚恤金、一次性死亡补助金、丧葬补助金等共计 102 万余元。

东莞某公司答辩称饶某在事故当天已超过 50 周岁，且双方是劳务关系而非劳动关系，不属于《工伤保险条例》第 43 条、第 44 条、第 66 条规定的三种不以劳动关系存在为前提的工伤赔偿责任，因此东莞某公司不具备承担工伤赔偿责任。

劳动仲裁委员会查明，饶某生前没有领取过社保，也没有享受过城镇职工基本养老保险待遇。劳动仲裁委认为，根据《人力资源社会保障部关于执行〈工伤保险条例〉若干问题的意见（二）》第 2 条第 1 款规定，该事故被东莞市社保局认定为工伤，饶某死亡时虽然超过了法定退休年龄，但没有证据证实其已经办理退休手续或依法享受城镇职工基本养老保险待遇，饶某继续在东莞某公司工作，公司应依法承担工伤保险责任。仲裁裁决支持了家属提出的一次性工亡补助金、部分丧葬补助金（扣减肇事者已支付部分）共计 86 万余元。

【裁判文书编号】

广东省东莞市第三人民法院（2021）粤 1973 民初 21984 号民事判决书

广东省东莞市中级人民法院（2022）粤 19 民初 1732 号民事判决书

风险应对

一、风险点：正式离退休（含“病退”）人员再次就业

正式离退休人员再次就业的，与用人单位建立的是劳务关系，不是劳动关系。劳务关系最大的风险在于，如果发生伤亡事故，一般无法再享受工伤待遇。当然，在有些地方，返聘的退休人员仍然可以购买工伤保险和医疗保险，这需要另当别论。

如果再次就业的离退休人员不能享受工伤待遇，对于用人单位而言，意味着巨大的用工风险。

【HR 防范策略】

用人单位需要避免发生事故，并为再次就业的离退休员工购买商业意外险。

第一，因为单位无法给退休返聘人员缴纳工伤保险，所以需要购买商业意外伤害险，在员工发生意外时至少可以报销部分费用。

第二，单位应该和员工签订协议，说明因为员工已经达到退休年龄，在单位发生了符合工伤的事故是不能认定为工伤的，所以需要员工自己注意。

第三，加强单位内部管理，避免事故发生。主要针对员工的不安全行为和物品的不安全状态进行管控。

第四，加强安全生产体系建设，建立安全生产责任制，定期进行隐患排查，指定专职安全员，建立安全管理网络等。

二、风险点：退休返聘发生工伤

从上文可知，退休返聘人员是指那些已经依法享受养老保险待遇或领取退休金的人员。当用人单位聘用这些退休人员时，若在工作期间发生事故，是不会按照工伤处理的，因为两者之间是劳务关系而不是劳动关系。但是，这并不意味着用人单位完全无须为退休返聘人员的人身安全负责，且因为退休返聘人员通常年龄较大，身体条件不如青壮年劳动者，更容易在工作中发生事故，因此，退休返聘人员在工作中发生工伤也是用人单位应当着重应对的一个风险环节。

【HR 防范策略】

出于分摊风险考量，用人单位可采取两种风险分担措施。其一，对于不能享受工伤保险待遇的人员，由于其可能有权向用人单位主张人身损害赔偿，用人单位可考虑采用诸如购买商业保险等方式分摊风险；其二，依据 2016 年印发的《关于执行〈工伤保险条例〉若干问题的意见（二）》（人社部发〔2016〕29 号）规定，用人单位招用已经达到、超过法定退休年龄或已经领取城镇职工基本养老保险待遇的人员，在用工期间因工作原因受到事故伤害或者患职业病的，如招用单位已按项目参保等方式为其缴纳工伤保险费的，应适用《工伤保险条例》。用人单位在可以为退休返聘人员购买工伤保险的情形下，应积极为他们缴纳工伤保险费用，以减少用工风险。

操作指引

一、正常办理退休的程序

1. 职工办理退休手续前一个月，携带户口簿、实际住址的房产证到实际居住地社区填写《退休人员社会化管理档案卡》，由社区签字盖章后交企业填写其他部分。

2. 企业专管员持职工本人身份证(原件)、档案、职工养老保险手册、个人账户明细单、《因病、非因工鉴定结论通知单》、《退职人员审批表》到社会保险经办机构待遇核准部门审核并打印养老保险个人账户明细单。

3. 持《退休人员社会化管理档案卡》、档案、《退休人员审批表》到社会保险经办机构退管部门办理档案移交手续及缴纳退休人员活动经费。

4. 到社会保险经办机构支付部门复核，并办理支付养老金手续。

二、办理退休的其他注意事项

1. 用人单位如有符合政策规定可以延长退休时间的人员，应到当地人力资源和社会保障行政部门及时办理审批备案，审批意见报送当地社会保险经办机构。逾期办理造成补缴社会保险费而产生的滞纳金，不能减免。

2. 因职工身份证号录入错误而添加标识的，请用人单位持职工本人身份证原件及复印件到当地社会保险经办机构基金征缴部门申请修改。

3. 当职工身份证与档案记载的出生时间不一致时，需持审批意见(市内单位由退休待遇核准部负责审核，其他区县由当地人社局负责审核)到当地社会保险经办机构基金征缴部门办理相关业务。

疑难解答

一、参加城镇职工养老保险的劳动者符合什么条件可以办理退休？

参保人员养老保险缴费年限(含视同缴费年限)累计满 15 年，符合下列条件之一的，可以办理退休手续，按规定享受基本养老保险待遇。

(1)正常退休。男年满60周岁；女干部年满55周岁，女工人年满50周岁。

(2)特殊工种退休。从事高空、特别繁重体力劳动工作累计满10年，或者从事井下、高温工作累计满9年，或者从事其他有害身体健康工作累计满8年的工人，男年满55周岁，女年满45周岁。特殊工种的范围，严格按照本行业经原劳动部认可的特殊工种名录执行，不得参照其他行业的特殊工种执行。

(3)因病退休。男年满50周岁，女年满45周岁，经市劳动能力鉴定委员会组织鉴定确认完全丧失劳动能力的。

(4)个体工商户、灵活就业人员达到退休年龄累计缴纳养老保险费不满15年的，可继续缴费至满15年后，方可按规定享受基本养老保险待遇。

二、聘用达到法定退休年龄的人员所构成的用工关系应该被认定为劳动关系还是雇佣关系？

通常来说会被认为雇佣关系，也就是劳务关系，但是具体如何认定还需要结合案件情况和案件发生的地点。

根据《劳动合同法》第44条规定，劳动者开始依法享受基本养老保险待遇的，劳动合同终止，用人单位与劳动者之间不再存在劳动关系。对这部分人员，企业如果再次雇佣的，就是俗称的“离退休人员返聘”。原劳动部《关于实行劳动合同制度若干问题的通知》(劳部发〔1996〕354号)第13条规定：“已享受养老保险待遇的离退休人员被再次聘用时，用人单位应与其签订书面协议，明确聘用期内的工作内容、报酬、医疗、劳动待遇等权利和义务。”《劳动部办公厅对〈关于实行劳动合同制度若干问题的请示〉的复函》(劳办发〔1997〕88号)明确指出：“对被再次聘用的已享受养老保险待遇的离退休人员，根据原劳动部《关于实行劳动合同制度若干问题的通知》(劳部发〔1996〕354号)第13条的规定，其聘用协议可以明确工作内容、报酬、医疗、劳动保护待遇等权利、义务。离退休人员与用人单位应当按照聘用协议的约定履行义务，聘用协议约定提前解除书面协议的，应当按照双方约定办理，未约定的，应当协商解决。离退休人员聘用协议的解除不能依据《劳动法》第二十八条执行。”

依据上述条款判断：

(1)已享受基本养老保险待遇的离退休人员被再次聘用的，与用人单位不建立劳动关系，双方订立的不是劳动合同，而是聘用协议，双方关系实质上是民事上的雇佣关系,也可以说是劳务关系。

(2)对于达到法定退休年龄但未享受养老保险的人员,并未作出具体规定,在实践中争议也是非常大的,各地司法实践可能因具体案件的不同出现不同的裁判结果。《劳动合同法》第44条也仅明确劳动者开始依法享受基本养老保险待遇致使劳动合同终止的情形,同样对于达到法定退休年龄而未享有基本养老保险待遇的人员,是否符合劳动合同终止的条件并没有规定。直至2008年9月18日国务院《劳动合同法实施条例》公布之后,才予以明确了劳动者达到法定退休年龄的,劳动合同终止的情形。这是对享受基本养老保险待遇而终止劳动合同的补充。然而,在各地的司法实践中,对于返聘已经超过法定退休年龄,但是未享受基本养老保险待遇的人员的用工关系的认定上,存在不一致的标准。以深圳市为例,《深圳市中级人民法院关于审理劳动争议案件若干问题的指导意见(试行)》第68条规定:"用人单位招用已达法定退休年龄但未享受基本养老保险待遇的人员,双方之间形成的用工关系可按劳动关系处理。用人单位招用已享受基本养老保险待遇或退休金的人员,双方之间形成的用工关系应按雇佣关系处理。"也就是说,如若本案发生在深圳市,那么本案中的这种用工关系就极有可能被认定为劳动关系。

三、退休后被返聘适用最低工资标准吗?

退休人员被用人单位返聘,不适用最低工资规定标准,其劳动报酬由双方协商决定。

依据《劳动合同法》第44条"劳动者开始依法享受基本养老保险待遇的",劳动合同终止的规定,最低工资标准是不适用于退休返聘人员的。因为已退休人员在法律上已不再把他们看作劳动者,现行劳动法律不再把他们纳入调整范围之内,双方之间的关系不再受劳动法保护,但可以适用劳务合同、合同法的相关规定,退休返聘人员与用人单位建立的是劳务关系而不是劳动关系。当然,这并不意味着退休返聘人员不能要求不低于当地最低工资标准的报酬,只要是双方自愿平等协商一致,达成合意即可。

四、退休人员的工资需要缴纳个人所得税吗?

根据《个人所得税法》的有关规定,属于以养老金为主的一系列社会保障收入的,不征税。但是,如果退休后,有其他社会劳动报酬收入,如服务收入、报酬收入、特许经营收入，超过纳税门槛，需要依法纳税。即如果退休后，个人只有一系列的社会保障福利，如养老金，则不需要交税。如果退休后，除社保系列外，还有其他社会报酬收入，社会保障收入系列仍不需纳税，其他社会劳动报酬收入应另行考虑，符合税收标准就应当纳税。

五、退休返聘人员在工作时受伤如何处理？

无论劳动者与用人单位、雇主之间达成的是劳动关系还是雇佣关系，都应当由用人单位或者雇主一方承担。达到法定退休年龄的返聘工作人员，用人单位不能为其缴纳工伤保险，但若是发生意外，即使是劳务关系，雇主也应当承担民事赔偿责任。

六、退休时年龄的适用场景有哪些？

在退休管理中，员工的年龄有两种不同的作用，适用于两种不同的场景。一种适用场景是劳动合同的终止，以员工的居民身份证载明的出生日期为准；另一种场景是用于办理退休手续享有养老保险待遇，对于后者并不能仅依据身份证记载的出生日期。

根据《劳动和社会保障部关于制止和纠正违反国家规定办理企业职工提前退休有关问题的通知》的规定，对职工出生时间的认定，需要适用居民身份证与职工档案相结合的办法。当本人身份证与档案记载的出生时间不一致时，以本人档案最先记载的出生时间为准。要加强对居民身份证和职工档案的管理，严禁随意更改职工出生时间和编造档案。换言之，在办理退休手续时，需要结合本人档案记载的出生时间来确定，员工是否具备办理退休手续时年龄的条件。

实践中，争议比较大的是女性员工的退休年龄认定问题。有关女职工退休年龄的规定，在上述文件中规定，国家法定的企业职工退休年龄是，女工人年满 50 周岁，女干部年满 55 周岁。从事井下、高空、高温、特别繁重体力劳动或其他有害身体健康工作的，退休年龄为女年满 45 周岁；因病或非因工致残，由医院证明并经劳动鉴定委员会确认完全丧失劳动能力的，退休年龄为女年满 45 周岁。[①] 但是，随着用工市场化改革的深入，企业用工领域已经很少提及有关“干部”身份的问题，各省市通

① 李永超：《员工退休管理四大典型问题》，载《人力资源》2021 年第 13 期。

常以"管理"和"非管理"等类似表述加以区分。基于此,各地方性立法都有出台细化的规定对这个问题厘清和补充,与时俱进地增添了新的标准。比如,上海市规定,女职工年满50周岁(从事管理和技术岗位工作的年满55周岁);北京市规定,女职工退休年龄按照管理岗与非管理岗的岗位区别来判断,以退休前最后一份劳动合同签订的岗位和工作职责为标准,不再按照干部与工人的身份进行判断;广东省规定,对女职工现岗位的认定,以用人单位与劳动者签订的劳动合同为依据,即不论原身份是工人还是干部,其现岗位应以劳动合同中确定的岗位为准,凡在现岗位工作一年以上,均应以现岗位认定其身份,其退休年龄,在工人岗位工作的按50周岁,在管理岗位工作的按55周岁。已符合退休(职)条件的,可按有关规定办理退休、退职手续。

七、用人单位与退休人员签订的《退休返聘劳务合同》内容是否应当符合劳动法相关法律的规定?

用人单位与退休人员之间是劳务关系,而非劳动关系,不受劳动法相关法律的规定,而应当受《民法典》等法律的约束,双方签订协议时,可以对退休人员的待遇进行约定,只要是建立在平等、自愿、协商一致的基础上且不违反法律、法规强制性规定的,那么就是合法的。

法条链接

1.《劳动合同法》(2012年12月28日修正)

第四十四条 有下列情形之一的,劳动合同终止:

(一)劳动合同期满的;

(二)劳动者开始依法享受基本养老保险待遇的;

(三)劳动者死亡,或者被人民法院宣告死亡或者宣告失踪的;

(四)用人单位被依法宣告破产的;

(五)用人单位被吊销营业执照、责令关闭、撤销或者用人单位决定提前解散的;

(六)法律、行政法规规定的其他情形。

2.《重庆市人力资源和社会保障局关于超过法定退休年龄的劳动者在工作中受伤有关受伤性质认定和待遇赔偿问题的通知》(2015 年 12 月 4 日)

根据《劳动合同法》、《社会保险法》、《工伤保险条例》和《劳动合同法实施条例》有关规定,本着依法保护劳动者合法权益目的,对用人单位使用超过法定退休年龄的劳动者在工作中受到事故伤害或患职业病时受伤性质认定和待遇赔偿等问题通知如下:

一、用人单位使用已办理退休并享受基本养老保险待遇的劳动者在工作中受到事故伤害或者患职业病的,由用人单位按照人身损害赔偿有关规定承担赔偿责任。

二、用人单位使用超过法定退休年龄但未办理退休、未享受基本养老保险待遇的劳动者(以下简称超龄人员,不包括经有权机关批准延迟退休的人员)在工作中受到事故伤害或者患职业病的,用人单位、超龄人员及其家属提出工伤认定申请的,社会保险行政部门可以受理,并对用人单位是否承担工伤主体责任进行认定。超龄人员工伤认定和劳动能力鉴定参照《工伤保险条例》有关规定执行。

三、超龄人员在工作中受到事故伤害或者患职业病的,经认定由用人单位承担工伤主体责任的,由用人单位承担赔偿责任,不适用《社会保险法》和《工伤保险条例》的有关规定,用人单位可参照《工伤保险条例》有关规定实行一次性赔偿。

四、超龄人员及其近亲属就赔偿金额与用人单位发生争议的,不属于劳动争议,其可直接向人民法院提起民事诉讼。

3.《黑龙江省人力资源和社会保障厅关于将在县(市、区)参加城镇企业和个体劳动者基本养老保险人员正常退休核准权限移交县(市、区)人社行政部门的通知》(2015 年 9 月 11 日)

根据国家和省委、省政府"简政放权"的要求,参加城镇企业和个体劳动者基本养老保险人员退休核准和基本养老金核定工作已经基本实现网络化运行和监管,为进一步提高参加城镇企业和个体劳动者基本养老保险人员正常退休核准效能,方便参保单位和人员及时、就地、就近办理正常退休手续。经研究,决定将县(市、区)参加城镇企业和个体劳动者基本养老保险人员正常退休核准权限由市(地)移交县(市、区)人社行政部门,现就有关问题通知如下:

一、从 2015 年 10 月 1 日起,将在县(市、区)参加城镇企业和个体劳动者基本养老保险正常退休核准权由市(地)移交县(市、区)人社行政部门。

二、县(市、区)人社行政部门应严格按照国家、省相关规定行使核准权限;市

(地)人社行政部门应加强对所属县(市、区)正常退休核准工作的监督检查,建立年度备案制度,确保工作正规、有序开展。

农垦、森工系统相关数据纳入“金保工程”集中管理之前,暂维持现行管理方式。

伊春市、大兴安岭地区具体管理模式,由市(地)级人社行政部门结合当地实际情况制定实施办法,并报省厅备案。

三、省厅信息中心应及时调整相关程序,对运行中出现的技术问题要及时解决,对属于政策性问题和特殊性的问题要及时向省厅养老保险处报告,对经办过程中出现的问题要及时与市、县(市、区)社保局沟通解决,确保此项工作如期正常运行。

4.《合肥市劳动和社会保障局关于我市劳动者个人参加基本医疗保险到龄享受退休人员待遇有关问题的通知》(2006年1月1日)

为进一步做好我市劳动者个人参加基本医疗保险工作,根据市劳动保障局研究决定,现将劳动者个人到龄享受退休人员待遇的有关问题通知如下:

一、个人参加(接续)基本医疗保险,男满60周岁、女满55周岁时,累计缴纳基本医疗保险费的年限,男不少于25年,女不少于20年,其中实际缴纳基本医疗保险费的年限必须不少于15年,可在本人参保的代理点申请享受退休人员医保待遇,填写《劳动者个人参加医保到龄享受退休人员医保待遇申请表》一式三份。

二、国有或集体企业失业人员,参保后连续缴费至男满60周岁、女满55周岁时,符合下列条件之一的,可在本人参保的代理点申请享受退休人员医保待遇,填写《劳动者个人参加医保到龄享受退休人员医保待遇申请表》一式三份。

1. 2003年5月1日前停止享受失业保险金的国有企业失业人员,在合医改〔2003〕3号文实施后60日内,办理参加(接续)基本医疗保险手续。

2. 2003年5月1日后停止享受失业保险金的国有企业失业人员,在停止享受失业保险金后60日内,办理参加(接续)基本医疗保险手续。

3. 2004年3月1日前停止享受失业保险金的集体企业失业人员,在合医改〔2004〕1号文实施后60日内,办理参加(接续)基本医疗保险手续。

4. 2004年3月1日后停止享受失业保险金的集体企业失业人员,在停止享受失业保险金后60日内,办理参加(接续)基本医疗保险手续。

5. 国有或集体企业失业人员,在领取失业保险金期间办理参加(接续)基本医疗保险手续。

三、各代办机构对到龄需享受退休人员待遇的参保人员进行初审,对符合条件的，需填写《劳动者个人参加医保到龄享受退休人员医保待遇审核花名册》一式二份，并携带参保人员的证明材料，报市医保中心进行确认。经确认合格的，次月即可享受退休人员医保待遇。

四、为保证参保人员的基本医疗保险待遇，各代办机构应提前通知本机构代办的参保人员，在到龄的当月提出享受退休人员医保待遇的申请。

五、本通知自2006年1月1日起执行。

文书工具

《员工退休通知书》（见书尾文书工具附录，编号：NO.08）

《退休返聘协议》（见书尾文书工具附录，编号：NO.09）

第三章

经济补偿金、赔偿金与违约金

第一节　经济补偿金

实务精讲

一、经济补偿金的概念及意义

经济补偿金，是指用人单位在解除劳动合同或劳动合同终止后，或存在其他法定情形时给予劳动者的经济补偿。

经济补偿金的存在有重要的社会保障意义，是一项保障劳动者利益的法律制度。其意义体现在两方面：一方面，相较于用人单位而言，劳动者属于弱势群体，劳动者只能依靠用人单位的生产资料，通过劳动来创造财富，所以在用人单位直接作出对劳动者不利的决定后会对劳动者的基本生活造成极大的影响，甚至会导致劳动者生活困难，因此经济补偿金可以帮助劳动者获得暂时的生活保障，为劳动者重新就业提供一定的资金支持，帮助劳动者再就业。另一方面，经济补偿金制度的存在也对劳动者起到一种解雇保护的作用，经济补偿金制度可以约束用人单位滥用其优势地位任意解除劳动合同，加重用人单位的社会责任，使其在解除劳动合同时要考虑支付一笔经济补偿金的成本，慎重处理与劳动者的劳动关系。

二、经济补偿金的类型

根据相关法律的规定，经济补偿金主要分为以下五种类型：

（一）解除劳动合同经济补偿金

此类型补偿金具体分为三种情况：

一是单位解约的补偿金。此类经济补偿金的产生是用人单位依据《劳动合同法》的规定单方面解除劳动合同时产生的。

二是劳动者解约型补偿金。此类经济补偿金的支付，主要是在用人单位迫使劳动者解除劳动合同的情形下发生的。

三是协商解约型补偿金。此类经济补偿金是在劳资双方协商解除劳动关系情形下发生的，但仅在用人单位首先提出解除劳动合同的情形下，用人单位才承担支付补偿金的责任。依据《劳动合同法》第 46 条第 4 项及相关规定，由用人单位向劳动者提出并经双方协商一致解除劳动合同的，用人单位应当向劳动者支付经济补偿金。

（二）终止劳动合同经济补偿金

依据《劳动合同法》第 46 条第 5 项的规定，除用人单位维持或提高劳动合同约定条件续订劳动合同，劳动者不同意续订的情况外，劳动合同期满终止固定期限劳动合同的，用人单位应当支付劳动者相应的经济补偿金。

（三）竞业限制补偿金

在用人单位与劳动者之间约定竞业限制的情形下，双方解除或终止劳动合同时，用人单位应当向劳动者支付竞业限制补偿金。依据《劳动合同法》第 24 条的规定，用人单位可以规定掌握商业秘密的职工在终止或解除劳动合同后的一定期限（2 年内），不得到生产同类产品或经营同类业务且有竞争关系的其他用人单位任职，也不得自己生产或者经营与原单位有竞争关系的同类产品或经营同类业务，但用人单位应当按月给予该职工一定数额的经济补偿。

（四）未依法支付工资补偿金

依据《经济补偿办法》第 4 条规定，用人单位支付劳动者的工资报酬低于当地最低工资标准的，要在补足低于标准部分的同时，另外支付相当于低于部分 25% 的经济补偿金。

（五）未依法支付经济补偿金的额外经济补偿金

依据《经济补偿办法》第 10 条规定，用人单位解除劳动合同后，未按规定给予劳动者经济补偿的，除全额发给经济补偿金外，还须按该经济补偿金数额的 50% 支付额外经济补偿金。

三、解除劳动合同经济补偿金

在现实工作中，用人单位和劳动者都有解除劳动合同的权利，因此，笔者将此细化为需要支付解除劳动合同经济补偿金和无须支付解除劳动合同经济补偿金两种情形。

(一)需要支付解除劳动合同经济补偿金的情形

根据《劳动合同法》第46条的规定,有下列情形之一的,用人单位应当向劳动者支付经济补偿:

1. 劳动者主动解除劳动合同,用人单位在以下情况应当向劳动者支付经济补偿金:

(1)未按照劳动合同约定提供劳动保护或者劳动条件的;

(2)未及时足额支付劳动报酬的;

(3)未依法为劳动者缴纳社会保险费的;

(4)用人单位的规章制度违反法律、法规的规定,损害劳动者权益的;

(5)因以欺诈、胁迫的手段或者乘人之危,使对方在违背真实意思的情况下订立或者变更劳动合同致使劳动合同无效的;

(6)用人单位以暴力、威胁或者非法限制人身自由的手段强迫劳动者劳动的;

(7)用人单位违章指挥、强令冒险作业危及劳动者人身安全的;

(8)法律、行政法规规定劳动者可以解除劳动合同的其他情形。

2. 用人单位主动解除劳动合同,在以下情况下用人单位应当向劳动者支付经济补偿金:

(1)用人单位提出解除劳动合同,与劳动者协商一致,解除劳动合同的;

(2)用人单位无过失性辞退劳动者,且提前30日以书面形式通知劳动者本人或者额外支付劳动者1个月工资后,解除劳动合同的;

(3)用人单位依照企业破产法规定进行重整,进行经济性裁员的;

(4)用人单位生产经营发生严重困难,进行经济性裁员的;

(5)企业转产、重大技术革新或者经营方式调整,经变更劳动合同后,仍需裁减人员进行经济性裁员的;

(6)其他因劳动合同订立时所依据的客观经济情况发生重大变化,致使劳动合同无法履行而进行经济性裁员的;

(7)除用人单位维持或者提高劳动合同约定条件续订劳动合同,劳动者不同意续订的情形外,因劳动合同期满终止固定期限劳动合同的;

(8)用人单位被依法宣告破产或用人单位被吊销营业执照、责令关闭、撤销或者用人单位决定提前解散而终止劳动合同的；

(9)法律、行政法规规定的其他情形。

(二)无须支付解除劳动合同经济补偿金的情形

根据《劳动合同法》的规定，用人单位在以下情况下解除劳动合同无须支付经济补偿金：

1. 劳动者向用人单位提出解除劳动合同并与用人单位协商一致解除劳动合同的。

2. 用人单位无违法行为，劳动者提前 30 日或试用期内提前 3 日向用人单位主动辞职的。

3. 用人单位依据《劳动合同法》第 39 条规定的情形与劳动者解除劳动合同的。这些情形包括：在试用期间被证明不符合录用条件的；严重违反用人单位的规章制度的；严重失职，营私舞弊，给用人单位造成重大损害的；劳动者同时与其他用人单位建立劳动关系，对完成本单位的工作任务造成严重影响，或者经用人单位提出，拒不改正的；以欺诈、胁迫的手段或者乘人之危，使用人单位在违背真实意思的情况下订立劳动合同致使劳动合同无效的；被依法追究刑事责任的。

四、终止劳动合同经济补偿金

(一)需要支付终止劳动合同经济补偿金的情形

根据《劳动合同法》以及《劳动合同法实施条例》的规定，以下情形终止劳动合同的，需要用人单位支付经济补偿金：

1. 固定期限劳动合同期满，除用人单位维持或者提高劳动合同约定条件续订劳动合同，劳动者不同意续订的情形外，终止劳动合同的；

2. 以完成一定工作任务为期限的劳动合同因工作任务完成而终止劳动合同的；

3. 用人单位被吊销营业执照、责令关闭、撤销或者用人单位决定提前解散的；

4. 用人单位被依法宣告破产的；

5. 用人单位自用工之日起超过 1 个月不满 1 年未与员工订立书面劳动合同，在此期间要求与员工补订劳动合同，员工不与企业订立书面劳动合同，企业书面通知员工终止劳动关系的；

6. 用人单位因企业经营期限届满不再继续经营导致劳动合同不能继续履行的。

（二）无须支付终止劳动合同经济补偿金的情形

根据《劳动合同法》以及《劳动合同法实施条例》的规定，以下情形终止劳动合同的，无须用人单位支付经济补偿金：

1. 劳动合同期限届满，用人单位同意以维持或提高劳动合同约定的条件续订劳动合同，劳动者不同意续订的；

2. 劳动合同因劳动者达到退休年龄、开始依法享受基本养老保险待遇、死亡或者被人民法院宣告死亡、宣告失踪而终止的；

3. 用人单位自用工之日起 1 个月内，经书面通知后，劳动者拒绝签订书面劳动合同，用人单位书面通知劳动者终止劳动关系的；

4. 非全日制用工双方当事人任何一方通知对方终止劳动关系的。

五、竞业限制补偿金

根据《劳动合同法》第 23 条的规定，对负有保密义务的劳动者，用人单位可以在劳动合同或者保密协议中与劳动者约定竞业限制条款，并约定在解除或者终止劳动合同后，在竞业限制期限内按月给予劳动者经济补偿。竞业限制补偿金与解除劳动合同或终止劳动合同经济补偿金支付条件、支付范围等均有不同，因此可以同时适用。

六、未依法支付经济补偿金

根据《违反和解除劳动合同的经济补偿办法》的规定，用人单位克扣或者无故拖欠劳动者工资以及拒不支付劳动者延长工作时间工资报酬的，除在规定的时间内全额支付劳动者工资报酬外，还需加发相当于工资报酬 25% 的经济补偿金，即未依法支付经济补偿金。

七、未依法支付经济补偿金的额外经济补偿金

根据《劳动合同法》第 85 条规定，用人单位有下列情形之一的，由劳动行政部门责令限期支付劳动报酬、加班费或者经济补偿；劳动报酬低于当地最低工资标准的，

应当支付其差额部分;逾期不支付的,责令用人单位按应付金额50%以上100%以下的标准向劳动者加付赔偿金:

1. 未按照劳动合同的约定或者国家规定及时足额支付劳动者劳动报酬的;

2. 低于当地最低工资标准支付劳动者工资的;

3. 安排加班不支付加班费的;

4. 解除或者终止劳动合同,未依照本法规定向劳动者支付经济补偿的。

需要注意的是,未依法支付经济补偿金的额外经济补偿金由劳动行政部门处理,不可直接仲裁或起诉。

案例说法

案例1:用人单位终止劳动合同时少付经济补偿金,法院判决用人单位补足差额

陈某自2011年9月5日到唐山某设备有限公司从事钳工工作,2015年4月13日,唐山某设备有限公司以陈某"工作期间消极怠工、量化考核排名均靠后,以各种理由请事假,截至上季度累计请假11天(公司统一调休除外),并多次编造各种理由拒绝出差,或自行选择出差地点,不服从领导,不接受工作安排。其本人对上述问题表示认可,其部分行为与企业文化相背离"为由,给予陈某降级处分。2015年9月5日,双方的劳动合同到期,唐山某设备有限公司不再续签劳动合同,双方劳动合同关系终止,公司向陈某支付了解除劳动合同经济补偿金人民币11,200元。双方劳动合同终止后,2015年9月7日,陈某向唐山高新技术产业开发区劳动人事争议调解仲裁委员会申请劳动仲裁。唐山高新技术产业开发区劳动人事争议调解仲裁委员会作出劳人仲案字(2015)92号仲裁裁决书,裁决内容为"对申请人的请求事项因证据不足不予支持"。陈某不服该仲裁结果,向人民法院提起诉讼。

一审法院认为:企业与员工签订劳动合同,企业应按照法律规定向员工支付劳动报酬,解除劳动合同的应当支付经济补偿金。本案中,原告2014年9月至2015年8月的应得工资,包括原告各月基本工资、基本奖金、加班费、年终奖、2015年8月少发工资合计为44,239.41元,计算经济补偿金的月工资标准为3686.62元(44,239.41元÷12),原告在被告处工作共计4年,被告应支付给原告解除劳动合同经济补偿金14,746.48元(3686.62元×4),被告已支付原告经济补偿金11,200

元。故被告应向原告支付经济补偿金差额3546.48元(14,746.48元－11,200元)。

【裁判文书编号】

河北省唐山市高新技术产业开发区人民法院(2015)唐高民初字第99号民事判决书

案例2:用人单位单方降薪致劳动者离职,法院判决支付经济补偿金

2011年12月10日,罗某某与佛山市某公司签订了劳动合同,合同期限从2011年12月10日起,后延至2015年12月31日。2014年5月至2015年3月罗某某的工资均在5000元左右,但2015年4月和5月的工资只有2500元和1410.65元。罗某某自2015年5月18日起便没有到公司上班,2015年10月26日申请劳动仲裁,请求公司支付其解除劳动关系经济补偿金19,230元和按原工资标准补发2015年4月及2015年5月的工资。

仲裁裁定佛山市某公司支付罗某某解除劳动关系经济补偿金17,500元和补发2015年4月工资差额及2015年5月的工资5403.23元。佛山市某公司不服该裁定起诉至佛山市高明区人民法院。

一审法院认为:本案争议焦点是原告未与被告平等协商单方大幅调减被告的工资是否合法,以及原告是否已足额发放被告2015年4月、5月的工资问题。根据《劳动合同法》第4条第2款规定,“用人单位在制定、修改或者决定有关劳动报酬、工作时间、休息休假、劳动安全卫生、保险福利、职工培训、劳动纪律以及劳动定额管理等直接涉及劳动者切身利益的规章制度或者重大事项时,应当经职工代表大会或者全体职工讨论,提出方案和意见,与工会或者职工代表平等协商确定”,而根据《最高人民法院关于审理劳动争议案件适用法律若干问题的解释》第13条规定,“因用人单位作出的开除、除名、辞退、解除劳动合同、减少劳动报酬、计算劳动者工作年限等决定而发生的劳动争议,用人单位负举证责任”。原告在未与被告平等协商的情况下调减了被告2015年4月及5月的工资,原告实际发放被告2015年3月工资为4991.88元(无佣金)、2015年4月为2500元、2015年5月为1302.65元(未含佣金108元),原告认为没有降低被告每月工资的主张与事实不符,其单方大幅调减被告工资的行为违反法律规定,故被告要求原告按原工资标准补发2015年4月及2015年5月工资的请求合理合法,本院予以支持。根据《劳动合同法》第38条第1款规定,“用人单位有下列情形之一的,劳动者可以解除劳动合同:(一)未按照劳动合同约定提供劳动保护或者劳动条件的;(二)未及时足额支付劳动报酬的;……”第46条第1款规定,“有下列情形之一的,用人单位应当向劳动者支付经济补偿:(一)劳动者依照本法第三十八条规定解除劳动合同的;……”原告未足额支付被告劳动报酬,故被告要求原告支付解除劳动关系经济补偿金的请求合法,本院予以支持。判决如下:

一、原告佛山市某公司应于本判决生效之日起5日内支付被告罗某某解除劳动关系经济补偿金17,500元;二、原告佛山市某公司应于本判决书发生法律效力之日起5日内补发被告罗某某2015年4月工资差额2000元、2015年5月工资差额1237.65元。

【裁判文书编号】

广东省佛山市高明区人民法院(2015)佛明法荷民一初字第816号民事判决书

案例3:用人单位未为劳动者购买社会保险,劳动者单方解除劳动合同并获赔经济补偿金

王某某于2014年2月12日入职北京某公司,工作至2014年5月3日,因北京某公司未为其缴纳社会保险、未支付工资和加班费而提出解除劳动关系。2014年10月13日,王某某申诉至北京市朝阳区劳动人事争议仲裁委员会,要求北京某公司支付解除劳动关系经济补偿、未签订劳动合同双倍工资差额。仲裁庭审中,北京某公司主张王某某口头与其公司解除劳动关系。2015年3月23日,北京市朝阳区劳动人事争议仲裁委员会作出京朝劳仲字(2014)第13349号裁决书,裁决北京某公司支付王某某解除劳动关系经济补偿金1500元、2014年3月12日至5月3日未签订劳动合同双倍工资差额5000元。北京某公司不服仲裁裁决,起诉至一审法院。

一审法院经审理认为:北京某公司认可系王某某提出解除劳动关系,王某某主张因北京某公司未缴纳社会保险提出解除劳动关系,且北京某公司存在未为王某某缴纳社会保险的情形,因此北京某公司应当支付王某某解除劳动关系经济补偿金1500元。判决:北京某公司于判决生效后7日内支付王某某解除劳动关系经济补偿金1500元……

二审法院认为:用人单位未依法为劳动者缴纳社会保险费的,劳动者可以解除劳动合同,用人单位应当向劳动者支付经济补偿金。本案中,王某某因北京某公司未为其缴纳社会保险而提出解除劳动关系，且北京某公司存在未为王某某缴纳社会保险的情形，故北京某公司应当支付王某某解除劳动关系经济补偿金1500元。北京某公司主张因王某某属于自动离职，其无须支付经济补偿金，于法无据，本院不予支持……遂判决：驳回上诉，维持原判。

【裁判文书编号】

北京市第三中级人民法院(2015)三中民终字第10840号民事判决书

北京市朝阳区人民法院(2015)朝民初字第19047号民事判决书

风险应对

一、风险点：协商离职时劳动者放弃经济补偿金

劳动者基于各种原因，在离职时，可能会放弃原本可以获得的经济补偿金或者赔偿金，如果这种决定是出于劳动者的自愿，是可以得到法庭的支持的；但如果这种决定是因为受用人单位欺诈或者胁迫，即使签订了放弃相关经济补偿权利的协议，这种协议也可能会被法庭认定为无效协议，劳动者依法可以获得的经济补偿金或者赔偿金，用人单位仍然应该向劳动者支付。

【HR 防范策略】

在离职的过程中，用人单位与劳动者经过充分协商，劳动者自愿放弃部分或者全部经济补偿时，用人单位应与劳动者签订书面协议，将协商的内容固定下来。一般情况下，只要这种协商是自愿的，放弃经济补偿是劳动者自由的意思表示，这种解除劳动合同关系协议的效力会得到法庭的认定。

二、风险点：用人单位拖欠克扣劳动报酬

劳动者因用人单位拖欠或克扣工资，均可单方解除劳动合同，并要求用人单位支付经济补偿金。

【HR 防范策略】

劳动者要求用人单位支付经济补偿金，根据“谁主张，谁举证”的原则，劳动者要承担举证责任。如果劳动者因为用人单位拖欠加班费而要求支付经济补偿金，则必须对加班的事实进行举证，如果未能举证证明加班的事实存在，则用人单位无须支

付经济补偿金。对于迟延发放工资,用人单位如果有证据证明因为经营发生困难需要迟延发放工资,则需要向劳动者作出说明。在此种情形下,用人单位迟延发放工资不构成无故、恶意拖欠工资,劳动者要求用人单位支付经济补偿金,法院不予支持。用人单位应做好薪酬管理工作,完善工资条,明确工资发放的人员、工资标准、工资组成、发放时间,尤其要明确加班费、工资扣减等重点工资项目,保留好相关考勤记录、加班审批等凭证,如遇劳动纠纷,能够进行举证说明。

三、风险点:解除或终止劳动合同时未足额支付经济补偿金

除了法律规定解除或终止劳动合同本身引起的支付经济补偿金情形,未足额支付经济补偿金同样会被判额外支付经济补偿金以惩罚用人单位的违法行为,用人单位切不可抱有侥幸心理,否则会带来更大的风险或损失。法律上对于用人单位在解除与劳动者的劳动合同时需支付经济补偿金的情形作出了明确的规定,在法定情形下用人单位对劳动者支付多少的赔偿金法律也有明确的标准。那么,在解除劳动合同时如果约定经济补偿金的数额低于法定标准,该约定是否有效?劳动者如果依据法定标准向仲裁委申请仲裁或者向人民法院提起诉讼,人民法院是否会支持劳动者的主张?从实践中来看,人民法院一般会支持劳动者的诉求,判决用人单位补足经济补偿金或者赔偿金。

【HR 防范策略】

用人单位在和劳动者签订解除或者终止劳动合同协议的时候,约定经济补偿金需要注意什么?一般来说,用人单位在与劳动者解除劳动合同的时候还是要按照法定标准支付经济补偿金的,这有利于用人单位的稳定和减少法律风险。但是,在双方协商一致的情况下,劳动者也同意不按法定标准领取经济补偿金。用人单位可以在协议中注明已明确告知劳动者相关法律法规的规定,明确告知劳动者法定补偿标准,劳动者若自愿放弃领取法定标准的经济补偿金并签订相关的协议,这时,协议里关于经济补偿金的约定就可以发生法律效力,用人单位也可以依此减少自己的法律风险。

操作指引

一、经济补偿金计算方法

根据《劳动合同法》第 47 条的规定，解除或终止劳动合同经济补偿金的公式为经济补偿金 = 月工资基数 × 工作年限转换的月份数。

月工资，是指劳动者的应得工资，包括计时工资或者计件工资以及奖金、津贴和补贴等货币性收入，且为扣除个人所得税以及各项社会保险费用、住房公积金等以前的净工资额，且是劳动者在劳动合同解除或者终止前 12 个月的平均工资，若劳动者在劳动合同解除或终止前 12 个月的平均工资低于当地最低工资标准的，按照当地最低工资标准计算。

工作年限，是指劳动者在本单位工作的年限，原则上应从劳动者提供劳动之日起连续计算。用人单位未与劳动者签订书面劳动合同、或者劳动者与同一用人单位连续签订数份劳动合同的，除已经支付经济补偿金外，均须自用工之日起连续计算劳动者在本单位的工作年限。以每满 1 年支付 1 个月工资的标准向劳动者支付。6 个月以上不满 1 年的，按 1 年计算；不满 6 个月的，向劳动者支付半个月工资的经济补偿。

根据《劳动合同法》第 97 条的规定，本法施行之日存续的劳动合同在本法施行后解除或者终止，依照本法第 46 条规定应当支付经济补偿的，经济补偿年限自本法施行之日起计算；本法施行前按照当时有关规定，用人单位应当向劳动者支付经济补偿的，按照当时有关规定执行。

2008 年 1 月 1 日《劳动合同法》实施后，支付经济补偿金的依据不同，2008 年 1 月 1 日前适用《违反和解除劳动合同的经济补偿办法》，2008 年 1 月 1 日后适用《劳动合同法》的相关规定。具体规定如下表所示：

<table>
<tr><th>2008 年 1 月 1 日前</th><th>2008 年 1 月 1 日起</th></tr>
<tr><td>《违反和解除劳动合同的经济补偿办法》(已失效)</td><td>《劳动合同法》</td></tr>
<tr><td>第五条　经劳动合同当事人协商一致,由用人单位解除劳动合同的,用人单位应根据劳动者在本单位工作年限,每满一年发给相当于一个月工资的经济补偿金,最多不超过十二个月。工作时间不满一年的按一年的标准发给经济补偿金。</td><td rowspan="7">《劳动合同法》第四十七条　经济补偿按劳动者在本单位工作的年限,每满一年支付一个月工资的标准向劳动者支付。六个月以上不满一年的,按一年计算;不满六个月的,向劳动者支付半个月工资的经济补偿。劳动者月工资高于用人单位所在直辖市、设区的市级人民政府公布的本地区上年度职工月平均工资三倍的,向其支付经济补偿的标准按职工月平均工资三倍的数额支付,向其支付经济补偿的年限最高不超过十二年。本条所称月工资是指劳动者在劳动合同解除或者终止前十二个月的平均工资。</td></tr>
<tr><td>第六条　劳动者患病或者非因工负伤,经劳动鉴定委员会确认不能从事原工作、也不能从事用人单位另行安排的工作而解除劳动合同的,用人单位应按其在本单位的工作年限,每满一年发给相当于一个月工资的经济补偿金,同时还应发给不低于六个月工资的医疗补助费。患重病和绝症的还应增加医疗补助费,患重病的增加部分不低于医疗补助费的百分之五十,患绝症的增加部分不低于医疗补助费的百分之百。</td></tr>
<tr><td>第七条　劳动者不胜任工作,经过培训或者调整工作岗位仍不能胜任工作,由用人单位解除劳动合同的,用人单位应按其在本单位工作的年限,工作时间每满一年,发给相当于一个月工资的经济补偿金,最多不超过十二个月。</td></tr>
<tr><td>第八条　劳动合同订立时所依据的客观情况发生重大变化,致使原劳动合同无法履行,经当事人协商不能就变更劳动合同达成协议,由用人单位解除劳动合同的,用人单位按劳动者在本单位工作的年限,工作时间每满一年发给相当于一个月工资的经济补偿金。</td></tr>
<tr><td>第九条　用人单位濒临破产进行法定整顿期间或者生产经营状况发生严重困难,必须裁减人员的,用人单位按被裁减人员在本单位工作的年限支付经济补偿金。在本单位工作的时间每满一年,发给相当于一个月工资的经济补偿金。</td></tr>
<tr><td>第十条　用人单位解除劳动合同后,未按规定给予劳动者经济补偿的,除全额发给经济补偿金外,还须按该经济补偿金数额的百分之五十支付额外经济补偿金。</td></tr>
<tr><td>第十一条　本办法中经济补偿金的工资计算标准是指企业正常生产情况下劳动者解除合同前十二个月的月平均工资。</td></tr>
</table>

二、经济补偿金的“双封顶”如何计算

在计算经济补偿金时,劳动者月工资高于用人单位所在直辖市、设区的市级人民政府公布的本地区上年度职工月平均工资 3 倍的,向其支付经济补偿的标准按职

工月平均工资 3 倍的数额支付，向其支付经济补偿的年限最高不超过 12 年，也就是我们通常说的“双封顶”。

工作年限跨 2008 年的经济补偿金分段计算方法：根据《劳动合同法》第 97 条规定，本法施行前已依法订立且在本法施行之日存续的劳动合同，劳动者工作年限应分段计算。因此，经济补偿金的计算年限按照 2008 年 1 月 1 日以前和该时间以后两部分进行计算。但是，由于涉及新旧法律规定的衔接问题，包括经济补偿金的适用情形、补偿年限折算方式均不相同，各种因素相互交叉，叠加一些地方规定和裁判口径的差异，导致自《劳动合同法》实施以来，经济补偿金分段计算始终是一个非常复杂的问题，需要注意以下几点：

2008 年前后，用人单位应当支付经济补偿金的情形不同。如用人单位存在未依法缴纳社会保险、用人单位的规章制度违法、用人单位以欺诈胁迫等手段使劳动者违背真实意思订立或者变更劳动合同等行为，劳动者被迫解除劳动合同，在 2008 年之前无须支付经济补偿。关于 2008 年前后经济补偿金支付的适用情形，见前述问题“（一）用人单位应当支付经济补偿的法定情形”，用人单位应当准确分辨，明晰不同解除事由下的经济补偿金支付义务。

2008 年前后，经济补偿年限的折算方式不同。2007 年 12 月 31 日前根据《违反和解除劳动合同的经济补偿办法》规定，经济补偿按劳动者在本单位工作的年限，每满 1 年支付 1 个月工资的经济补偿金，不满 1 年按 1 年计算。

2008 年前后，补偿年限封顶的依据不同。2007 年 12 月 31 日之前协商解除劳动合同、不胜任工作解除劳动合同，补偿年限以 12 年为限。2008 年 1 月 1 日以后，补偿年限的封顶与解除理由无关，如劳动者月工资高于用人单位所在直辖市、设区的市级人民政府公布的本地区上年度职工月平均工资 3 倍的，按职工月平均工资 3 倍的数额支付，补偿年限最高不超过 12 年。

应特别注意，各地对于经济补偿金分段计算的问题，地方法规政策、裁审口径差异很大且处于不断调整中，请随时关注用人单位所在地的政策。

三、经济补偿金支付流程

1. 人力资源部门发起经济补偿金支付审批；

2. 授权领导进行审批；

3. 财务部门发起经济补偿金支付审批；

4. 人力资源部门接收批件；

5. 用人单位和劳动者签订补偿金支付协议（劳动合同解除或终止协议）；

6. 支付劳动者经济补偿金，劳动者进行签收；

7. 人力资源部门将相关文件存档。

疑难解答

一、经济补偿金有什么税收优惠政策？

根据《财政部、国家税务总局关于个人所得税法修改后有关优惠政策衔接问题的通知》（财税〔2018〕164 号）规定，自 2019 年 1 月 1 日起，劳动者与用人单位解除劳动关系取得一次性补偿收入（包括用人单位发放的经济补偿金、生活补助费和其他补助费），在当地上年职工平均工资 3 倍数额以内的部分，免征个人所得税；超过 3 倍数额的部分，不并入当年综合所得，单独适用综合所得税率表，计算纳税。

此处需要注意的是，上述通知的税收优惠仅仅针对的是劳动合同解除时的经济补偿金。劳动合同终止时用人单位支付的经济补偿金是否享有税收优惠政策，当前并无法律作出明文规定，各地的税收口径可能也存在差异。例如，在北京市第二中级人民法院（2018）京 02 行终 770 号行政判决书中胡某与北京市丰台区地方税务局科技园区税务所一案，北京市第二中级人民法院认为，某公司依据《劳动合同法》等法律，基于劳动合同终止一次性给予胡某包括但不限于经济补偿金及其他补偿金，该补偿金应属于《个人所得税法》中所称的工资、薪金所得，且不属于免纳个人所得税的范围，因此，应缴纳个人所得税。

二、签订无固定期限劳动合同，解除劳动合同时应当如何支付经济补偿金？

当劳动者主动要求解除时，那么用人单位无须支付经济补偿金。用人单位要求解除劳动合同的，需要了解是什么原因解除，如果是因为劳动者严重违纪，根据用人单位的规章制度构成依法解除劳动关系的，用人单位在此种情况下无须支付经济补偿金；如果是用人单位自身的原因需要与劳动者解除劳动关系的，根据劳动者在本企业的工作年限，每满 1 年支付其 1 个月工资，每满 6 个月不满 1 年的按照 1 年计算，不满6个月的支付半个月的工资。

三、用人单位辞退了劳务派遣人员，经济补偿金应该由派遣单位支付还是用人单位支付？

应当由劳务派遣单位支付。

劳务派遣公司涉及两个法律关系，一是与用人单位的劳务派遣合同关系；二是与派遣人员的劳动合同关系。劳务派遣合同的履行把三方形成的劳动关系和民事法律关系结合在一起，产生的纠纷性质不同，处理争议的程序、适用的法律以及时效也各不相同。劳务派遣人员依据劳动关系起诉派遣单位、用人单位的案件为劳动争议案件，劳务派遣单位与实际用人单位依据劳务派遣合同起诉的案件为普通民商案件。

因此，劳务派遣人员的经济补偿金是由劳务派遣单位支付的，并且以实际工作的年限为基准，不管入职多久都可以获得经济补偿金。

四、用人单位未足额支付加班费，劳动者能否单方解除合同并要求经济补偿金？

用人单位未足额支付加班费事实存在，劳动者提出辞职后，要求按照实际工作年限支付经济补偿金，没有法律依据。

首先，《劳动法》没有规定用人单位未足额支付加班费时，劳动者辞职，可以要求按照实际工作年限支付经济补偿金。

其次，《最高人民法院关于审理劳动争议案件适用法律若干问题的解释(一)》也没有规定用人单位未足额支付加班费时，劳动者提出辞职，可以按照实际工作年限要求支付经济补偿金。该司法解释第15条仅规定“用人单位拒不支付劳动者延长工作时间工资报酬的”劳动者可以主张经济补偿金。该司法解释的核心点在于“拒不支付”，何为“拒不支付”？该司法解释的起草者认为：对“拒不支付”的解释为“对于仅有拖欠劳动者延长工作时间工资报酬的行为，劳动者不能据此向用人单位提出解除劳动合同的要求，只有劳动者向用人单位提出支付延长工作时间工资报酬的请求，而用人单位明确拒绝，或者用人单位明确表示拒绝支付时，劳动者才能据此向用人单位提出解除劳动合同，并向用人单位主张支付延长工作时间的劳动报酬和经济补偿金”。

再次,《劳动合同法》也未规定因用人单位未足额支付加班费,劳动者提出辞职,可以按照实际工作年限要求支付经济补偿金。其第38条、第46条仅规定用人单位未足额支付劳动报酬,劳动者可以解除劳动合同并主张经济补偿金。但是《劳动合同法》第38条规定的"劳动报酬"是否包括"加班费"呢?《劳动合同法》第85条给出了否定回答,理由是第85条第1款和第3款对"劳动报酬"和"加班费"两个法律术语分别作了规定,因此,《劳动合同法》所规定的"劳动报酬"这一法律概念不包括"加班费",这是两个不同的法律概念。所以,劳动者的请求同样不符合《劳动合同法》的规定。

最后,扩张性解释加班费在劳动者行使单方解除劳动合同权要求经济补偿金中的作用,不利于劳资关系的稳定。① 如果仅因为用人单位支付的加班费有些许不足,在赋予劳动者行使单方解除劳动合同权的同时,过多地赋予劳动者按照实际工作年限主张经济补偿金的权利,会加重劳资关系的紧张程度,也会无形中诱导一些人辞职,大量提起诉讼,这不利于构建稳定和谐劳资关系,不利于经济的发展,与国家倡导建立和谐社会的要求背道而驰,也不符合最高人民法院提出为构建和谐稳定劳资关系保驾护航的司法精神。

法条链接

1.《劳动合同法》(2012年12月28日修正)

第四十六条 有下列情形之一的,用人单位应当向劳动者支付经济补偿:

(一)劳动者依照本法第三十八条规定解除劳动合同的;

(二)用人单位依照本法第三十六条规定向劳动者提出解除劳动合同并与劳动者协商一致解除劳动合同的;

(三)用人单位依照本法第四十条规定解除劳动合同的;

(四)用人单位依照本法第四十一条第一款规定解除劳动合同的;

(五)除用人单位维持或者提高劳动合同约定条件续订劳动合同,劳动者不同意续订的情形外,依照本法第四十四条第一项规定终止固定期限劳动合同的;

① 北京市劳动和社会保障法学会编:《最新劳动争议处理实务与诉讼指引》,法律出版社2011年版。

（六）依照本法第四十四条第四项、第五项规定终止劳动合同的；

（七）法律、行政法规规定的其他情形。

第四十七条 经济补偿按劳动者在本单位工作的年限，每满年支付一个月工资的标准向劳动者支付。六个月以上不满一年的，按一年计算；不满六个月的，向劳动者支付半个月工资的经济补偿。

劳动者月工资高于用人单位所在直辖市、设区的市级人民政府公布的本地区上年度职工月平均工资三倍的，向其支付经济补偿的标准按职工月平均工资三倍的数额支付，向其支付经济补偿的年限最高不超过十二年。

本条所称月工资是指劳动者在劳动合同解除或者终止前十二个月的平均工资。

第五十条 用人单位应当在解除或者终止劳动合同时出具解除或者终止劳动合同的证明，并在十五日内为劳动者办理档案和社会保险关系转移手续。

劳动者应当按照双方约定，办理工作交接。用人单位依照本法有关规定应当向劳动者支付经济补偿的，在办结工作交接时支付。

用人单位对已经解除或者终止的劳动合同的文本，至少保存二年备查。

第八十五条 用人单位有下列情形之一的，由劳动行政部门责令限期支付劳动报酬、加班费或者经济补偿；劳动报酬低于当地最低工资标准的，应当支付其差额部分；逾期不支付的，责令用人单位按应付金额百分之五十以上百分之一百以下的标准向劳动者加付赔偿金：

（一）未按照劳动合同的约定或者国家规定及时足额支付劳动者劳动报酬的；

（二）低于当地最低工资标准支付劳动者工资的；

（三）安排加班不支付加班费的；

（四）解除或者终止劳动合同，未依照本法规定向劳动者支付经济补偿的。

第九十七条 本法施行前已依法订立且在本法施行之日存续的劳动合同，继续履行；本法第十四条第二款第三项规定连续订立固定期限劳动合同的次数，自本法施行后续订固定期限劳动合同时开始计算。

本法施行前已建立劳动关系，尚未订立书面劳动合同的，应当自本法施行之日起一个月内订立。

本法施行之日存续的劳动合同在本法施行后解除或者终止，依照本法第四十六条规定应当支付经济补偿的，经济补偿年限自本法施行之日起计算；本法施行前按照当时有关规定，用人单位应当向劳动者支付经济补偿的，按照当时有关规定执行。

2.《劳动合同法实施条例》(2008年9月18日)

第五条 自用工之日起一个月内,经用人单位书面通知后,劳动者不与用人单位订立书面劳动合同的,用人单位应当书面通知劳动者终止劳动关系,无需向劳动者支付经济补偿,但是应当依法向劳动者支付其实际工作时间的劳动报酬。

第六条 用人单位自用工之日起超过一个月不满一年未与劳动者订立书面劳动合同的,应当依照劳动合同法第八十二条的规定向劳动者每月支付两倍的工资,并与劳动者补订书面劳动合同;劳动者不与用人单位订立书面劳动合同的,用人单位应当书面通知劳动者终止劳动关系,并依照劳动合同法第四十七条的规定支付经济补偿。

前款规定的用人单位向劳动者每月支付两倍工资的起算时间为用工之日起满一个月的次日,截止时间为补订书面劳动合同的前一日。

第十条 劳动者非因本人原因从原用人单位被安排到新用人单位工作的,劳动者在原用人单位的工作年限合并计算为新用人单位的工作年限。原用人单位已经向劳动者支付经济补偿的,新用人单位在依法解除、终止劳动合同计算支付经济补偿的工作年限时,不再计算劳动者在原用人单位的工作年限。

第二十二条 以完成一定工作任务为期限的劳动合同因任务完成而终止的,用人单位应当依照劳动合同法第四十七条的规定向劳动者支付经济补偿。

第二十七条 劳动合同法第四十七条规定的经济补偿的月工资按照劳动者应得工资计算,包括计时工资或者计件工资以及奖金、津贴和补贴等货币性收入。劳动者在劳动合同解除或者终止前12个月的平均工资低于当地最低工资标准的,按照当地最低工资标准计算。劳动者工作不满12个月的,按照实际工作的月数计算平均工资。

3.《违反和解除劳动合同的经济补偿办法》(1995年1月1日)

第二条 对劳动者的经济补偿金,由用人单位一次性发给。

第三条 用人单位克扣或者无故拖欠劳动者工资的,以及拒不支付劳动者延长工作时间工资报酬的,除在规定的时间内全额支付劳动者工资报酬外,还需加发相当于工资报酬百分之二十五的经济补偿金。

第四条 用人单位支付劳动者的工资报酬低于当地最低工资标准的,要在补足低于标准部分的同时,另外支付相当于低于部分百分之二十五的经济补偿金。

第五条 经劳动合同当事人协商一致,由用人单位解除劳动合同的,用人单位应根据劳动者在本单位工作年限，每满一年发给相当于一个月工资的经济补偿金，最多不超过十二个月。工作时间不满一年的按一年的标准发给经济补偿金。

第七条 劳动者不胜任工作，经过培训或者调整工作岗位仍不能胜任工作，由用人单位解除劳动合同的，用人单位应按其在本单位工作的年限，工作时间每满一年，发给相当于一个月工资的经济补偿金，最多不超过十二个月。

第八条 劳动合同订立时所依据的客观情况发生重大变化，致使原劳动合同无法履行，经当事人协商不能就变更劳动合同达成协议，由用人单位解除劳动合同的，用人单位按劳动者在本单位工作的年限，工作时间每满一年发给相当于一个月工资的经济补偿金。

第九条 用人单位濒临破产进行法定整顿期间或者生产经营状况发生严重困难，必须裁减人员的，用人单位按被裁减人员在本单位工作的年限支付经济补偿金。在本单位工作的时间每满一年，发给相当于一个月工资的经济补偿金。

第十条 用人单位解除劳动合同后，未按规定给予劳动者经济补偿的，除全额发给经济补偿金外，还须按该经济补偿金数额的百分之五十支付额外经济补偿金。

第十一条 本办法中经济补偿金的工资计算标准是指企业正常生产情况下劳动者解除合同前十二个月的月平均工资。

用人单位依据本办法第六条、第八条、第九条解除劳动合同时，劳动者的月平均工资低于企业月平均工资的，按企业月平均工资的标准支付。

第十二条 经济补偿金在企业成本中列支，不得占用企业按规定比例应提取的福利费用。

文书工具

《经济补偿金支付协议书》（见书尾文书工具附录，编号：NO. 10）

第二节 赔偿金

实务精讲

一、赔偿金的概念及类型

赔偿金，是指用人单位或劳动者因违反相关法律、规章制度的规定或劳动合同的约定给对方造成损失时，为弥补对方损失而向对方支付一定数额的经济赔偿。从概念可知，赔偿金的偿付主体不仅是用人单位，劳动者也可能因为违反法律或合同约定而支付赔偿金。

根据《劳动合同法》的规定，赔偿金主要分为两类：

1. 违法解除或终止劳动合同时的赔偿金。包括用人单位违法解除或终止劳动合同时的赔偿金与劳动者违法解除或终止劳动合同时的赔偿金。

用人单位支付的赔偿金主要出现在用人单位违法解除或终止劳动合同时。用人单位解除或终止劳动合同必须要符合法律规定，也就是说，既要满足解除劳动合同的实体要件，也要满足程序上的要求。否则，一旦违反其中某一要件，用人单位都构成违法解除或终止劳动合同，进而需要支付相应的赔偿金。

劳动者违法解除或终止劳动合同时的赔偿金是指劳动者违法解除或终止劳动合同对用人单位造成损失的，劳动者应赔偿用人单位的损失。

2. 其他赔偿金。包括用人单位支付的其他赔偿金与劳动者支付的其他赔偿金。

二、违法解除或终止劳动合同时的赔偿金

（一）用人单位违法解除或终止劳动合同时的赔偿金

1. 实体要件方面

以下五种情形，用人单位不得与劳动者解除劳动合同，否则构成违法解除。根据《劳动合同法》第 42 条的规定，有下列五种情形之一的，用人单位不得根据《劳动合同法》第 40 条规定无过错性解除劳动合同和第 41 条规定经济性裁员解除劳动合

同辞退劳动者,如用人单位违法解除须支付赔偿金:

(1)从事接触职业病危害作业的劳动者未进行离岗前职业健康检查,或者疑似职业病病人在诊断或者医学观察期间的;

(2)在本单位患职业病或者因工负伤并被确认丧失或者部分丧失劳动能力的;

(3)患病或者非因工负伤,在规定的医疗期内的;

(4)女职工在孕期、产期、哺乳期的;

(5)在本单位连续工作满 15 年,且距法定退休年龄不足 5 年的。

《劳动合同法》第 39 条、第 40 条、第 41 条以及第 44 条(具体参照本书劳动合同解除章节),对于用人单位解除或终止劳动合同有明确的法定条件,如果不符合法定条件用人单位解除或终止劳动合同,构成违法解除或终止,用人单位需要支付赔偿金。

2. 程序要件方面

用人单位解除或终止劳动合同不符合法定程序同样需要赔付赔偿金。《劳动合同法》第 39 条、第 40 条、第 41 条等不仅规定了用人单位解除或终止劳动合同的法定条件,同时规定了法定程序,若用人单位滥用权利损害劳动者的合法权益,违法解除或终止劳动合同,用人单位应当依照本法规定支付赔偿金。

(二)劳动者违法解除或终止劳动合同时的赔偿金

此种情形的赔偿金主要发生在劳动者给用人单位造成损失的情况下。根据《违反〈劳动法〉有关劳动合同规定的赔偿办法》第 4 条规定,劳动者违法解除或终止劳动合同对用人单位造成损失的,劳动者应赔偿用人单位下列损失:(1)用人单位招收录用其所支付的费用;(2)用人单位为其支付的培训费用,双方另有约定的按约定办理;(3)对生产、经营和工作造成的直接经济损失;(4)劳动合同约定的其他赔偿费用,该赔偿费用以给用人单位造成的实际损失为限。

三、其他赔偿金

(一)用人单位支付的其他赔偿金

根据我国《劳动合同法》的相关规定,用人单位支付其他赔偿金的情形如下:

1. 用人单位直接涉及劳动者切身利益的规章制度违反法律、法规规定的,由劳动行政部门责令改正,给予警告;给劳动者造成损害的,应当承担赔偿责任。

2. 用人单位提供的劳动合同文本未载明本法规定的劳动合同必备条款或者用人单位未将劳动合同文本交付劳动者的,由劳动行政部门责令改正;给劳动者造成损害的,应当承担赔偿责任。

3. 用人单位违反本法规定与劳动者约定试用期的,由劳动行政部门责令改正;违法约定的试用期已经履行的,由用人单位以劳动者试用期满月工资为标准,按已经履行的超过法定试用期的期间向劳动者支付赔偿金。

4. 用人单位违反本法规定,以担保或者其他名义向劳动者收取财物,给劳动者造成损失的,应当承担赔偿责任。

5. 劳动者依法解除或者终止劳动合同,用人单位扣押劳动者档案或者其他物品的,用人单位应当承担赔偿责任。

6. 用人单位以欺诈、胁迫的手段或者乘人之危,使对方在违背真实意思的情况下订立或者变更劳动合同的,免除自己的法定责任的,排除劳动者权利的,违反法律、行政法规强制性规定被确认无效的,给对方造成损害的,有过错的一方应当承担赔偿责任。

7. 用人单位以暴力、威胁或者非法限制人身自由的手段强迫劳动,违章指挥或者强令冒险作业危及劳动者人身安全,侮辱、体罚、殴打、非法搜查或者拘禁劳动者,或者因劳动条件恶劣、环境污染严重给劳动者身心健康造成严重损害的,用人单位应当承担赔偿责任。

(二)劳动者支付的其他赔偿金

根据《劳动合同法》第 86 条的规定,劳动者若以欺诈、胁迫的手段或者乘人之危,使用人单位在违背真实意思的情况下订立或者变更劳动合同,劳动合同被确认无效,给用人单位造成损害的,应当承担赔偿责任。

根据《劳动合同法》第 90 条的规定,劳动者违反本法规定解除劳动合同,或者违反劳动合同中约定的保密义务或者竞业限制,给用人单位造成损失的,应当承担赔偿责任。

根据《工资支付暂行规定》第 16 条的规定,因劳动者本人原因给用人单位造成经济损失的,用人单位可按照劳动合同的约定要求其赔偿经济损失。

案例说法

案例1:违法约定试用期,用人单位需要支付赔偿金

被告于2012年7月5日进入原告处工作,双方签订了期限从2012年7月5日至2013年7月4日的《聘用合同》,约定被告的试用期从2012年7月5日至10月4日,被告的月工资为4000元。2013年1月31日,原告向被告发出《解除劳动合同通知书》。

法院认为,根据《劳动合同法》第83条的规定,用人单位违反本法规定与劳动者约定试用期的,由劳动行政部门责令改正;违法约定的试用期已经履行的,由用人单位以劳动者试用期满月工资为标准,按已经履行的超过法定试用期的期间向劳动者支付赔偿金。本案中,原、被告签订的劳动合同约定被告的试用期为3个月,但按照《劳动合同法》规定,劳动合同期限1年以上不满3年的,试用期不得超过2个月。因此,原告与被告约定的试用期期限显然违反了法律规定,且被告已履行了3个月试用期,原告应依法按被告月工资4000元标准支付其违法约定试用期赔偿金4000元。原告于2013年1月31日向被告发出了《解除劳动合同通知书》,该通知书内容显示,系原告单方通知被告解除劳动合同,并未显示系双方协商解除劳动合同的意思表示,原告仅以被告在落款处签名为由主张双方经协商一致解除劳动合同,无事实依据,本院不予采纳。现原告未就解除与被告劳动合同的事实依据及法律依据提供相关证据证明,故本院确认原告系违法解除与被告的劳动合同……根据被告的工作年限及工资标准,原告应支付被告违法解除劳动合同的赔偿金11,000元,扣除原告已支付的5200元,原告还应支付被告违法解除劳动合同的赔偿金差额5800元。

【裁判文书编号】

上海市浦东新区人民法院(2013)浦民一(民)初字第14881号民事判决书

案例2:劳动者自行离岗,用人单位与其解除劳动合同,要求用人单位支付违法解除劳动合同赔偿金,法院不予支持

金陵文化传播公司为某电子商务公司股东。2008年1月1日,某电子商务公司与周某某签订劳动合同,约定周某某在发行站从事机动投递员工作。双方最后一期劳动合同为2010年1月1日起无固定期限劳动合同。2019年2月28日下午,周某某因对其法定节假日加班工资及公司薪酬考核方案有异议而自行离岗,之后下午均未到岗。2019年3月29日,某电子商务公司向周某某发出《关于下午到岗工作的通知函》,周某某未签收该通知函邮件。2019年4月3日,某电子商务公司派人与周某某当面沟通,要求其下午到岗,周某某认为公司违规在先,拒绝下午到岗。

2019年5月21日,某电子商务公司通知金陵文化传播公司工会,决定解除与周某某的劳动合同。2019年5月24日,金陵文化传播公司工会回复同意解除劳动合同。周某某于2019年5月28日收到《解除劳动合同通知书》。

一审法院认为:本案中,周某某因对某电子商务公司支付的法定节假日加班工资及薪酬考核方案有异议而自行脱岗,在某电子商务公司通知其到岗后,周某某仍拒绝下午到岗工作,其行为构成旷工。某电子商务公司根据职工代表大会制定并向周某某告知的《某电子商务公司规章制度》,在征求工会同意后,解除与周某某的劳动合同,不违反法律规定。周某某因个人原因拒绝签收《某电子商务公司规章制度》,不影响该规章制度的效力。综上,周某某要求支付违法解除劳动合同经济赔偿金,缺乏依据,本院不予支持。

【裁判文书编号】

江苏省南京市六合区人民法院(2019)苏0116民初8206号民事判决书

案例3:解雇严重失职员工但未提供充分证据,法院判决用人单位支付赔偿金

刘某就职于东莞某有限公司,公司《员工手册》中规定,“二个中过等于一个大过,处理方式为视情节转为立即无偿(解除或终止合同);二个大过等于极度严重,处理方式为立即无偿(解除或终止合同)”。后公司称刘某上班期间睡觉、三次违纪事件擅离职守、上晚班期间未向领导报备和请假而擅离职守、违规操作等,遂根据《员工手册》解除了与刘某的劳动合同。

法院认为,首先,依据东莞某有限公司的《员工手册》,可知累积过错处理方式为“二个中过等于一个大过”,其处理方式为“视情节转为立即无偿(解除或终止合同)”;“二个大过等于极度严重”,其处理方式为“立即无偿(解除或终止合同)”。其次,东莞某有限公司庭审期间主张刘某应当被解雇的理由是刘某存在四次记中过的违纪行为,四次记中过达到二个记大过的违纪程度,可以被解雇。后又主张即使四个记中过行为不能成立,只要刘某其中两个记中过行为成立,即可根据两个记中过等于一个记大过，并视情节立即解除劳动合同。可见东莞某有限公司前后主张不一致，对刘某的解雇依据不明确。最后，刘某四次记中过行为能否成立的问题。对于案涉首次违纪行为，即2014年11月25日的上班时间睡觉事件，法院认为该次记中过仅依据证人梁某和证人龚某两位证人的证言不足以认定刘某存在上班睡觉行为。综上，法院认定东莞某有限公司解除与刘某的劳动合同关系依据不足，属违法解除，东莞某有限公司应当支付刘某赔偿金，遂判决：东莞某有限公司应在判决发生法律效力之日起3日内向刘某支付违法解除劳动合同的赔偿金151,400元。

【裁判文书编号】

广东省东莞市中级人民法院(2016)粤19民终2204号民事判决书

案例4：用人单位违法解除劳动合同应当支付赔偿金

2018年2月8日，唐某某收到某体育娱乐公司电子邮件，该邮件附件1《财务总监聘任书》记载，愿意聘请唐某某担任公司财务总监职务，具体合同条款如下：任期3年，其中试用期3个月，月薪税前36,600元，工作时间由总经理安排，每周休息一天，在入职报到时应携带学历及相关专业资格证书，等等；附件2《财务总监岗位目标》对工作职责范围进行说明，记载财务总监兼任人力资源总管，工作职责包括签订和保管劳动合同，等等。唐某某于同年2月10日在上述《财务总监聘任书》《财务总监岗位目标》两份文件上签名确认，3月26日报到，3月29日正式上班。工作期间，某体育娱乐公司认为唐某某2018年9月绩效考核不达标扣发工资1000元，10月绩效考核不达标及旷工2天扣发工资3424.69元。2018年10月31日，某体育娱乐公司以唐某某入职资格未达到要求条件、绩效考核不达标及旷工等为由，通知即日起解除双方劳动关系。唐某某申请劳动仲裁及提起诉讼，请求某体育娱乐公司支付违法解除劳动合同双倍经济补偿金、退还扣发工资等。

二审法院经审理认为：双方当事人签订的《财务总监聘任书》和《财务总监岗位目标》两份文件，包括唐某某的入职条件、工作岗位、工作职责、薪资报酬、工作时间、休息时间、试用期及任期等，具备书面劳动合同的核心内容，能够明晰双方权利义务，结合已按两份文件履行一定期限及唐某某工作职责，可以认定双方已经签订了书面劳动合同。在劳动合同履行过程中，某体育娱乐公司向唐某某提出解除劳动合同，其未能对解除合同的理由提供相应证据，构成违法解除劳动合同。《劳动合同法》第87条规定，用人单位违反本法规定解除或终止劳动合同的，应当依照本法第

47 条规定的经济补偿标准的 2 倍向劳动者支付赔偿金。唐某某请求支付双倍经济补偿金应予支持，某体育娱乐公司扣发唐某某工资无依据应予退还，据此作出相应判决。

操作指引

赔偿金计算方法

根据《劳动合同法》第 87 条的规定，用人单位违反本法规定解除或者终止劳动合同的，应当依照本法第 47 条规定的经济补偿标准的 2 倍向劳动者支付经济赔偿金。用人单位违法解除或终止劳动合同赔偿金的计算公式为

赔偿金 = 经济补偿金 ×2

具体情况如下所示：

省市	计算方法	法律依据
北京	月工资基数（不分段）×月份数 ×2	《北京市关于劳动争议案件法律适用问题研讨会会议纪要（一）》第 25 条的规定
上海	月工资基数（分段）×月份数（分情况而定，分段或者不分段）×2	《上海市高级人民法院关于适用〈劳动合同法〉若干问题的意见》第 21 条的规定
广东	月工资基数（不分段）×月份数（分情况而定，分段或者不分段）×2	《广东省高级人民法院、广东省劳动人事争议仲裁委员会关于审理劳动人事争议案件若干问题的座谈会纪要》第 31 条、第 32 条的规定

风险应对

一、风险点：用人单位难以证明劳动者的行为给其带来的损失

虽然法律规定劳动者给用人单位造成损失，用人单位可以要求其承担赔偿责任，但是根据“谁主张，谁举证”的证明责任分配，用人单位证明劳动者确实给其造成了实际损失存在“举证难”的问题。

【HR 防范策略】

用人单位应在企业规章制度和劳动合同中明确劳动者应承担赔偿责任的具体情形和损失计算的标准，当损害发生时，用人单位应当及时收集相关的证据如各种票据以及文件，以免出现“举证难”的困境。

二、风险点：用人单位单方面解除劳动合同时没有通知工会

《劳动合同法》第 43 条规定，用人单位单方解除劳动合同，应当事先将理由通知工会。用人单位违反法律、行政法规规定或者劳动合同约定的，工会有权要求用人单位纠正。用人单位应当研究工会的意见，并将处理结果书面通知工会。用人单位建立了工会组织，但单方面解除劳动合同没有通知工会的，也可能产生向劳动者支付赔偿金的法律风险。

《最高人民法院关于审理劳动争议案件适用法律问题的解释(一)》第 47 条规定，建立了工会组织的用人单位解除劳动合同符合《劳动合同法》第 39 条、第 40 条规定，但未按照《劳动合同法》第 43 条规定事先通知工会，劳动者以用人单位违法解除劳动合同为由请求用人单位支付赔偿金的，人民法院应予支持，但起诉前用人单位已经补正有关程序的除外。

【HR 防范策略】

在实践中，用人单位在解除劳动合同过程中往往可能忽略工会程序。现实中，很多用人单位也没有工会，因此，必然不会适用通知工会这一程序，这类企业没有这方面的困扰，司法实践中主要还是从实体方面对用人单位的单方解除决定进行审查，对程序方面无甚要求。但是，对于有工会的用人单位来说，程序性要件方面的要求就会比较高，单方解除劳动合同时就必须履行通知工会并听取工会意见的法律程序，否则就有可能承担因程序违法而导致单方解除行为违法的不利后果。

三、风险点：用人单位规章制度过于严苛并以此解除劳动合同

事实上，过于严苛的用人单位规章制度并不能带来更好的适用效果。一方面，可能会引起员工的反感和厌恶；另一方面，不合理的、过于严苛的规章制度在适用过程中可能并不会真正产生效果，进入司法程序中也可能不被认可支持而不发生效力，甚至可能带来赔偿风险。

【HR 防范策略】

用人单位在引用规章制度来解除与劳动者的劳动合同时，要从以下几个方面来防范法律风险：

第一，要制定完善的规章制度。司法实务中，我们发现有些用人单位过于任性，根本就没有相关规章制度或规章制度中没有写明解雇特定员工的条件，这里的法律风险是极大的，以劳动者严重违反公司规章制度为由解除劳动合同将缺乏规章制度作为依据。

第二，制定过程要经过民主程序。在制定、修改或者决定有关劳动报酬、工作时间、休息休假、劳动安全卫生、保险福利、职工培训、劳动纪律以及劳动定额管理等直接涉及劳动者切身利益的规章制度或者重大事项时，应当经职工代表大会或者全体职工讨论，提出方案和意见，与工会或者职工代表平等协商确定。

第三，要将规章制度公示。《劳动合同法》第 4 条规定，用人单位应当将直接涉及劳动者切身利益的规章制度和重大事项决定公示，或者告知劳动者。这也是程序合法的要求。

第四，用人单位制定规章制度时要注意规章制度内容的合法性，内容违法的规章制度会被法院认定为无效。比如，规定员工之间相互透露工资，用人单位可以泄密为由解除劳动合同，这种规定侵犯了劳动者的言论自由，对劳动者过于严苛，应属无效的规定；规定同事之间谈恋爱用人单位可以解除劳动合同，这种规定侵犯了未婚员工的婚姻自主权，故对劳动者没有法律上的约束力。

第五，要有劳动者严重违反规章制度的证据。《最高人民法院关于审理劳动争议案件适用法律问题的解释（一）》第 44 条规定，因用人单位作出的开除、除名、辞退、解除劳动合同、减少劳动报酬、计算劳动者工作年限等决定而发生的劳动争议，用人单位负举证责任。因此，如果用人单位解雇员工的事实依据缺乏或不能足以证明的，则会被认定为违法解除劳动合同。

第六，要将解除通知送达劳动者。用人单位解除劳动合同的决定必须送达劳动者，否则，就意味着用人单位解除劳动合同的意思表示没有让劳动者知道，相应地双方之间的劳动关系就还没有解除。

第七，应通知工会。《劳动合同法》第 43 条规定，用人单位单方解除劳动合同，应当事先将理由通知工会。用人单位违反法律、行政法规规定或者劳动合同约定的，工会有权要求用人单位纠正。用人单位应当研究工会的意见，并将处理结果书面通知工会。

四、风险点：用人单位辞退员工未安排离职体检

用人单位在用工的过程中，要自始至终地重视职业病给用人单位和劳动者带来的负担。与普通的疾病相比，职业病往往更难治愈，对人的身体健康伤害更大，而用人单位要承担的责任也就更大，所以用人单位要注重从根源防治，也要注重员工的在职体检和离职体检。

【HR 防范策略】

第一，职业病危害相关预防和培训。对于从事接触职业病危害作业的劳动者，用人单位必须采用有效的职业病防护措施，并为劳动者提供个人使用的职业病防护用品。具体来说，用人单位应当对劳动者进行上岗前的职业卫生培训和在岗期间的定期职业卫生培训，普及职业卫生知识，督促劳动者遵守职业病防治法律、法规、规章和操作规程，指导劳动者正确使用职业病防护设备和个人使用的职业病防护用品。用人单位需要提供平台和条件，使劳动者能充分学习和掌握相关的职业卫生知识，增强职业病防范意识，遵守职业病防治法律、法规、规章和操作规程，正确使用、维护职业病防护设备和个人使用的职业病防护用品，并且设置相关制度，畅通劳动发现职业病危害事故隐患报告通道。

第二，建立职业健康监护档案。对从事接触职业病危害作业的劳动者，用人单位应当按照国务院卫生行政部门的规定，组织上岗前、在岗期间和离岗时的职业健康检查，并将检查结果书面告知劳动者。用人单位应当为劳动者建立职业健康监护档案，并按照规定的期限妥善保存。

第三，确保劳动者入职、在职、离职体检。如果存在劳动者不愿意做在职体检或者离职体检的情况，用人单位应当尽量说服劳动者进行体检。若是沟通无效应该保存劳动者主动放弃做体检的证据，以便发生争议时举证证明。

五、风险点：用人单位以未婚先孕为由解雇员工

根据《劳动合同法》第 42 条的规定，女职工在孕期、产期、哺乳期内，用人单位不能以《劳动合同法》的相关规定解除劳动合同。但劳动者被依法追究刑事责任的例外，《劳动合同法》第 39 条规定，劳动者被依法追究刑事责任的，用人单位可解除劳动合同。需要注意的是，未婚先孕可能违反人口与计划生育条例规定，但是并未达

到被追究刑事责任的程度。因此，单位不能仅以违法生育为由与未婚先孕的雇员解除劳动合同，即使该用人单位的规章制度中规定违法生育等违反计划生育规定的行为构成严重违反规章制度，这样的规定通常也会被认定为无效。因为这种规定违背了对于“三期”女职工、对于新生儿童特殊保护的法律精神和立法原则。用人单位也很难以严重违反规章制度为由解除与劳动者的劳动合同。

【HR 防范策略】

单位以“未婚先孕”为由辞退女职工，其实是一种违反劳动法规定的做法，可能会给单位带来向劳动者支付赔偿金的法律风险。劳动者虽然违反了计划生育相关规定，但这与解除劳动关系不构成因果关系，用人单位不具备对“未婚先孕”员工进行处理的权力。应当明确的是，即使有女职工未婚先孕，她与其他婚后怀孕的女职工一样，同样依法享有各项权利，同样受到《劳动法》等法律法规的保护。因此，用人单位不能以“未婚先孕”为由随意解除与女职工的劳动合同。

疑难解答

一、就用人单位角度而言，经济补偿金与赔偿金、代通知金有什么区别？

经济补偿金是在劳动合同解除或终止后，用人单位依法一次性支付给劳动者的经济上的补助，我国一般称为“经济补偿”。

赔偿金可能是用人单位向劳动者支付的，也可能是劳动者向用人单位支付的。就用人单位支付角度而言，赔偿金是用人单位出现违反《劳动合同法》的规定解除或者终止劳动合同劳动者不要求继续履行劳动合同或者劳动合同已经不能继续履行的，用人单位应当支付的，以 2 倍经济补偿金的标准赔付，也是俗称的“2N”。

代通知金，又称代替通知金，是我国台湾地区和香港特区的说法，通俗理解在大陆是“N＋1”中的“1”。一般来说，是在“无过失性辞退”中，用人单位未提前 30 日以书面形式通知劳动者本人的情况下，支付劳动者本人 1 个月工资后即可解除劳动合同的情形。《劳动合同法》对此有明确规定，只有在上述前提下且存在以下三种情况，才存在代通知金：(1) 劳动者患病或者非因工负伤，在规定的医疗期满后不能从事原工作，也不能从事由用人单位另行安排的工作的；(2) 劳动者不能胜任工作，经过培训或者调整工作岗位，仍不能胜任工作的；(3) 劳动合同订立时所依据的客观情况发生重大变化,致使劳动合同无法履行,经用人单位与劳动者协商,未能就变更劳动合同内容达成协议的。各地区对于代通知金有更进一步的规定。《北京市劳动合同规定》第 40 条规定,劳动合同期限届满前,用人单位应当提前 30 日将终止或者续订劳动合同意向以书面形式通知劳动者,经协商办理终止或者续订劳动合同手续。同时,第 47 条规定,用人单位违反本规定第 40 条规定,终止劳动合同未提前 30 日通知劳动者的,以劳动者上月日平均工资为标准,每延迟 1 日支付劳动者 1 日工资的赔偿金。

二、用人单位支付赔偿金后,还需要支付经济补偿金吗?

不需要,二者只取其一适用。《劳动合同法实施条例》就此问题作出了明确规定,用人单位违反《劳动合同法》的规定解除或者终止劳动合同,依照《劳动合同法》第 87 条的规定支付了赔偿金的,不再支付经济补偿。赔偿金的计算年限自用工之日起计算。

经济补偿是用人单位在依法解除劳动合同的情况下,根据法律规定支付给劳动者的补偿,而赔偿金是基于用人单位违法解除或终止劳动合同而对劳动者作出的赔偿,两者的性质和支付条件不同,简单来说,经济补偿金是用人单位行为合法情况下出现的,赔偿金是违法情况下出现的,解除或终止劳动合同不可能既合法又违法,因此不存在同时支付的问题。

三、用人单位以劳动者不能胜任工作为由非法解聘,能否同时索要代通知金和赔偿金?

不能要求公司同时支付代通知金和赔偿金。根据《劳动合同法》第 40 条的规定:“有下列情形之一的,用人单位提前三十日以书面形式通知劳动者本人或者额外支付劳动者一个月工资后,可以解除劳动合同:(一)劳动者患病或者非因工负伤,在规定的医疗期满后不能从事原工作,也不能从事由用人单位另行安排的工作的;(二)劳动者不能胜任工作,经过培训或者调整工作岗位,仍不能胜任工作的;(三)劳动合同订立时所依据的客观情况发生重大变化,致使劳动合同无法履行,经用人单位与劳动者协商,未能就变更劳动合同内容达成协议的。”即当用人单位依据上述三种情形解除劳动合同时,有权选择提前 30 日通知劳动者解除还是在通知解除时支付 1 个月的工资作为补偿。其中的 1 个月工资,也就是通常所说的代通知金，代通知金的支付与用人单位解除的事实依据及通知解除的时间密切相关，而支付赔偿金的法律依据为《劳动合同法》第48条的规定："用人单位违反本法规定解除或者终止劳动合同，劳动者要求继续履行劳动合同的，用人单位应当继续履行；劳动者不要求继续履行劳动合同或者劳动合同已经不能继续履行的，用人单位应当依照本法第八十七条规定支付赔偿金。"即主张赔偿金的事实依据是用人单位违法解除劳动合同。

总体来说，支付代通知金和赔偿金的法律依据不同，只有当用人单位依据《劳动合同法》第40条规定情形与劳动者合法解除劳动合同时，劳动者才可以要求支付解除劳动合同的代通知金；如果用人单位违法终止或解除劳动合同，劳动者才能要求其支付赔偿金；赔偿金的支付重于代通知金。因此，在公司非法解除劳动合同这一情形下，只能索要赔偿金而不能索要代通知金。

四、劳动者入职隐瞒婚姻状况被解雇能否获得赔偿金？

可以，用人单位若以此为由解除劳动合同，属于违法解除劳动合同情形，应给予劳动者赔偿金。用人单位招聘劳动者时有知情权，劳动者有如实说明的义务。[①] 但是，劳动者同样有隐私权，单位行使知情权是有范围限制的，即只有权了解劳动者与劳动合同直接相关的基本情况，如与岗位直接相关的知识技能、工作经历、就业现状等情况。一般情况下，劳动者的婚姻状况与工作岗位并无直接相关性，不属于订立劳动合同时能够引起欺诈意思的事由范围。

另外，根据《就业促进法》第27条规定，国家保障妇女享有与男子平等的劳动权利。用人单位招用人员，除国家规定的不适合妇女的工种或者岗位外，不得以性别为由拒绝录用妇女或者提高对妇女的录用标准。用人单位录用女职工，不得在劳动合同中规定限制女职工结婚、生育的内容。同时，关于入职隐瞒婚姻状况是否构成欺诈行为，要看婚姻状况是不是用人单位与劳动者签订劳动合同的必然要件，与所从事的工作岗位有没有必然联系，这些都是需要用人单位举证的，且就目前司法实践看，法院很难支持关于婚姻状况和工作有必然关联的主张。结婚属于个人私事，与劳动者所从事的工作岗位并无必然联系，那么该行为不能视为订立劳动合同的欺诈行为。

---

① 徐庆兵：《入职"隐婚"被解雇能否获得经济赔偿金》，载《江苏经济报》2021年5月19日版。

综上所述,入职隐瞒婚姻状况解除劳动合同没有法律依据。

五、用人单位违法解除劳动合同,赔偿金年限何时起算?

从用工之日起按照经济补偿标准的2倍向劳动者支付。根据《劳动合同法实施条例》第25条规定,用人单位违反《劳动合同法》的规定解除或终止劳动合同,依照《劳动合同法》第87条的规定支付了赔偿金的,不再支付经济补偿。赔偿金的计算年限自用工之日起计算。《劳动合同法》第87条规定,用人单位违反本法解除或者终止劳动合同的,应当依照本法第47条规定的经济补偿的2倍向劳动者支付赔偿金。依照上述规定,用人单位违反《劳动合同法》解除合同,应当按照经济补偿标准的2倍向劳动者支付赔偿金,且赔偿金的年限自用工之日起计算。

法条链接

1.《劳动合同法》(2012年12月28日修正)

第四十八条 用人单位违反本法规定解除或者终止劳动合同,劳动者要求继续履行劳动合同的,用人单位应当继续履行;劳动者不要求继续履行劳动合同或者劳动合同已经不能继续履行的,用人单位应当依照本法第八十七条规定支付赔偿金。

第八十条 用人单位直接涉及劳动者切身利益的规章制度违反法律、法规规定的,由劳动行政部门责令改正,给予警告;给劳动者造成损害的,应当承担赔偿责任。

第八十一条 用人单位提供的劳动合同文本未载明本法规定的劳动合同必备条款或者用人单位未将劳动合同文本交付劳动者的,由劳动行政部门责令改正;给劳动者造成损害的,应当承担赔偿责任。

第八十三条 用人单位违反本法规定与劳动者约定试用期的,由劳动行政部门责令改正;违法约定的试用期已经履行的,由用人单位以劳动者试用期满月工资为标准,按已经履行的超过法定试用期的期间向劳动者支付赔偿金。

第八十四条 用人单位违反本法规定,扣押劳动者居民身份证等证件的,由劳动行政部门责令限期退还劳动者本人,并依照有关法律规定给予处罚。

用人单位违反本法规定,以担保或者其他名义向劳动者收取财物的,由劳动行政部门责令限期退还劳动者本人,并以每人五百元以上二千元以下的标准处以罚款;给劳动者造成损害的,应当承担赔偿责任。

劳动者依法解除或者终止劳动合同,用人单位扣押劳动者档案或者其他物品的,依照前款规定处罚。

第八十六条 劳动合同依照本法第二十六条规定被确认无效,给对方造成损害的,有过错的一方应当承担赔偿责任。

第八十七条 用人单位违反本法规定解除或者终止劳动合同的,应当依照本法第四十七条规定的经济补偿标准的二倍向劳动者支付赔偿金。

第八十八条 用人单位有下列情形之一的,依法给予行政处罚;构成犯罪的,依法追究刑事责任;给劳动者造成损害的,应当承担赔偿责任:

(一)以暴力、威胁或者非法限制人身自由的手段强迫劳动的;

(二)违章指挥或者强令冒险作业危及劳动者人身安全的;

(三)侮辱、体罚、殴打、非法搜查或者拘禁劳动者的;

(四)劳动条件恶劣、环境污染严重,给劳动者身心健康造成严重损害的。

第八十九条 用人单位违反本法规定未向劳动者出具解除或者终止劳动合同的书面证明,由劳动行政部门责令改正;给劳动者造成损害的,应当承担赔偿责任。

第九十条 劳动者违反本法规定解除劳动合同,或者违反劳动合同中约定的保密义务或者竞业限制,给用人单位造成损失的,应当承担赔偿责任。

第九十一条 用人单位招用与其他用人单位尚未解除或者终止劳动合同的劳动者,给其他用人单位造成损失的,应当承担连带赔偿责任。

第九十二条 违反本法规定,未经许可,擅自经营劳务派遣业务的,由劳动行政部门责令停止违法行为,没收违法所得,并处违法所得一倍以上五倍以下的罚款;没有违法所得的,可以处五万元以下的罚款。

劳务派遣单位、用工单位违反本法有关劳务派遣规定的,由劳动行政部门责令限期改正;逾期不改正的,以每人五千元以上一万元以下的标准处以罚款,对劳务派遣单位,吊销其劳务派遣业务经营许可证。用工单位给被派遣劳动者造成损害的,劳务派遣单位与用工单位承担连带赔偿责任。

第九十三条 对不具备合法经营资格的用人单位的违法犯罪行为,依法追究法律责任;劳动者已经付出劳动的,该单位或者其出资人应当依照本法有关规定向劳动者支付劳动报酬、经济补偿、赔偿金;给劳动者造成损害的,应当承担赔偿责任。

第九十四条 个人承包经营违反本法规定招用劳动者,给劳动者造成损害的,发包的组织与个人承包经营者承担连带赔偿责任。

2.《违反〈劳动法〉有关劳动合同规定的赔偿办法》(1995年5月10日)

第四条 劳动者违反规定或劳动合同的约定解除劳动合同,对用人单位造成损失的,劳动者应赔偿用人单位下列损失:

(一)用人单位招收录用其所支付的费用;

(二)用人单位为其支付的培训费用,双方另有约定的按约定办理;

(三)对生产、经营和工作造成的直接经济损失;

(四)劳动合同约定的其他赔偿费用。

文书工具

《解除劳动关系赔偿协议》(见书尾文书工具附录,编号:NO.11)

第三节 违约金

实务精讲

一、违约金的概念及责任构成

违约金,是指根据法律规定或当事人的约定,一方当事人不履行或不适当履行合同时,向对方支付一定数额的金钱。根据《劳动合同法》第25条的规定,劳动者只有在违反服务期约定、保密义务和竞业限制约定时,用人单位才可以与劳动者约定由劳动者承担违约金。在《劳动合同法》实施之前,我国并未对违约金进行明确规定,导致在实践中用人单位常以高额违约金留住劳动者,损害劳动者的权利。

违约金责任构成需要满足以下要件:

(1)违约行为。违约行为的发生是劳动合同违约责任被承担,以及劳动合同违约金实现补偿的前提条件。为了保障劳动者及用人单位的合法权益,我国法律规定,劳动者与用人单位双方只在规定的特殊情况下可以约定由劳动者承担劳动合同违约责任,对于违约行为类型有明确规定。根据《劳动合同法》中关于违约金的相关规定,除非劳动者违反其在服务期间的约定或者违反竞业限制的规定,劳动者可能会因为劳动合同的约定而支付违约金。在一般情况下,用人单位不得与劳动者约定由劳动者来承担劳动合同违约责任,以及承担劳动合同违约金。

(2)主观过错。如果违约行为的发生是违约责任构成的前提,那么主观过错是劳动合同违约金责任构成的关键。无论是对于劳动者而言,还是对于用人单位而言,适用违约金责任都需要具有主观上的违约倾向,即违约过错,这也就排除了因不可抗力违约的情形。

二、与离职有关的违约金

(一)服务期违约金

《劳动合同法》第22条规定,用人单位为劳动者提供专项培训费用,对其进行专业技术培训的,可以与该劳动者订立协议,约定服务期。劳动者违反服务期约定的,应当按照约定向用人单位支付违约金。基于以上法律条文,用人单位欲追究劳动者违反服务期约定的违约金,应当具备以下条件:(1)用人单位为劳动者提供了专项培训费用。(2)双方约定了服务期。(3)劳动者违反了服务期约定。用人单位要求劳动者支付的违约金不得超过服务期尚未履行部分所应分摊的培训费用。

(二)竞业限制违约金

《劳动合同法》第23条规定,用人单位与劳动者可以在劳动合同中约定保守用人单位的商业秘密和与知识产权相关的保密事项。对负有保密义务的劳动者,用人单位可以在劳动合同或者保密协议中与劳动者约定竞业限制条款,并约定在解除或者终止劳动合同后,在竞业限制期限内按月给予劳动者经济补偿。劳动者违反竞业限制约定的,应当按照约定向用人单位支付违约金。基于以上法律条文,用人单位欲追究劳动者违反服务期约定的违约金,应当具备以下条件:(1)用人单位与劳动者在劳动合同或者保密协议中与劳动者约定了竞业限制条款。竞业限制条款应当明确竞业限制的范围、地域、期限和违反竞业限制的违约责任。(2)劳动者违反了竞业禁止条款。(3)劳动合同在解除或者终止后,用人单位在竞业限制期限内按月给予劳动者经济补偿。劳动者被竞业禁止期间,用人单位必须按不低于劳动者在职期间工资标准的一定比例（各地规定不同，一般是1/3，30%，或者50%）向劳动者支付经济补偿金，但月补偿标准不得低于当地最低工资水平。用人单位不向劳动者支付经济补偿金的，竞业禁止条款无效。除此之外，竞业限制的人员也是有限制的，《劳动合同法》第24条规定，竞业限制的人员限于用人单位的高级管理人员、高级技术人员和其他负有保密义务的人员。竞业限制的范围、地域、期限由用人单位与劳动者约定，竞业限制的约定不得违反法律、法规的规定。

案例说法

案例1：用人单位与劳动者约定违约金，不得违反法律的强制性规定

汪某原是北京某公司的员工，双方之间曾存在劳动关系。2012年1月1日，公司与汪某签订《非京籍员工落户办理协议书》（以下简称《落户协议》），约定由公司为汪某办理非北京户籍员工的落户手续等有关事宜，并约定了为期3年的管理服务期，自协议签订之日起计算。《落户协议》第8.2条载明，"非公司原因，汪某提出中断终止劳动合同的，汪某须向公司支付补偿金3万元"。2013年10月22日，汪某向公司提出辞职，并于2013年10月24日办理离职交接手续。公司主张其依据与汪某签订的《落户协议》的约定，为汪某办理了北京市户籍，因汪某违反协议约定向公司提出辞职，应依约向公司支付3万元违约金。对于该主张，汪某表示其系留学归国人员，享有相应的户籍优惠政策，仅需公司协助办理相应的手续。但是，公司一直拖延为其办理落户手续，并提出只有在其与公司签订协议后，公司方能予以协助。因此，汪某只能签署《落户协议》。汪某表示，公司无权就落户事宜向其收取违约金，故其不同意支付上述3万元违约金。

一审法院认为：本案中，公司与汪某签订《落户协议》第8.2条关于违约金的约定违反了《劳动合同法》第25条的规定，属于无效条款，对汪某不具有约束力。因此，法院对公司要求汪某支付未履行完毕服务期的3万元违约金的请求未予支持。

二审法院认为：公司与汪某建立劳动关系后，双方签订了书面劳动合同。双方在履行劳动合同中发生的权利义务相关争议，应受劳动法律规范调整。因此，公司关于本案应适用《劳动合同法》的上诉理由不能成立。法院认为，依据《劳动合同法》第25条规定，仅在用人单位向劳动者提供了专业技术培训，或用人单位与劳动者约定竞业限制义务的情形下，用人单位可以与劳动者约定违约金；除此之外，用人单位不得与劳动者约定由劳动者承担违约金。因此，本案中《落户协议》第8.2条的约定违反了《劳动合同法》的强制性规定，属于无效条款。因此，北京市第一中级人民法院判决驳回上诉，维持原判。

【裁判文书编号】

北京市第一中级人民法院(2014)一中民终字第5460号民事判决书

案例2：科技公司以专业培训为由，要求劳动者支付违约金

何某是某科技公司员工，任高级文员。双方订立了期限为2019年9月16日至2022年9月16日的《劳动合同》。2019年9月16日，双方签订《员工专项培训协议》，约定某科技公司向何某提供健康管理师的专业技术培训，培训时间为2019年9月23日至27日，专项培训费用为24,000元。培训期间，某科技公司委托其法定代表人担任培训师，通过让何某抄写其认为重要的健康管理师知识的方式完成培训。2019年10月9日，何某提交辞职申请书，劳动合同解除。

仲裁委员会认为：专业技术培训的目的是使劳动者能胜任更高层次或更加专业的工作，培训具有专业性和个体性。一般来讲，用人单位应当委托具有培训和教育资格的第三方进行培训，并且有第三方出具的货币支付凭证。本案中，何某的岗位是高级文员，日常工作不涉及健康咨询、指导，参加健康管理师培训不能为其带来与工作内容相关的特殊知识和技能；某科技公司的法定代表人作为培训师不具有培训和教育资格，未取得健康管理师证书，也不清楚考试日期、科目以及合格认定方式；在仲裁庭调查培训方式时，该法定代表人称"我觉得书上有用的知识就让何某抄在笔记本上"，亦未系统地向何某讲解传授知识。综上，某科技公司虽提交了员工专项培训协议、某科技公司向其工会支付培训费的凭证、何某抄写的载有健康管理师相关内容的笔记本予以证明培训费用及内容，但亦不足以证明其完成了健康管理师培训。故仲裁裁决驳回了某科技公司违约金的仲裁请求。

风险应对

一、风险点：用人单位违法设定违约金

现实中用人单位违反违约金相关法律规定的情形多样，如用人单位与劳动者约定如果在劳动期限内离职，应支付违约金；用人单位与劳动者约定，如果工作失职，应支付违约金；用人单位与劳动者约定，如果违反劳动纪律达到什么程度，应支付违约金。殊不知，劳动法规定，用人单位与劳动者之间，在法定范围之外，是不允许随意约定违约金的。即便约定在劳动合同中，也会因为违反法律的强制性规定而归于无效。

【HR 防范策略】

用人单位应依法设立由劳动者承担违约金的情形，不在法定范围内的不能随意设定，增加劳动者义务，应依法合理约定服务期和竞业限制内容，并依法承担应尽的义务，且不得与劳动者约定由劳动者承担违约金，以免给单位带来不必要的纠纷。

用人单位尤其应当注意将为劳动者许诺办理的户口作为违约金条款设置的这一情形。由于户口名额的特殊性与稀缺性，在实践中，部分用人单位以为劳动者办理落户事宜为条件，与劳动者约定服务期及违约金。但是，我国《劳动合同法》第 25 条明确规定，除劳动者违反培训服务期约定或竞业限制约定两种情形外，用人单位不得与劳动者约定由劳动者承担违约金。除此之外，《北京市高级人民法院、北京市劳动争议仲裁委员会关于劳动争议案件法律适用问题研讨会会议纪要》第 33 条也针对此类争议明确规定，“用人单位为其招用的劳动者办理了本市户口，双方据此约定了服务期和违约金，用人单位以双方约定为依据要求劳动者支付违约金的，不应予以支持。确因劳动者违反了诚实信用原则，给用人单位造成损失的，劳动者应当予以赔偿”。但是，用人单位证明劳动者违约对其造成的损失，往往面临一定难度，其要求由劳动者赔偿损失的主张在司法实践中较难得到仲裁委或法院支持。

如果该等违约金条款与培训服务期或竞业限制约定无关的，将极有可能因违反《劳动合同法》的禁止性规定而被仲裁委或法院认定为无效。

二、风险点：用人单位不支付竞业限制津贴，竞业限制违约金条款不生效

根据公平原则，劳动合同解除或终止后，因用人单位原因未支付竞业限制津贴，劳动者此后实施了竞业限制行为，应视为劳动者以其行为提出解除竞业限制约定，也就是此时竞业限制违约金条款不生效。实践中也有相关典型判例为此佐证，一个案件中用人单位未支付竞业限制津贴达 3 个月，后劳动者实施了竞业限制行为，此时用人单位要求劳动者承担违反竞业限制违约责任的，法院不予支持。

【HR 防范策略】

一般而言，只要竞业限制协议合法有效，即使用人单位未支付经济补偿，劳动者也应当履行竞业限制义务，但是由于经济补偿是履行竞业限制义务的对价，在签订竞业限制协议且竞业限制协议并未约定经济补偿，用人单位也未支付经济补偿的情形中，一般认为，劳动者可自由决定是否履行竞业限制义务，但如果劳动者决定不履行竞业限制义务，应当依法通知用人单位。如果劳动者履行了竞业限制义务，那么可以要求用人单位支付经济补偿。如果竞业限制协议已经约定了经济补偿，但用人单位未支付经济补偿超过 3 个月的，劳动者可请求解除竞业限制协议。

因此，如果用人单位拟让劳动者在劳动合同解除或终止后履行竞业限制义务，首先，需要与劳动者订立竞业限制协议；其次，在竞业限制协议中约定经济补偿的金额；最后，用人单位应当依法支付经济补偿，如未支付经济补偿，未支付的期间尽量不要超过 3 个月。

三、风险点：用人单位未提供专项培训服务，违约金不被支持

用人单位为劳动者提供专项培训费用，对其进行专业技术培训的，可以与该劳动者订立协议，约定服务期。劳动者违反服务期约定的，应当按照约定向用人单位支付违约金。但是，如果用人单位并未对劳动者提供专项培训服务，则违约金的事实基础也就不存在，此时主张违约金赔偿将很难得到法院的支持。

【HR 防范策略】

既然用人单位提供专项培训服务是用人单位主张劳动者支付违约金的重要前提之一，那么用人单位则应注重双方劳动合同中关于专项培训服务的约定。并且，用人单位对其完成了专业技术培训负举证责任，在培训过程中要注意收集相关证据。同时，此类违约金约定应当明确违约金数额不超过用人单位提供的培训费用。

除此之外,用人单位也应注意专项培训的必要性,专业技术培训是用人单位出于生产经营需要,对部分岗位或特殊岗位人员就专项技能或专项知识提供的专业性培训,区别于一般的职业培训。

疑难解答

一、用人单位以为劳动者提供了培训费用而要求支付违约金合法吗?

根据《劳动合同法》第 22 条的规定,用人单位为劳动者提供专项培训费用,对其进行专业技术培训的,可以与该劳动者签订协议,约定服务期。劳动者如果违反服务期约定,应当依照约定向用人单位支付违约金。而用人单位要求劳动者支付的违约金不能超过服务期尚未履行部分所应分摊的培训费用。

用人单位想要约定有效的违约金,一是要提供专项培训费,如找专业的培训机构进行培训并支付了费用;二是必须是专业技术培训,要有实质的培训内容,否则即使签订了相关的违约金协议,这种约定也没有法律效力。

二、用人单位能否与劳动者约定违反劳动合同期限的违约责任?

用人单位与劳动者径自约定劳动者违反劳动合同期限的违约金责任,约定无效。这主要是从保护劳动者权益的角度来看。用人单位与劳动者签订劳动合同时的地位不对等,用人单位往往利用劳动者急于获得工作岗位的心理,在劳动合同中加入不平等的条款,劳动者迫于生计不得已接受,其意思自治受到用人单位事实上的不正当影响。且劳动者具有劳动自由,任何公共机构、私人组织和个人都无权强迫劳动者劳动,约定违反劳动合同期限的违约责任显然有害于这种劳动自由。

而劳动法之所以允许劳动合同就劳动者竞业限制事项和服务期事项约定违约金,是因为用人单位就这两项事项事先有投入。例如,用人单位因出资培训而与劳动者签订服务期条款,劳动合同就此对劳动者的辞职约定违约金,不是为了惩罚劳动者或担保合同的履行,而是补偿因劳动者辞职给用人单位造成的损失。这样的违约金的约定具有一定的合理性。因此,如果用人单位没有相对应的特别对价(特殊福利待遇和承担保守商业秘密的竞业禁止经济补偿)支持,仅通过合同约定劳动者提前解除劳动合同应支付违约金,这种做法必然不具有合理性和合法性。

法条链接

1.《劳动合同法》(2012 年 12 月 28 日修正)

第二十二条 用人单位为劳动者提供专项培训费用,对其进行专业技术培训的,可以与该劳动者订立协议,约定服务期。

劳动者违反服务期约定的,应当按照约定向用人单位支付违约金。违约金的数额不得超过用人单位提供的培训费用。用人单位要求劳动者支付的违约金不得超过服务期尚未履行部分所应分摊的培训费用。

用人单位与劳动者约定服务期的,不影响按照正常的工资调整机制提高劳动者在服务期期间的劳动报酬。

第二十三条 用人单位与劳动者可以在劳动合同中约定保守用人单位的商业秘密和与知识产权相关的保密事项。

对负有保密义务的劳动者,用人单位可以在劳动合同或者保密协议中与劳动者约定竞业限制条款,并约定在解除或者终止劳动合同后,在竞业限制期限内按月给予劳动者经济补偿。劳动者违反竞业限制约定的,应当按照约定向用人单位支付违约金。

第二十五条 除本法第二十二条和第二十三条规定的情形外,用人单位不得与劳动者约定由劳动者承担违约金。

2.《劳动合同法实施条例》(2008 年 9 月 18 日)

第二十六条 用人单位与劳动者约定了服务期,劳动者依照劳动合同法第三十八条的规定解除劳动合同的,不属于违反服务期的约定,用人单位不得要求劳动者支付违约金。

有下列情形之一,用人单位与劳动者解除约定服务期的劳动合同的,劳动者应当按照劳动合同的约定向用人单位支付违约金:

(一)劳动者严重违反用人单位的规章制度的;

(二)劳动者严重失职,营私舞弊,给用人单位造成重大损害的;

(三)劳动者同时与其他用人单位建立劳动关系,对完成本单位的工作任务造成严重影响,或者经用人单位提出,拒不改正的;

（四）劳动者以欺诈、胁迫的手段或者乘人之危，使用人单位在违背真实意思的情况下订立或者变更劳动合同的；

（五）劳动者被依法追究刑事责任的。

文书工具

《竞业限制协议书》（见书尾文书工具附录，编号：NO. 12）

第四章

劳动争议处理

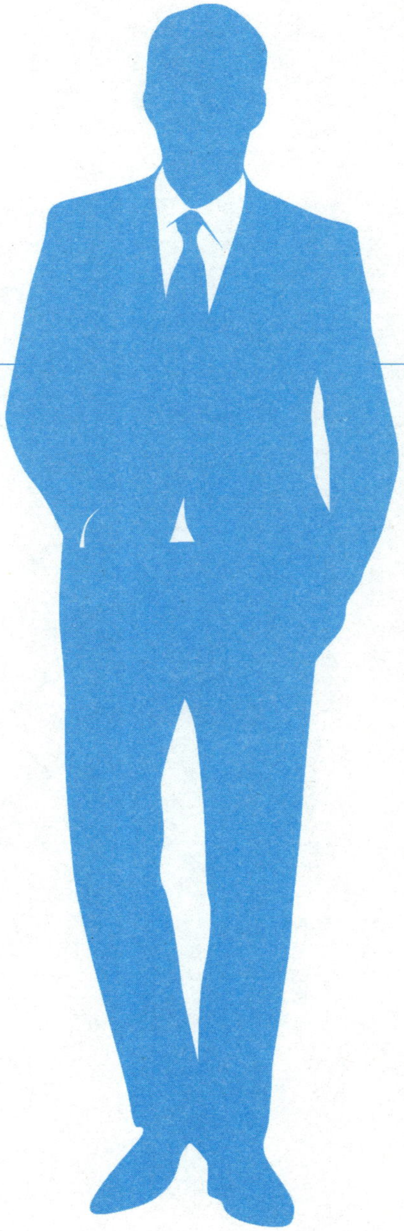

第一节　劳动争议协商程序

实务精讲

一、劳动争议协商的概念和特征

(一)劳动争议协商的概念

劳动争议协商,是指劳动纠纷发生后,用人单位与劳动者共同进行商谈并达成和解协议,进而解决争议的行为。广义的劳动争议协商存在于争议处理的各个阶段,争议发生后,劳动合同争议的双方进行商谈,并达成协议解决纠纷。狭义的协商,是指争议发生后劳动合同争议的双方依照法律的规定进行对话、商谈并达成协议,以解决纠纷的一种具有法律意义的制度。①

劳动争议协商是我国提倡的争议解决方式,劳动争议发生以后,用人单位可以和劳动者进行协商,但是协商并不是解决劳动争议的前置程序,协商不成,可以仲裁或诉讼。

(二)劳动争议协商的特征

1. 劳动合同争议协商是平等主体之间的协商

这里的平等是指法律意义上的平等,劳动合同争议双方在协商处理劳动合同纠纷时,平等地享有权利和承担义务。平等协商,又称劳资协商,是指劳动者与用人单位就有关企业生产经营和职工利益的事务,平等地交涉、对话和商讨,以实现相互理解和合作,并在可能的条件下达成一定协议的活动。从主体角度看,协商主体是劳动合同的当事人,当事人双方平等地享有权利和承担义务。另外,从合同相对性角度理解,进行协商解决的客体和内容在法律效果上必须是归属于当事人的,即劳动合同双方,平等协商意味着第三人权利不能由劳动合同当事人协商分配,更不能未

① 孙德强:《中国劳动争议处理制度研究》,中国法制出版社 2005 年版,第 57 页。

经第三人同意而要第三人承担责任，这种责任分配对第三人是完全没有法律效力的。

2. 劳动合同争议协商以双方当事人自愿为前提

劳动合同争议协商的自愿性，是指在合同双方当事人自愿互谅的基础上，根据法律、政策的规定以及当事人之间的约定进行相互磋商，本着事实求是、相互照顾的精神，通过相互之间的摆事实讲道理，力求通过协商达成和解协议，自行解决合同纠纷的一种方式。[①] 这意味着用人单位和劳动者出于意思自治，对于争议内容、争议解决的方式等方面达成一致，双方当事人是否同意协商以及对于协商的结果都不能强迫任何一方执行，给予双方当事人选择的自由和权利，由于该种解决争议的方式有利于稳定和谐的劳动关系，避免劳动纠纷，节约司法资源，值得提倡和运用。

3. 劳动合同争议协商在实施上的灵活性

劳动合同争议协商的灵活性，是指可以在法律规定的范围内就争议事项进行协商。当然，灵活性也不能违背法律的强制性规定的规范。也就是说，当事人可以自由选择协商的方式、协商的地点，在达成劳动合同争议协议后虽然要制定书面的协议书，但并不像仲裁、诉讼等要求固定的协议的制定形式。劳动合同争议协商是由争议双方当事人自主解决劳动争议的方式之一。

灵活性的特征能够使争议在较短的时间内得到妥善的解决，这也是劳动关系运行的内在需求，既有利于劳动者利益保护，也有利于用人单位利益，实现社会秩序平稳运行，柔性化原则是劳动纠纷处理的应有内涵，也是社会发展的需求。劳动关系的运行是劳动者就业和生存的依托，劳动合同争议处理旨在化解矛盾、消除障碍，以恢复和维持劳动关系的正常运行，保障劳动关系的稳定，以协商抵消对抗，尽可能避免劳动者因劳动合同争议处理而失业的结局。

劳动合同争议协商解决的灵活性，充分体现了我国现今解决劳动合同争议的社会基本理念。可以在争议处理过程中在当事人之间营造一个较为和谐的氛围，从而确保争议的和平处理。

二、劳动争议协商的形式

劳动纠纷的表现形式是多种多样的，劳动纠纷可能发生在单个劳动者与用人单

---

① 参见吴振国编著：《合同争议处理》，人民法院出版社 2000 年版，第 79 页。

位之间，也可能发生在多个劳动者与用人单位之间，还可能因集体合同而引起劳动争议等。纠纷表现形式的多样性要求劳动合同争议协商的形式也应当是多样灵活的。实践中，往往根据争议的具体情况以及解决的难易程度，把劳动合同争议协商分为以下三种形式：

（一）即时协商

即时协商适用于牵涉主体较少、情形较为简单的劳动合同争议。即时协商，是指在劳动争议发生后，劳动者和用人单位立即进行协商，并在短时间内达成和解以解决劳动争议的方式。适用于单个的劳动者或者少数几个劳动者与用人单位之间发生的简单的劳动合同争议，一般适用于人数不多的、情况简单的劳动争议，即争议事实清楚、内容简单、标的不大且解决难度较小。即时协商可以使双方当事人及时进行沟通，以利于争议能以最快的速度解决，使争议产生的影响最小化。因此，它是劳动合同争议协商中最常采用的形式。

（二）协商会议

协商会议常适用于发生争议的人数较多，或者争议比较复杂、标的较大的情况下，此时采用即时协商的形式并不能很好地解决纠纷。这种人数较多、情况复杂的劳动合同争议，争议双方可以采用以协商会议的形式进行协商。协商会议，是指劳动争议双方当事人的代表通过召开会议进行共同协商以解决争议的方式。就具体流程而言，进行会议协商之前，劳动者一方应选出参加协商的代表，如果有工会组织，也可以委托单位工会干部作为代表参加协商。协商会议的方式较即时协商的方式要正式，由双方代表在会议上陈述各自一方的观点和理由，并提出解决争议的方案。在协商会议的情形下，双方所达成的和解协议应为书面形式，这样能更好对所有当事人产生约束力。

（三）集体合同争议协商

集体合同争议一般有两种情况，一种情况是因签订集体合同而引发的争议，这种争议如果当事人双方协商不成，当事人一方或双方可以书面向劳动保障行政部门提出协调处理申请；另一种情况是因履行集体合同而引发的争议，这种情况下，当事人协商不成，可以向劳动争议仲裁委员会申请仲裁。经过仲裁后，如果对仲裁裁决不服，还可以提起诉讼。集体合同争议协商和解决集体合同争议密切相关。集体合同争议发生之后，用人单位与工会组织或者职工代表应当协商解决。双方应就争议的事项进行平等协商，如果经过协商达成了一致意见，应当制作协议书。协议书经工会和用人单位代表签字盖章后，即发生法律效力，用人单位和全体劳动者都应当受其约束。当然，协商会议形式也往往与该种解决方式叠加适用，共同用以解决复杂的劳动合同争议。

三、劳动争议协商的法律限制

第一，协商内容的限制。当事人协商应当在法律规定的范围内进行。当事人双方订立劳动合同时，劳动合同中必须包括劳动合同期限、工作内容、劳动保护和劳动条件、劳动报酬、劳动纪律、劳动合同终止的条件、违反劳动合同的责任这些内容，双方不得以意思自治为由自由约定其内容。凡违反法律法规的条款即使劳动合同双方当事人意见一致，也视为无效条款。比如，劳动法对于试用期的期限及工作时间有一些限制，当事人不能通过协商对这些限制进行突破。

第二，违反法律规定的协商可能导致合同的无效。如果签订的劳动合同缺少劳动合同期限、工作内容、劳动保护和劳动条件、劳动报酬、劳动纪律、劳动合同终止的条件、违反劳动合同的责任这七项中的任何一项而发生争议，双方能够在法律允许范围内就增加该条款的内容达成一致意见的，可以在原劳动合同的基础上进行添加，劳动合同继续有效；如果双方不能达成一致意见，则按照我国《劳动法》第 18 条的规定："下列劳动合同无效：（一）违反法律、行政法规的劳动合同；（二）采取欺诈、威胁等手段订立的劳动合同。无效的劳动合同，从订立的时候起，就没有法律约束力。确认劳动合同部分无效的，如果不影响其余部分的效力，其余部分仍然有效。劳动合同的无效，由劳动争议仲裁委员会或者人民法院确认。"申请仲裁或者提起诉讼，由劳动争议仲裁委员会或者人民法院确认该劳动合同的效力。

案例说法

案例 1：私自签订劳动争议和解协议无效

孙某系李某的员工，2007 年 7 月 7 日，孙某在工作时左手被机器压伤，随即被送往医院住院治疗。出院后,2人签订和解协议:(1)解除劳动关系。(2)李某一次性赔偿孙某损失3万元。2007年7月27日,孙某申请工伤认定,经九江市劳动能力鉴定委员会鉴定为七级伤残。随即,孙某向武宁县劳动争议仲裁委员会申请仲裁。2008年7月8日,武宁县劳动争议仲裁委员会作出了仲裁裁决书,认定李某在孙某未作劳动能力鉴定之前与孙某自行签订和解赔偿协议,规避了法定的责任和义务,该和解协议无效。李某未按法律规定参加工伤保险,应按《工伤保险条例》的规定支付孙某各项工伤待遇。裁决李某赔偿各项损失5万余元;解除双方的劳动关系。李某不服该裁决,向法院提起诉讼。

本案在审理过程中产生了两种分歧意见。

第一种意见认为,请求法院撤销仲裁裁决书,确认赔偿协议书有效。理由是:(1)仲裁委员会认定协议无效,系违反法律规定,超越职权。(2)根据《劳动争议调解仲裁法》第4条的规定,发生劳动争议,劳动者可以与用人单位协商,达成和解协议且已履行,该和解协议应为有效。李某不应再承担工伤赔偿责任。故武宁县仲裁委员会作出的仲裁裁决书是错误的。

第二种意见认为,在伤残鉴定之前,李某利用其优势地位,与孙某签订了和解协议,解除劳动关系。由于孙某无知,没有经验,而在未进行工伤认定和伤残鉴定前解除了劳动关系,其赔偿额远远低于《工伤保险条例》的标准,致使双方的权利义务关系显失公平,所以该和解协议无效。

法院认为,孙某因工受伤致残,依照《工伤保险条例》的规定应该享有工伤待遇权利。李某未按法律规定参加工伤保险,应当按《工伤保险条例》的规定向孙某支付各项工伤待遇。孙某发生工伤后,双方在未经劳动行政部门认定工伤和评定伤残等级的情况下,私下达成赔偿协议,导致赔偿数额显失公平,符合可撤销的民事法律规定。仲裁裁决书有权认定双方签订的协议无效。

案例2:因劳动者不具有完全民事行为能力,协商解除劳动合同无效

某公司于1997年7月与冯某建立劳动关系,并于2006年7月签订无固定期限劳动合同。2012年冯某多次向某公司提出辞职申请,经某公司做工作后放弃。2013年2月5日,冯某以"我已近不惑之年,如果不立即行动起来,恐怕有生之年就再也没有机会环游世界并实现自己的愿望了"为由,正式以书面形式向某公司提出解除劳动合同。同年3月6日,冯某再次向某公司提出解除劳动合同的书面申请,要求解除劳动合同。某公司遂同意其解除劳动合同申请,双方劳动合同于2013年3月15日解除。

冯某被他人发现精神不正常后,其父母于2013年7月31日将其送往医院治疗,经诊断为精神分裂症。2013年10月25日,冯某父母委托鉴定机构对冯某的病情及辞职时的民事行为能力进行鉴定,结论为:心境障碍,2013年2月5日至今为无民事行为能力人。2014年2月18日,冯某的监护人冯某敬以冯某的名义向湖北省劳动人事争议仲裁委员会申请仲裁,请求裁令:确认冯某与某公司之间解除劳动合同的行为无效,确认双方仍存在无固定期限劳动合同关系;某公司向冯某依法支付从2013年3月起至今的工资、福利等费用,办理社会保险等,工资每年63,000元,奖金每年10,000元,福利每年5000元,社会保险的办理和缴费从2013年3月起至今。

仲裁裁决结果:该委经过审理后,于2014年5月28日作出鄂劳人仲裁字[2014]150号仲裁裁决,确认某公司与冯某解除劳动合同的行为无效,双方劳动关系存续;某公司向冯某支付病假工资,为冯某缴纳医疗期内的社会保险费;驳回冯某的其他仲裁请求。

一审法院认为:十堰市张湾区人民法院受理宣告冯某为无民事行为能力案件中,法院委托的鉴定机构作出"冯某心境障碍,目前为治疗康复期,2013年2月5日前后至治疗康复期结束应为无民事行为能力"的鉴定结论,法院根据该结论宣告冯某为无民事行为能力人,足以证明冯某在2013年2月5日和同年3月6日向某公司申请辞职时是无民事行为能力的,无民事行为能力人实施的民事行为无效,无效的民事行为从行为开始起就没有法律约束力,某公司称冯某无证据证实在2013年2月5日辞职时无民事行为能力与事实不符,某公司基于冯某在无民事行为能力期间的申请作出的解除劳动合同的行为从行为开始起无效,故某公司主张确认该行为有效及双方不存在劳动关系的诉请无事实和法律依据,应不予支持。判决如下:一、确认某公司与冯某解除劳动合同的行为无效,双方劳动关系存续;二、某公司于判决生效之日起10日内支付冯某2013年4月至2014年9月的病假工资71,640元;三、驳回某公司的其他诉讼请求。

某公司不服上述判决,向武汉市中级人民法院提起上诉。二审法院认为:《民法通则》第13条第1款、第58条第1项规定,不能辨认自己行为的精神病人是无民事行为能力人,由他的法定代理人代理民事活动;无民事行为能力的自然人实施的民事行为无效。判断冯某解除劳动合同行为的效力应审查其作出该行为时是否为"不能辨认自己行为的精神病人”,根据《最高人民法院关于贯彻执行〈中华人民共和国民法通则〉若干问题的意见》第7条的规定,当事人是否患有精神病,应当根据司法精神病学鉴定或者参照医院的诊断、鉴定确定。本案中,冯某经医学诊断患有精神分裂症,其父母和湖北省十堰市张湾区人民法院分别委托鉴定机构作出的鉴定意见,均为冯某自2013年2月5日为无民事行为能力,某公司并无证据推翻鉴定机构作出的鉴定意见,因此,认定冯某解除劳动合同行为为无效的民事行为事实依据充分。某公司的上诉理由均不能成立,遂判决如下:

一、维持湖北省武汉经济技术开发区人民法院(2014)鄂武经开民初字第01142号民事判决第二项、第三项;二、变更湖北省武汉经济技术开发区人民法院(2014)鄂武经开民初字第01142号民事判决第一项为:确认某公司与冯某解除劳动合同的行为无效。

【裁判文书编号】

湖北省武汉市中级人民法院(2014)鄂武汉中民商终字第01547号民事判决书

风险应对

一、风险点:劳动争议协商仅与劳动者代表协商

劳动争议协商是用人单位与劳动者就劳动争议达成的一致意见,如果用人单位仅仅与劳动者代表进行协商,容易出现协商不成的后果,浪费人力、物力。

【HR防范策略】

由于每个劳动者针对劳动争议有不同的预期和诉求,在用人单位与劳动者代表协商时,难免兼顾不了所有劳动者的利益。实践中,很多用人单位为了简化流程,仅仅与劳动者代表进行协商,导致最后部分劳动者不满协商结果,协商失败。因此,用人单位在进行劳动者协商时,注意关注和听取每位劳动者的诉求,针对不同诉求单独达成协议。

二、风险点:制定和解协议拖延

当用人单位与劳动者达成口头协议后应尽快制定和解协议,以将结果固定下来,若未签订书面的和解协议,一旦劳动者后悔,用人单位将不能按照协商一致的结

果进行处理。

【HR 防范策略】

虽然和解协议本身并不具备强制执行力，用人单位或者劳动者任何一方不按照和解协议履行都无法申请法院强制执行（这就提醒用人单位与劳动者协商时，注意劳动者的个人诉求，保证协商的公平平等），但是一旦和解协议达成，对双方当事人就具有一定的约束力，因此，在双方口头达成和解时，尽快签订书面的和解协议具有一定的必要性。

三、风险点：用人单位与劳动者的和解协议被认定为无效或被撤销

根据《劳动争议调解仲裁法》第 4 条的规定，发生劳动争议，劳动者可以与用人单位协商，也可以请工会或者第三方共同与用人单位协商，达成和解协议。由本法条可知，首先，用人单位与劳动者进行协商基于双方自愿，可以协商也可以不协商，此并非诉讼的前置程序；其次，劳动争议当事人在协商形式方面也有一定的自主权，可以自己进行协商，也可以请工会或者第三方共同与用人单位协商，充分保障了劳动者的权利。根据《最高人民法院关于审理劳动争议案件适用法律问题的解释（一）》第 35 条的规定，劳动者与用人单位就解除或者终止劳动合同办理相关手续、支付工资报酬、加班费、经济补偿或者赔偿金等达成的协议，不违反法律、行政法规的强制性规定，且不存在欺诈、胁迫或者乘人之危情形的，应当认定有效。前款协议存在重大误解或者显失公平情形，当事人请求撤销的，人民法院应予支持。可见，劳资双方达成的和解协议可能会被认定为无效，或存在可被撤销的情形。

【HR 防范策略】

实务中，各地对这种“私了”协议的法律效力认定不一，如广州市中级人民法院曾于 2010 年发布《民事审判若干问题的解答》“第三部分劳动争议案件”的第 5 条中说明，工伤事故发生后，如果劳资双方就赔偿数额达成协议并履行，事后劳动者反悔的，经审查不存在欺诈、显失公平的情形，则应尊重当事人意思自治，认可其效力；而北京地区则采取了更为严格的规定，《北京市高级人民法院、北京市劳动争议仲裁委员会关于劳动争议案件法律适用问题研讨会会议纪要（一）》第 30 条第 2 款就规定，如果劳动者以双方商定的给付标准低于法定标准为由，在仲裁时效内请求用人单位补足差额的，应予以支持。

正因为实践中存在不同的司法裁判观点，用人单位在“私了”问题上更应慎重，

建议在伤残等级鉴定后、各项赔偿待遇明确后，双方再自愿协商达成协议，并最好通过各级调解机构形成调解书，以免在支付了赔偿款后再度发生争议和纠纷。同时建议用人单位最好不要低于法定标准进行赔偿。

操作指引

一、用人单位与劳动者协商的技巧①

1. 用人单位需保证协商的公平平等。用人单位与劳动者在劳动关系中存在天然的不对等性，这种不对等性在协商的过程中会使劳动者不信任，从而引发矛盾，无法进行协商与和解。用人单位在协商的过程中要尽量保证协商的公平平等，在协商环境的选择上，尽量避免在人力资源办公室或各级领导、管理人员的办公室中，而应该设定在会议室当中；在用人单位协商代表的选派上，应选择在用人单位内部人际关系好、服众、性格温和的管理人员或选择与协商相对人关系融洽的管理人员；在协商的过程中，应当充分尊重劳动者的权利，保持宽容开放的态度，听取劳动者的意见，让劳动者感受到公平平等。

2. 用人单位应与每位劳动者进行协商。用人单位针对有多名劳动者的群体劳动争议，应当与每位劳动者单独进行协商和解。群体劳动争议因争议内容大致相似，实践中很多用人单位为了简化流程只与劳动者代表进行谈判，最后协商效果一般很不理想。每位劳动者有自身不同的预期和诉求，劳动者代表在协商的过程中并不能兼顾所有劳动者的诉求，牺牲一部分劳动者的利益而又未获得理解会导致协商失败，不能达成和解。故用人单位应当分别与每位劳动者进行协商，耐心听取每位劳动者的诉求，对特殊诉求的劳动者可与其单独达成和解协议。

3. 及时签订和解协议，将协商结果进行固定。用人单位与劳动者达成的口头协商一致的意见，用人单位应当及时签订书面的和解协议固定协商结果。如未签订书面的和解协议，一旦劳动者反悔，用人单位会承担举证不能的不利后果，不能按照协商一致的意见执行。需要注意的是，和解协议不具备法律上的强制力，用人单位或者劳动者任一方不按照和解协议的内容执行都无法直接申请法院强制执行。任一

① 何泽华编著：《人力资源管理法律实操全流程演练——实战案例版》，中国铁道出版社2018年版。

方不履行和解协议内容，另一方可以向仲裁委提起劳动仲裁，和解协议可以作为定案证据。

4. 协商与和解程序贯穿整个劳动争议始终，如在劳动仲裁或审判阶段达成和解的，用人单位可以申请仲裁委或法院按照和解协议制作调解书。根据《最高人民法院关于人民法院民事调解工作若干问题的规定》，用人单位以及劳动者在诉讼过程中达成和解协议的，可以申请人民法院依法确认和解协议制作调解书，法院依据和解协议出具的调解书具有强制力。

二、制作和解协议的注意事项[①]

与劳动者就劳动争议协商一致后，用人单位应当起草和解协议书。为了防止因和解协议书无效、被撤销或约定不清而被劳动者索要二次赔偿，用人单位在制作和解协议书时应当注意以下事项：

1. 和解协议应避免排除当事人权利。很多用人单位在拟定和解协议时为了避免劳动者另行申请仲裁或诉讼，在协议中添加了“签订本协议后，劳动者不得再向劳动部门进行投诉或申请仲裁、诉讼”，甚至添加了违约金条款。这种条款限制了劳动者的合法权益，申请仲裁和提起诉讼属于公法中的权利，不属于民事权利义务，当事人不能自由处分。协议约定当事人任何一方不得再提起诉讼、仲裁违反了法律规定，该约定的内容无效。

2. 和解协议应避免约定显失公平。个别用人单位在与劳动者签订协议时，利用劳动者不懂法的特点与劳动者签订的和解协议的赔偿金额明显低于依法应进行补偿的数额，订立的和解协议显失公平。用人单位在工伤认定和伤残等级鉴定作出前与劳动者达成工伤赔偿协议，若该协议的赔偿款项显著低于劳动者应当享有的工伤保险待遇，一般应认为是显失公平的协议，用人单位这种行为是对劳动者权益的重大损害，使应当承担赔偿责任的用人单位从中受益，违背了公平原则。

3. 和解协议应避免约定不完整、不明确。用人单位在与劳动者签订和解协议前，应当全面审查与该劳动者的争议风险点，包括但不限于工资、加班、带薪休假、产假工资、工伤、经济补偿金、竞业限制金等，尽量做到穷尽列举劳动者可能获得的赔偿项目。另外在和解协议最后应设定兜底条款，以避免和解协议约定不完整、不明

① 何泽华编著：《人力资源管理法律实操全流程演练——实战案例版》，中国铁道出版社 2018 年版。

确导致劳动者不履行和解协议另行仲裁要求赔偿的法律风险。和解协议的兜底条款可以表述为“在用人单位按照本协议约定支付全部款项后，用人单位与劳动者双方的所有争议即告终结，双方再无任何劳动争议和经济纠纷，双方不得再以任何理由和方式向对方主张权利”。

疑难解答

一、劳动争议协商的期限是多久？

关于协商期限法律没有作出硬性规定，但就解决争议角度而言，一方当事人提出协商要求后，另一方当事人应当积极作出口头或者书面回应。5日内不作出回应的，视为不愿协商，则可以诉诸仲裁或者法律诉讼途径解决。协商的期限也可以由当事人书面约定，在约定的期限内没有达成一致的，视为协商不成，当然，当事人协商一致，也可以书面约定延长期限。

二、用人单位与劳动者签订的和解协议具有什么效力？

只要是双方自愿协商、依法订立的和解协议，对双方都具有约束力。发生劳动争议，当事人协商达成一致，应当签订书面和解协议。双方达成和解协议后，一方当事人在约定的期限内不履行和解协议的，可以依法向调解委员会或者乡镇、街道劳动就业社会保障服务所（中心）等其他依法设立的调解组织申请调解。除此之外，也可以依法向劳动人事争议仲裁委员会申请仲裁。和解协议对双方当事人具有约束力，当事人应当履行。经仲裁庭审查，和解协议程序和内容合法有效的，仲裁庭可以将其作为证据使用。需要注意的是，当事人为达成和解的目的作出妥协，基于这种妥协对所涉及的争议事实的认可，不得在其后的仲裁中作为对其不利的证据，这样规定也是为了尽可能推动和解协议的达成和履行。

三、劳动者与用人单位在解除劳动关系时就工资结算等达成的协议是否合法有效？

只要不存在法定无效情形，都应当尊重双方意思自治，肯定其效力。劳动争议解决的途径是多样化的，应当鼓励劳动者与用人单位自行协商处理，且双方在解除或者终止劳动关系时进行工作交接，就工资结算、经济补偿支付等达成协议并不违反法律规定。除劳动者有证据证明存在欺诈、胁迫、乘人之危或者重大误解、显失公平的情形，应当尽量认定此类协议合法有效。对协议效力“一刀切”地否定，会挫伤用人单位与劳动者协商解决问题的积极性，也会助长劳动者不诚实信用、恶意诉讼的风气，与所倡导的社会主义核心价值观相背离，弱化劳资双方解决矛盾纠纷的能力，导致司法资源的不当使用。

但需要注意的是，用人单位与劳动者签署此类协议时应当履行诚实磋商的义务，不得利用其优势地位损害劳动者的合法权益，利用优势地位损害劳动者合法利益的协议内容并不能免除用人单位的法定责任。同时，劳动者应当明晰自身权益，审慎签署协议，只要协议内容不违反法律、行政法规的强制性规定，且不存在欺诈、胁迫或者乘人之危情形，劳动者再反悔或者拒绝履行协议义务的，仲裁机构一般不再支持。

法条链接

1.《劳动争议调解仲裁法》(2008 年 5 月 1 日)

第三条 解决劳动争议，应当根据事实，遵循合法、公正、及时、着重调解的原则，依法保护当事人的合法权益。

第四条 发生劳动争议，劳动者可以与用人单位协商，也可以请工会或者第三方共同与用人单位协商，达成和解协议。

第五条 发生劳动争议，当事人不愿协商、协商不成或者达成和解协议后不履行的，可以向调解组织申请调解；不愿调解、调解不成或者达成调解协议后不履行的，可以向劳动争议仲裁委员会申请仲裁；对仲裁裁决不服的，除本法另有规定的外，可以向人民法院提起诉讼。

2.《企业劳动争议协商调解规定》(2012 年 1 月 1 日)

第八条 发生劳动争议，一方当事人可以通过与另一方当事人约见、面谈等方式协商解决。

第九条 劳动者可以要求所在企业工会参与或者协助其与企业进行协商。工会也可以主动参与劳动争议的协商处理，维护劳动者合法权益。

劳动者可以委托其他组织或者个人作为其代表进行协商。

第十条 一方当事人提出协商要求后，另一方当事人应当积极做出口头或者书面回应。5日内不做出回应的，视为不愿协商。

协商的期限由当事人书面约定，在约定的期限内没有达成一致的，视为协商不成。当事人可以书面约定延长期限。

第十一条 协商达成一致，应当签订书面和解协议。和解协议对双方当事人具有约束力，当事人应当履行。

经仲裁庭审查，和解协议程序和内容合法有效的，仲裁庭可以将其作为证据使用。但是，当事人为达成和解的目的作出妥协所涉及的对争议事实的认可，不得在其后的仲裁中作为对其不利的证据。

第十二条 发生劳动争议，当事人不愿协商、协商不成或者达成和解协议后，一方当事人在约定的期限内不履行和解协议的，可以依法向调解委员会或者乡镇、街道劳动就业社会保障服务所（中心）等其他依法设立的调解组织申请调解，也可以依法向劳动人事争议仲裁委员会（以下简称仲裁委员会）申请仲裁。

文书工具

《劳动争议和解协议书》（见书尾文书工具附录，编号：NO. 13）

第二节　劳动争议调解程序

实务精讲

一、劳动争议调解的概念

劳动争议调解，是指用人单位与劳动者发生劳动争议时，在人民法院、人民调解委员会等有关组织的主持下，自愿协商，达成一致，解决纠纷的办法。调解的形式可以采用口头形式也可以采用书面形式。根据《人民调解法》的规定，经人民调解委员会调解达成的调解协议具有法律约束力，当事人应当按照约定履行。双方当事人认为有必要的，可以自调解协议生效之日起30日内共同向人民法院申请司法确认，经确认有效的调解协议，权利人可以在一方当事人未完全履行或者拒绝履行时申请法院强制执行。

调解不是劳动合同争议的必经程序。一旦发生争议，当事人选择或不选择调解，完全取决于当事人的自愿。当事人不愿意调解或者调解不成的，可直接向劳动争议仲裁委员会申请仲裁，而且调解达成的协议不具有强制执行力，经调解达成协议的，调解协议没有强制其履行的法律效力。

二、劳动争议调解的原则

1. 自愿原则

自愿原则即劳动争议双方基于双方自愿申请调解，主要包括两个方面的内容，即实体上的自愿和程序上的自愿。实体上的自愿主要体现在内容方面，是指对于调解协议的内容必须体现当事人的真实意思，是双方当事人处分权的体现；程序上的自愿主要体现在形式上，是当事人选择解决争议的方式自由。根据《劳动法》第79条规定，劳动争议发生后，当事人一方可以向用人单位劳动争议调解委员会申请调解，也可以直接向劳动争议仲裁委员会申请仲裁，对仲裁裁决不服的，可以向人民法院提起诉讼。

2. 合法原则

合法原则即劳动争议调解委员会进行的调解在程序上和实体上不得违背国家法律法规等规定，不得损害国家、集体或者其他人的合法权益。简单来说就是以事实为依据，以法律为准绳。

关于“以事实为依据”，通过证据的收集和运用得以证明且为劳动争议调解委员会所认定的事实，如证据收集和运用充分得当，则该事实与“客观事实”应是一致的；如不充分、不得当，则两者就有差异，对于纠纷的解决就会产生不利影响。因此，证据的收集和运用对于事实认定乃至整个纠纷的解决都非常重要。

“以法律为准绳”主要包括三个方面：首先是找到与该劳动合同争议相关的规定，这需要在浩如烟海的法律条文中搜寻查找；其次对相关法律的理解，法律文本是书面的、形式的，和具体的现实中存在差距，这种差距就需要理解和解释，即对于找到的法律条文，我们应当如何理解其含义的问题，对同一条法律的不同理解正是争议双方的分歧所在，在司法裁判中对法律条文的理解也直接影响案件胜负的结果；最后是有关法律的适用，即这些法律能否适用于系争案件并作为判案的法律依据，适用问题设计方方面面，包括法的效力问题，不同层级的法律法规，其优先性不同，效力也有所差异，不同法律之间还可能出现冲突，如何化解冲突也关乎适用问题。因此，法律的理解和适用与事实认定同等重要。

3. 不公开进行原则

根据《企业劳动争议协商调解规定》第 24 条的规定，调解委员会调解劳动争议一般不公开进行。但是，双方当事人要求公开调解的除外。

三、劳动争议调解的机构

（一）用人单位劳动争议调解委员会

企业劳动争议调解委员会是企业内部解决劳动争议的机制。1993 年国务院通过的《企业劳动争议处理条例》第 7 条规定，企业可以设立劳动争议调解委员会，调解委员会负责调解本企业发生的劳动争议。1994 年制定的《劳动法》肯定了这一制度。根据《劳动法》第 77 条、《劳动争议调解仲裁法》第 5 条、《企业劳动争议协商调解规定》第 21 条的规定，用人单位与劳动者发生劳动争议，当事人可以申请调解。用人单位可以设立劳动争议调解委员会负责调解企业内部发生的劳动争议。我国的国有企业、中外合资经营企业、中外合作经营企业以及外商独资企业在与劳动者发生劳动争议后，一般都由内部设立的劳动争议调解委员会对劳动争议进行调解和处理。

《企业劳动争议协商调解规定》规定，大中型企业应当依法设立企业劳动争议调解委员会，并配备专职或者兼职工作人员。有分公司、分店、分厂的企业，可以根据需要在分支机构设立调解委员会。总部调解委员会指导分支机构调解委员会开展劳动争议预防调解工作。调解委员会可以根据需要在车间、工段、班组设立调解小组。小微型企业可以设立调解委员会，也可以由劳动者和企业共同推举人员，开展调解工作。用人单位未按照《企业劳动争议协商调解规定》成立调解委员会，劳动争议或者群体性事件频发，影响劳动关系和谐，造成重大社会影响的，由县级以上人力资源和社会保障行政部门予以通报；违反法律法规规定的，依法予以处理。该规定细化了用人单位调解委员会的设置，从而在制度上切实加强了用人单位劳动争议调解委员会的建设。

(二)依法设立的基层人民调解组织

基层人民调解组织是我国解决民间纠纷的组织。1989 年 6 月国务院制定的《人民调解委员会组织条例》对人民调解制度进一步加以完善,使人民调解成为解决社会矛盾,维护社会稳定的有力手段。根据该条例的规定,人民调解委员会是村民委员会和居民委员会下设的调解民间纠纷的群众性组织,在基层人民政府和基层人民法院指导下进行工作。除了村民委员会、居民委员会设立的人民调解组织外,根据 2002 年 9 月司法部颁布的《人民调解工作若干规定》的规定,乡镇、街道可以设立人民调解委员会,企业事业单位根据需要也可以设立人民调解委员会,根据需要还可以设立区域性、行业性的人民调解委员会。目前,全国 98% 的乡镇、街道已设立了人民调解组织,在调解民间纠纷方面发挥了重要作用。

为了发挥人民调解组织的作用,解决劳动争议调解力量不足的问题,一些地方探索将劳动争议调解纳入人民调解组织的职能范围,取得了很好的效果。[①] 如深圳市宝安区西乡社区在街道人民调解委员会中设立调解中心,依托调解中心,将人民调解员、司法调解员、治安调解员、劳动争议仲裁员以及律师、法律志愿者等力量进行整合,从 2006 年 7 月到 2007 年 9 月,西乡驻劳动服务站人民调解室共调解劳动争议 910 件,调解成功率达 94%。深圳市 2005 年通过人民调解解决劳动争议 4129 件,2006 年为 17,149 件,2007 年上半年为 7817 件,分别占调解纠纷总数的 17%、34.9% 和 29.7%。北京市劳动和社会保障部门与司法行政部门通过协商,建立了主要依托于基层司法所的 25 个劳动争议调解中心,为及时解决劳动争议发挥了很好的作用。

(三)在乡镇、街道设立的具有劳动争议调解职能的组织

在乡镇、街道设立劳动争议调解组织,是一些经济发达地区为了解决劳动争议的实际需要而设立的区域性的调解组织。[②] 据全国总工会统计,2006 年全国共设立

---

① 李援:《〈中华人民共和国劳动争议调解仲裁法〉条文释义与案例精解》,中国民主法制出版社 2012 年版。

② 李援:《〈中华人民共和国劳动争议调解仲裁法〉条文释义与案例精解》,中国民主法制出版社 2012 年版。

区域性、行业性劳动争议调解组织1.1万个,受理劳动争议案件10.2万件,调解成功8.3万件,占81%。区域性的劳动争议调解组织一般由地方政府部门或者地方工会参与,与企业调解委员会相比,地位超脱,调解员与企业没有利害关系,调解更有权威性,从实践看,区域性、行业性劳动争议调解组织作用发挥较好,成效明显。但是,由于没有统一的法律规范,各地组织形式不同。目前,在乡镇、街道设立的具有劳动争议调解职能的组织主有两种模式,一种是依托于乡镇劳动服务站的调解组织,另一种是依托于地方工会的调解组织。

1. 依托于乡镇劳动服务站的调解组织。一些地方设立了乡镇、街道劳动服务站具有劳动争议调解职能。如宁波市鄞州区钟公店街道设立的劳动和社会事务管理服务站,有3名从事劳动关系协调处理的人员,2005年处理各类劳动争议案件202件,涉及金额258.6万元。自1999年以来全市各级劳动争议处理机构共办理的劳动争议案件17.67万件中,村级劳动争议调解办公室承担了68%的调解处理任务。

2. 依托于地方工会的调解组织。近年来,一些地方在小型非公有制企业和外商投资企业比较集中的乡镇、街道、开发区或社区,由地方工会、政府和企业代表组织等组成区域性、行业性劳动争议调解组织,调解本区域重大疑难劳动争议、集体劳动争议以及未建立劳动争议调解委员会的企业发生的劳动争议。区域性、行业性劳动争议调解组织对解决劳动争议也发挥了积极作用。

案例说法

案例1:劳动争议调解协议可申请法院进行司法确认

新罗区人民法院于2014年1月10日受理了申请人张某某与申请人某挖掘机有限公司劳动争议调解协议确认案,该纠纷经龙岩市总工会调解,双方自愿达成如下协议:一、申请人某挖掘机有限公司与申请人张某某的劳动关系于2013年12月31日解除(相关离职手续双方应互相配合及时办理)。二、申请人某挖掘机有限公司应给付申请人张某某2013年12月工资2600元,该款应于工资支付日照常发放至申请人张某某工资账户,涉及缴纳个人所得税及其他费用的,由申请人某挖掘机有限公司代扣代缴。三、申请人某挖掘机有限公司一次性支付申请人张某某经济补偿金8200元,该款申请人某挖掘机有限公司于双方办结全部工作交接手续后10日内以转账方式支付给申请人张某某。四、申请人张某某自愿放弃其他权利，不再向申请人某挖掘机有限公司主张任何权利。五、申请人张某某应对在申请人某挖掘机有限公司任职期间所知悉的商业秘密予以严格保密，不得向任何第三方披露；不得以任何方式影响、干扰申请人某挖掘机有限公司及某集团工作场所的正常工作秩序。如申请人张某某违反上述职责义务之一的，申请人某挖掘机有限公司有权不再支付补偿款；已经支付的，申请人某挖掘机有限公司有权追回。六、上述协议是申请人某挖掘机有限公司、张某某的真实意思表示，不存在恐吓、胁迫和重大误解及显失公平等情形。上述协议，不违反法律规定，依照《民事诉讼法》第195条之规定，裁定如下：申请人张某某与申请人某挖掘机有限公司达成的上述劳动争议调解协议合法有效。

【裁判文书编号】

福建省龙岩市新罗区人民法院(2014)龙新调确字第34号

案例2：劳动争议案件，用人单位与员工在法院的主持下达成调解，法院作出民事调解书

某公司成立于2020年7月13日，公司成立后谢某权随即入职了某公司并签订了劳动合同，岗位为货车司机，劳动合同期限自2020年7月20日起至2021年7月19日止。2021年9月4日，谢某权离开公司，自此未再回公司上班。随后，谢某权便向东莞市劳动人事争议仲裁院高埗仲裁庭申请仲裁，要求某公司支付违法解除劳动合同赔偿金，未签书面合同的2倍工资及未发工资等。仲裁庭于2021年12月13日作出东劳人仲院高埗庭案字[2021]379号仲裁裁决书，裁决双方劳动关系已于2021年9月4日解除，某公司仅需向谢某权支付2021年3~9月工资，并驳回了谢某权的其他仲裁请求。但是，该仲裁裁决的应付工资并未扣减案外人某工程集团第一工程有限公司代某公司向谢某权支付的2021年6~8月工资数额，双方均对该裁决不服，均提起诉讼。

在一审诉讼过程中，在法院的主持下，双方达成调解，某公司向谢某权支付55,000元了结本案，双方确认劳动关系已解除。某公司在2022年6月10日之前督促黄某桃将粤S1C×××车辆变更登记至谢某权名下，谢某权应对变更登记提供必要的协助；如粤S1C×××车辆未能在上述期限内变更登记至谢某权名下，则谢某权有权向法院申请强制执行，要求某公司一次性支付违约金50,000元。

【裁判文书编号】

广东省东莞市第一人民法院(2022)粤1971民初1902号民事调解书

操作指引

一、调解流程

根据《企业劳动争议调解委员会组织及工作规则》的规定和实践中调解委员会的做法,劳动争议调解方式主要包括简易调解和会议调解。前者主要适用于一些事实比较清楚、双方权利义务关系明晰且争议标的不大的简单劳动争议。后者是使用得较多的一种方式,会议调解由调解委员会主任主持召开,劳动者和用人单位参加。在这里主要介绍会议调解的程序:

1. 调解会议的开始。一般先由调解员宣布调解会议开始,此时须讲明调解会议的内容和目的,并应核对双方当事人身份,宣布调解委员会组成人员,告知双方当事人权利义务以及回避事项等。

根据《企业劳动争议调解委员会组织及工作规则》第19条的规定,调解委员会成员是劳动争议当事人或者当事人近亲属的,或与劳动争议有利害关系的,或与劳动争议当事人有其他关系,可能影响公正调解的,当事人有权要求该成员回避。申请人申请回避可以用口头方式提出,也可以用书面方式提出。调解委员会对回避申请应及时作出决定,并以口头或书面方式通知当事人。调解委员的回避由调解委员会主任决定;调解委员会主任的回避,由调解委员会集体研究决定。

2. 申请人陈述申请事项、理由和调解的请求。这一阶段,申请人可以就争议事实提出自己的调解要求,并结合调解要求出示自己所掌握的相应的证据。

3. 被申请人进行答辩。被申请人针对对方提出的申请事项及所列明的证据,有条理地进行反驳,充分发表自己的答辩意见。在2、3过程中调解委员会应当保持中立态度,全面倾听,并合理安排调解发言,敦促调解进度。

4. 调解委员会提出调解建议。通过申请人陈述,被申请人答辩环节,调解人对于事实应当有了较为充分的了解,此时应当结合相关法律法规、劳动合同约定及用人单位规章制度,作出符合公平正义的调解建议。调解委员会的建议应当不偏不倚,充分考虑双方利益,尤其是劳动者合法权益,不能违反法律强制性规定,这一环节对调解协议达成并得到履行具有积极推动作用。

5. 当事人协商。协商是自愿原则的重要体现，尽管在上一环节调解委员会提出了自己的建议，但是调解协议最终能否达成还是取决于当事人之间的合意，自己才是自己的最佳发言人，最能代表自身的合法利益，也能尽最大努力为自身合法权益做争取，这是调解协议能否达成并履行的关键。当然，当事人可以协商是否接受调解协议，不受任何组织、个人的强迫。

6. 达成调解协议。经过上述各环节，调解步入尾声，调解结束有两种结果：达成调解协议和调解失败。

(1)调解达成协议的，应当制作调解协议书，调解协议书具体格式可以参考本节后附的文书工具，重点关注写清楚各主体相关信息。需要明确的是，调解协议本身并不具有法律约束力，但出于信誉、道德等的考虑，再有违背调解协议必然使矛盾升级，可能诉诸法律途径，对双方当事人而言都是时间成本、金钱成本的增加，因此双方当事人应自觉履行调解协议。和一般调解协议不同，当事人违反调解协议并不承担违反该协议的法律责任，所承担的是其发生在劳动争议中所应承担的法律责任。

(2)调解不成的，也应作记录，并在调解意见书上说明情况，由调解委员会主任签名、盖章，并加盖调解委员会印章，调解意见书一式三份。申请人撤回调解、当事人自行和解等都能成为调解失败的原因，这都是当事人意愿的表现，应予以充分尊重，包括调解委员会在内的任何第三方都不得以任何理由加以强迫。

《企业劳动争议调解委员会组织及工作规则》第 18 条规定："调解委员会调解劳动争议，应当自当事人申请调解之日起三十日内结束。到期未结束的，视为调解不成。"调解委员会应当自当事人申请调解之日起 30 日内结束调解工作。严格规定调解工作的期限，可以防止调解工作效率低下，耽误劳动者或用人单位的时间，影响其正当权益的及时维护。

7. 调解协议的履行。调解协议没有法律上的强制力，不能强制履行，当一方当事人不履行调解协议，调解委员会并没有强制其履行的权力，另一方当事人也不能以此调解协议向人民法院申请强制执行。当然，自由并非无限制的，即当事人应自觉履行调解协议，任何一方不得随意变更或撤销。《劳动法》第 80 条第 2 款规定："劳动争议经调解达成协议的，当事人应当履行。"除此之外，在调解协议达成后，可以通过司法确认程序，将调解协议效力升级为调解书，从而具有强制执行的法律效力。

二、调解协议的司法确认程序

由于调解协议未经司法确认或人民法院作出民事调解书，只是具有合同性质，不具有强制执行力，仅靠争议双方当事人的自觉遵守，为了避免一方当事人不完全履行或者拒绝履行调解协议的内容，可以进行调解协议的司法确认程序。

1. 期限。劳动调解协议达成后，双方当事人认为有必要的，应当在调解协议生效之日起30日内共同向人民法院申请司法确认，或直接请求人民法院作出民事调解书。

2. 管辖法院。当事人应共同向拥有管辖权的基层人民法院提出，一方当事人提出申请，另一方表示同意的，视为共同提出申请。当事人可以在书面调解协议中选择当事人住所地、调解协议履行地、调解协议签订地、标的物所在地基层人民法院管辖，但不得违反专属管辖的规定。

3. 形式。当事人提出确认申请可采用书面或口头形式，当事人口头提出申请的，人民法院应当记录笔录。

4. 材料。当事人提出申请，应当向人民法院提交以下材料：司法确认申请书；调解协议书；身份证明等。

经确认的调解协议、民事调解书具有强制执行力，可免除劳资双方的后顾之忧。

疑难解答

一、调解协议具有什么效力？

调解协议本身并不具有法律上的强制执行效力，但是如果一方当事人不履行调解协议的，纠纷回到未解决状态，另一方当事人可依法走仲裁或诉讼的法律途径。

最高人民法院于2009年7月24日发布《最高人民法院关于建立健全诉讼与非诉讼相衔接的矛盾纠纷解决机制的若干意见》（以下简称《纠纷解决意见》），规定：

（1）经《劳动争议调解仲裁法》规定的调解组织调解达成的劳动争议调解协议，由双方当事人签名或者盖章，经调解员签名并加盖调解组织印章后生效，对双方当事人具有合同约束力，当事人应当履行；

（2）双方当事人可以不经仲裁程序，根据《纠纷解决意见》关于司法确认的规定直接向人民法院申请确认调解协议效力。人民法院不予确认的，当事人可以向劳动争议仲裁委员会申请仲裁。

根据《劳动争议调解仲裁法》第 16 条的规定，因支付拖欠劳动报酬、工伤医疗费、经济补偿或者赔偿金事项达成调解协议，用人单位在协议约定期限内不履行的，劳动者可以持调解协议书依法向人民法院申请支付令。人民法院应当依法发出支付令。

二、调解有哪些期限限制？

1. 申请期限。当事人应当自知道或应当知道其权利被侵害之日起 30 日内，以口头或书面形式向调解委员会提出申请，并填写《劳动争议调解申请书》。对于口头申请的形式，《劳动争议调解仲裁法》规定，调解组织应当当场记录申请人基本情况、申请调解的争议事项、理由和时间。

2. 受理期限。调解委员会接到调解申请后，应当征询对方当事人的意见，对方当事人不愿意调解的，应作出记录，在 3 日内以书面形式通知申请人。调解委员会应在 4 日内作出受理或不受理申请的决定，对不受理的，应向申请人说明理由。

3. 调解期限。《劳动争议调解仲裁法》第 14 条规定，自劳动争议调解组织收到调解申请之日起 15 日内未达成调解协议的，当事人可以依法申请仲裁。《企业劳动争议协商调解规定》规定，调解委员会调解劳动争议，应当自受理调解申请之日起 15 日内结束。但是双方当事人同意延期的可以延长，注意，相较于《劳动争议调解仲裁法》，《企业劳动争议协商调解规定》有可延长的规定，更符合实务要求。

三、当事人在调解程序中的权利和义务有哪些？

在调解程序中，当事人有如下权利和义务：

（1）有权提出调解申请和请求，有权拒绝调解。《劳动法》第 79 条规定："劳动争议发生后，当事人可以向本单位劳动争议调解委员会申请调解；调解不成，当事人一方要求仲裁的，可以向劳动争议仲裁委员会申请仲裁。当事人一方也可以直接向劳动争议仲裁委员会申请仲裁。对仲裁裁决不服的，可以向人民法院提起诉讼。"《企业劳动争议调解委员会组织及工作规则》第 14 条规定："当事人申请调解，应当自知道或应当知道其权利被侵害之日起三十日内，以口头或书面形式向调解委员会提出，并填写《劳动争议调解申请书》。"第 15 条第 1 款规定："调解委员会接到调解申请后,应征询对方当事人的意见,对方当事人不愿调解的,应作好记录,在三日内以书面形式通知申请人。”

(2)有权申请调解委员会成员回避。《企业劳动争议调解委员会组织及工作规则》第 19 条规定:“调解委员会成员有下列情形之一者,当事人有权以口头或书面形式申请,要求其回避:(一)是劳动争议当事人或者当事人近亲属的;(二)与劳动争议有利害关系的;(三)与劳动争议当事人有其他关系,可能影响公正调解的。调解委员会对回避申请应及时作出决定,并以口头或书面形式通知当事人。调解委员的回避由调解委员会主任决定;调解委员会主任的回避,由调解委员会集体研究决定。”

(3)有权参加调解会议,陈述自己的请求、理由,提供证据和辩论。《企业劳动争议调解委员会组织及工作规则》第 17 条第 3 项规定:“调解委员会应听取双方当事人对争议事实和理由的陈述,在查明事实、分清是非的基础上,依照有关劳动法律、法规,以及依照法律、法规制定的企业规章和劳动合同,公正调解。”

(4)有权接受或拒绝调解意见。《企业劳动争议调解委员会组织及工作规则》第 17 条规定:“……(四)经调解达成协议的,制作调解协议书,双方当事人应自觉履行,协议书应写明争议双方当事人的姓名(单位、法定代表人)、职务、争议事项、调解结果及其他应说明的事项,由调解委员会主任(简单争议由调解委员)以及双方当事人签名或盖章,并加盖调解委员会印章,调解协议书一式三份(争议双方当事人、调解委员会各一份);(五)调解不成的,应作记录,并在调解意见书上说明情况,由调解委员会主任签名、盖章,并加盖调解委员会印章,调解意见书一式三份(争议双方当事人、调解委员会各一份)。”

(5)有权直接申请劳动争议仲裁委员会仲裁。《劳动法》第 79 条规定:“……当事人一方也可以直接向劳动争议仲裁委员会申请仲裁。对仲裁裁决不服的,可以向人民法院提起诉讼。”《企业劳动争议调解委员会组织及工作规则》也规定了当事人在调解过程中的义务,该规则第 20 条规定:“劳动争议当事人应遵守调解纪律,维护调解秩序,不得激化矛盾。在调解过程中故意伤害调解委员的,按照《中华人民共和国治安管理处罚条例》的有关规定处理;情节严重构成犯罪的,由司法机关依法追究刑事责任。”此外,当事人还应尽到如实陈述的义务,保证举证真实,不得弄虚作假等。

法条链接

1.《劳动争议调解仲裁法》(2008 年 5 月 1 日)

第二条 中华人民共和国境内的用人单位与劳动者发生的下列劳动争议,适用本法:

(一)因确认劳动关系发生的争议;

(二)因订立、履行、变更、解除和终止劳动合同发生的争议;

(三)因除名、辞退和辞职、离职发生的争议;

(四)因工作时间、休息休假、社会保险、福利、培训以及劳动保护发生的争议;

(五)因劳动报酬、工伤医疗费、经济补偿或者赔偿金等发生的争议;

(六)法律、法规规定的其他劳动争议。

第十条 发生劳动争议,当事人可以到下列调解组织申请调解:

(一)企业劳动争议调解委员会;

(二)依法设立的基层人民调解组织;

(三)在乡镇、街道设立的具有劳动争议调解职能的组织。

企业劳动争议调解委员会由职工代表和企业代表组成。职工代表由工会成员担任或者由全体职工推举产生,企业代表由企业负责人指定。企业劳动争议调解委员会主任由工会成员或者双方推举的人员担任。

第十一条 劳动争议调解组织的调解员应当由公道正派、联系群众、热心调解工作,并具有一定法律知识、政策水平和文化水平的成年公民担任。

第十二条 当事人申请劳动争议调解可以书面申请,也可以口头申请。口头申请的,调解组织应当当场记录申请人基本情况、申请调解的争议事项、理由和时间。

第十三条 调解劳动争议,应当充分听取双方当事人对事实和理由的陈述,耐心疏导,帮助其达成协议。

第十四条 经调解达成协议的,应当制作调解协议书。

调解协议书由双方当事人签名或者盖章,经调解员签名并加盖调解组织印章后生效,对双方当事人具有约束力,当事人应当履行。

自劳动争议调解组织收到调解申请之日起十五日内未达成调解协议的,当事人可以依法申请仲裁。

第十五条 达成调解协议后，一方当事人在协议约定期限内不履行调解协议的，另一方当事人可以依法申请仲裁。

第十六条 因支付拖欠劳动报酬、工伤医疗费、经济补偿或者赔偿金事项达成调解协议，用人单位在协议约定期限内不履行的，劳动者可以持调解协议书依法向人民法院申请支付令。人民法院应当依法发出支付令。

2.《企业劳动争议协商调解规定》(2012年1月1日)

第十三条 大中型企业应当依法设立调解委员会，并配备专职或者兼职工作人员。

有分公司、分店、分厂的企业，可以根据需要在分支机构设立调解委员会。总部调解委员会指导分支机构调解委员会开展劳动争议预防调解工作。

调解委员会可以根据需要在车间、工段、班组设立调解小组。

第十四条 小微型企业可以设立调解委员会，也可以由劳动者和企业共同推举人员，开展调解工作。

第十五条 调解委员会由劳动者代表和企业代表组成，人数由双方协商确定，双方人数应当对等。劳动者代表由工会委员会成员担任或者由全体劳动者推举产生，企业代表由企业负责人指定。调解委员会主任由工会委员会成员或者双方推举的人员担任。

第二十一条 发生劳动争议，当事人可以口头或者书面形式向调解委员会提出调解申请。

申请内容应当包括申请人基本情况、调解请求、事实与理由。

口头申请的，调解委员会应当当场记录。

第二十六条 经调解达成调解协议的，由调解委员会制作调解协议书。调解协议书应当写明双方当事人基本情况、调解请求事项、调解的结果和协议履行期限、履行方式等。

调解协议书由双方当事人签名或者盖章，经调解员签名并加盖调解委员会印章后生效。

调解协议书一式三份，双方当事人和调解委员会各执一份。

第二十七条 生效的调解协议对双方当事人具有约束力，当事人应当履行。

双方当事人可以自调解协议生效之日起15日内共同向仲裁委员会提出仲裁审

查申请。仲裁委员会受理后，应当对调解协议进行审查，并根据《劳动人事争议仲裁办案规则》第五十四条规定，对程序和内容合法有效的调解协议，出具调解书。

第二十八条 双方当事人未按前条规定提出仲裁审查申请，一方当事人在约定的期限内不履行调解协议的，另一方当事人可以依法申请仲裁。

仲裁委员会受理仲裁申请后，应当对调解协议进行审查，调解协议合法有效且不损害公共利益或者第三人合法利益的，在没有新证据出现的情况下，仲裁委员会可以依据调解协议作出仲裁裁决。

第二十九条 调解委员会调解劳动争议，应当自受理调解申请之日起15日内结束。但是，双方当事人同意延期的可以延长。

在前款规定期限内未达成调解协议的，视为调解不成。

第三十条 当事人不愿调解、调解不成或者达成调解协议后，一方当事人在约定的期限内不履行调解协议的，调解委员会应当做好记录，由双方当事人签名或者盖章，并书面告知当事人可以向仲裁委员会申请仲裁。

第三十一条 有下列情形之一的，按照《劳动人事争议仲裁办案规则》第十条的规定属于仲裁时效中断，从中断时起，仲裁时效期间重新计算：

（一）一方当事人提出协商要求后，另一方当事人不同意协商或者在5日内不做出回应的；

（二）在约定的协商期限内，一方或者双方当事人不同意继续协商的；

（三）在约定的协商期限内未达成一致的；

（四）达成和解协议后，一方或者双方当事人在约定的期限内不履行和解协议的；

（五）一方当事人提出调解申请后，另一方当事人不同意调解的；

（六）调解委员会受理调解申请后，在第二十九条规定的期限内一方或者双方当事人不同意调解的；

（七）在第二十九条规定的期限内未达成调解协议的；

（八）达成调解协议后，一方当事人在约定期限内不履行调解协议的。

3.《最高人民法院关于建立健全诉讼与非诉讼相衔接的矛盾纠纷解决机制的若干意见》（2009年7月24日）

14. 对属于人民法院受理民事诉讼的范围和受诉人民法院管辖的案件，人民法院在收到起诉状或者口头起诉之后、正式立案之前，可以依职权或者经当事人申请后，委派行政机关、人民调解组织、商事调解组织、行业调解组织或者其他具有调解职能的组织进行调解。当事人不同意调解或者在商定、指定时间内不能达成调解协议的，人民法院应当依法及时立案。

15. 经双方当事人同意，或者人民法院认为确有必要的，人民法院可以在立案后将民事案件委托行政机关、人民调解组织、商事调解组织、行业调解组织或者其他具有调解职能的组织协助进行调解。当事人可以协商选定有关机关或者组织，也可商请人民法院确定。

调解结束后，有关机关或者组织应当将调解结果告知人民法院。达成调解协议的，当事人可以申请撤诉、申请司法确认，或者由人民法院经过审查后制作调解书。调解不成的，人民法院应当及时审判。

16. 对于已经立案的民事案件，人民法院可以按照有关规定邀请符合条件的组织或者人员与审判组织共同进行调解。调解应当在人民法院的法庭或者其他办公场所进行，经当事人同意也可以在法院以外的场所进行。达成调解协议的，可以允许当事人撤诉，或者由人民法院经过审查后制作调解书。调解不成的，人民法院应当及时审判。

开庭前从事调解的法官原则上不参与同一案件的开庭审理，当事人同意的除外。

17. 有关组织调解案件时，在不违反法律、行政法规强制性规定的前提下，可以参考行业惯例、村规民约、社区公约和当地善良风俗等行为规范，引导当事人达成调解协议。

18. 在调解过程中当事人有隐瞒重要事实、提供虚假情况或者故意拖延时间等行为的，调解员可以给予警告或者终止调解，并将有关情况报告委派或委托人民法院。当事人的行为给其他当事人或者案外人造成损失的，应当承担相应的法律责任。

19. 调解过程不公开，但双方当事人要求或者同意公开调解的除外。

从事调解的机关、组织、调解员，以及负责调解事务管理的法院工作人员，不得披露调解过程的有关情况，不得在就相关案件进行的诉讼中作证，当事人不得在审判程序中将调解过程中制作的笔录、当事人为达成调解协议而作出的让步或者承诺、调解员或者当事人发表的任何意见或者建议等作为证据提出，但下列情形除外：

（一）双方当事人均同意的；

（二）法律有明确规定的；

（三）为保护国家利益、社会公共利益、案外人合法权益，人民法院认为确有必要的。

4.《深圳市人力资源和社会保障局、中共深圳市委政法委员会关于进一步加强专业性劳动争议调解工作的意见》（2018年9月13日）

三、加强专业性劳动争议调解组织建设

整合政府、企业、社会力量，完善"区—街道—社区（工业园区）—企业、行业商会（协会）"四级调解网络，不断提高专业性劳动争议调解组织的覆盖面。

（一）完善区级劳动争议调解服务平台建设

各区根据实际确定劳动争议调解部门，牵头构建劳动争议调解平台，负责统筹和组织实施全区劳动争议调解工作，完善全区劳动争议调解工作规则、运行机制、业务培训、组织和队伍管理，对全区各劳动争议调解职能部门开展工作进行监督指导。

（二）完善街道劳动争议调解组织建设

各街道以负责劳动争议调解的部门为基础建立健全街道劳动争议调解中心，负责辖区社区、企业劳动争议调解委员会组建，落实业务、组织和队伍管理等相关工作。加强与区有关部门协作，引入人民调解和社工力量。发挥街道综治信访维稳中心和劳动争议调解中心作用，实现街道综治信访维稳中心与街道劳动办（劳动保障事务所）、人民调解委员会有效对接，就地化解劳动争议。

（三）建立社区（工业园区）劳动争议调解委员会

社区（工业园区）设立劳动争议调解委员会，在加强人民调解和劳动争议调解组织建设的基础上，进一步完善人民调解与劳动争议调解有机衔接机制，形成合力，促进劳动关系和谐稳定。积极推进购买社工服务工作，发动社会力量进行建设。融合人民调解、劳动争议调解和社工力量，推动社区（工业园区）劳动争议调解工作，为辖区企业和劳动者提供劳动法律法规咨询和劳动争议调解服务。

（四）推动企业劳动争议调解委员会和行业商会（协会）劳动争议调解组织建设

坚持劳动争议调解社会化方向，突出源头预防，发挥企业劳动争议调解委员会和行业商会（协会）劳动争议调解委员会预防化解本企业、行业内劳动争议调解主体作用。

5.《江苏省高级人民法院、江苏省劳动争议仲裁委员会关于适用〈中华人民共和国劳动争议调解仲裁法〉若干问题的意见》（2008年10月10日）

第一条　拖欠劳动报酬争议的仲裁时效，适用《调解仲裁法》第二十七条第四款的规定。但克扣工资争议的仲裁时效为自用人单位书面明示拒绝支付劳动者工资之日起计算一年。

第二条 《调解仲裁法》第二十七条第二款中的"有关部门"是指劳动争议调解组织、劳动保障行政部门、信访部门等。

当事人主张仲裁时效中断的，应对其主张承担举证责任。

文书工具

《劳动争议调解协议书》(见书尾文书工具附录，编号：NO. 14)

第三节 劳动争议仲裁程序

实务精讲

一、劳动争议仲裁的概念和特征

劳动争议仲裁，是指劳动争议仲裁委员会对当事人申请仲裁的劳动争议进行居中裁决与公断。劳动争议仲裁是诉讼的前置程序，未经仲裁，不可直接向法院起诉。①

劳动争议仲裁具有以下特征：

(一)公平公正性

劳动争议仲裁具有公平公正性，该属性具体体现在四个方面：其一，劳动争议仲裁委员会是和劳动争议无利害关系的第三人，由其担任仲裁人以第三方介入的形式保证了公平公正；其二，仲裁委员会组成上具有公平公正属性，法律规定劳动争议仲裁委员会必须由来自劳动行政部门、用人单位和工会组织的三方代表组成，三方代

① 何泽华：《人力资源管理法律实操》，中国铁道出版社2018年版，第299页。

表由于具有专业知识和经验，能反映各自利益方的情况，这从中立性、专业性两方面保证了争议的公正处理；其三，劳动合同双方当事人地位平等，具有独立的法律人格；其四，仲裁程序中的具体制度，如回避制度、合议制度以及仲裁员的聘任制度等，均切实有效地保证了劳动争议仲裁的公平公正属性。

（二）独立性

劳动争议仲裁委员会的独立性，是指在仲裁劳动合同争议的过程中，不受任何行政机关、企事业单位和个人的干涉，它只依照有关的仲裁程序和法律、法规的规定进行仲裁，特别强调劳动争议仲裁委员会相对于劳动行政部门和人民法院的独立性，它不是劳动行政部门的下属部门，也不受人民法院裁判影响。我国《仲裁法》第14条规定，仲裁委员会独立于行政机关，与行政机关没有隶属关系，行政机关不能对仲裁委员会和仲裁庭的仲裁活动实施干预，不能插手审理仲裁案件并对仲裁裁决施加影响。第15条规定，中国仲裁协会是社会团体法人，仲裁委员会是中国仲裁协会的会员，中国仲裁协会是仲裁委员会的自律性组织。

（三）具有法律约束力

劳动争议仲裁是具有法律约束力的裁决，这一点和调解协议不同。当事人对劳动争议裁决应当自觉履行，除不服裁决者向人民法院起诉外，劳动争议当事人应及时履行仲裁裁决。如果当事人既不起诉又不执行仲裁裁决，享有权利的当事人可以依法申请人民法院强制执行。裁决的法律约束力还体现在裁决一经生效，非依法律法定程序，任何人不得变更，否则应承担法律责任。

二、劳动争议仲裁的受案范围

根据《劳动争议调解仲裁法》的规定，劳动争议仲裁调解委员会仅受理劳动争议案件，依据本法第2条规定，中华人民共和国境内的用人单位与劳动者发生的下列劳动争议，适用本法：第一，因确认劳动关系发生的争议；第二，因订立、履行、变更、解除和终止劳动合同发生的争议；第三，因除名、辞退和辞职、离职发生的争议；第四，因工作时间、休息休假、社会保险、福利、培训以及劳动保护发生的争议；第五，因劳动报酬、工伤医疗费、经济补偿或者赔偿金等发生的争议；第六，法律、法规规定的其他劳动争议。

根据《最高人民法院关于审理劳动争议案件适用法律问题的解释(一)》第2条规定,下列纠纷不属于劳动争议:劳动者请求社会保险经办机构发放社会保险金的纠纷;劳动者与用人单位因住房制度改革产生的公有住房转让纠纷;劳动者对劳动能力鉴定委员会的伤残等级鉴定结论或者对职业病诊断鉴定委员会的职业病诊断鉴定结论的异议纠纷;家庭或者个人与家政服务人员之间的纠纷;个体工匠与帮工、学徒之间的纠纷;农村承包经营户与受雇人之间的纠纷。

三、劳动争议仲裁的时效

根据《劳动争议调解仲裁法》第27条的规定,一般来说,劳动争议申请仲裁的时效期间为1年。仲裁时效期间从当事人知道或者应当知道其权利被侵害之日起计算。若劳动关系存续期间因拖欠劳动报酬发生争议的,劳动者申请仲裁不受本条第1款规定的仲裁时效期间的限制;但是,劳动关系终止的,应当自劳动关系终止之日起1年内提出。因当事人一方向对方当事人主张权利,或者向有关部门请求权利救济,或者对方当事人同意履行义务而中断。从中断时起,仲裁时效期间重新计算。因不可抗力或者有其他正当理由,当事人不能在本条第1款规定的仲裁时效期间申请仲裁的,仲裁时效中止。从中止时效的原因消除之日起,仲裁时效期间继续计算。

时效中断的法定事由主要有三种:第一,向对方当事人主张权利,如劳动者向用人单位讨要被拖欠的工资或者经济补偿;第二,向有关部门请求权利救济,如劳动者向劳动监察部门或者工会反映用人单位违法要求加班,请求保护休息权利;也可以向劳动争议调解组织申请调解;第三,对方当事人同意履行义务,如劳动者向单位讨要被拖欠的工资,用人单位答应支付。时效中断,仲裁时效重新起算,已经进行的仲裁时效期间归于消灭。

时效中止的法定事由主要有两种:第一,不可抗力,即不能预见、不能避免并且不能克服的客观情况,如发生特大自然灾害、地震等;第二,其他正当理由,即除不可抗力之外的阻碍权利人行使请求权的客观事实,如权利人为无民事行为能力人或限制民事行为能力人而无法定代理人,或其法定代理人死亡或丧失民事行为能力等。中止是暂停计算仲裁时效,待事由消除,时效继续进行。

四、劳动争议仲裁的管辖原则

劳动争议仲裁管辖,是指各级劳动争议仲裁委员会之间、同级劳动争议仲裁委员会之间，在受理劳动争议案件上的分工和权限。在劳动争议仲裁委员会的仲裁管辖问题上，主要应遵循如下四个原则：

（一）地域管辖

《劳动争议调解仲裁法》第21条规定，劳动争议仲裁委员会负责管辖本区域内发生的劳动争议。劳动争议由劳动合同履行地或者用人单位所在地的劳动争议仲裁委员会管辖。双方当事人分别向劳动合同履行地和用人单位所在地的劳动争议仲裁委员会申请仲裁的，由劳动合同履行地的劳动争议仲裁委员会管辖。

《劳动人事争议仲裁办案规则》第8条规定，劳动合同履行地为劳动者实际工作场所地，用人单位所在地为用人单位注册、登记地或者主要办事机构所在地。用人单位未经注册、登记的，其出资人、开办单位或主管部门所在地为用人单位所在地。案件受理后，劳动合同履行地和用人单位所在地发生变化的，不改变争议仲裁的管辖。有多个劳动合同履行地的，由先受理的仲裁委员会管辖。

（二）级别管辖

在实务中，各地通过制定相关的规范性文件来确定本地的级别管辖，比如，上海市劳动和社会保障局在《关于调整本市劳动争议仲裁管辖的通知》中，对于市劳动争议仲裁委员会以及区县劳动争议仲裁委员会管辖的案件范围作了区分，上海市劳动争议仲裁委员会管辖下列劳动争议案件：(1)注册资金1000万美元以上（或者相当于1000万美元以上）的本市外商独资企业和劳动者发生的劳动争议案件；(2)本市企业与其取得合法就业资格的外籍人员、台港澳人员和定居国外人员发生的劳动争议案件；(3)有重大影响的劳动争议案件。各区、县劳动争议仲裁委员会管辖本行政区域内除由市劳动争议仲裁委员会管辖以外的劳动争议案件。

（三）移送管辖

《劳动人事争议仲裁办案规则》第9条规定，如果劳动争议仲裁委员会发现所受理的劳动争议案件不属于本会管辖时，应当移送有管辖权的仲裁委员会，并书面通知当事人。移送管辖可以发生在同级行政区域设置的劳动争议仲裁委员会之间，也可以发生在上下级区域的劳动争议仲裁委员会之间。即使受移送的劳动争议仲裁委员会对移送案件不具有管辖权，也不得再行移送。

(四)指定管辖

劳动争议仲裁委员会之间因管辖权发生争议，由双方协商解决；协商不成时，由共同的上级劳动行政主管部门指定管辖。

五、劳动争议仲裁裁决的效力

根据《劳动法》第 79 条等规定，用人单位与劳动者之间发生的劳动争议，在进行协商和调解均告失败后，当事人双方必须将争议提交劳动争议仲裁机构仲裁。但是，劳动争议仲裁裁决不具有当然终局效力，当事人不服仲裁裁决的，可以自收到仲裁裁决书之日起 15 日内向人民法院提起诉讼。未经劳动争议仲裁委员会裁决，当事人不得直接向人民法院起诉。可见，劳动争议仲裁是劳动争议当事人向人民法院起诉的法定前置程序。

当事人自收到仲裁裁决书之日起 15 日内未向人民法院提起诉讼的，仲裁裁决书自其收到之日起第 16 日生效，当事人应当履行仲裁裁决。不履行的，对方当事人可以申请人民法院强制执行。

《最高人民法院关于审理劳动争议案件适用法律问题的解释(一)》有更细的规定，依据该解释第 16 条的规定，劳动争议仲裁机构作出仲裁裁决后，当事人对裁决中的部分事项不服，依法提起诉讼的，劳动争议仲裁裁决不发生法律效力。第 17 条规定，劳动争议仲裁机构对多个劳动者的劳动争议作出仲裁裁决后，部分劳动者对仲裁裁决不服，依法提起诉讼的，仲裁裁决对提起诉讼的劳动者不发生法律效力；对未提起诉讼的部分劳动者，发生法律效力，如其申请执行的，人民法院应当受理。

六、“一裁终局”的相关规定

我国对于所涉金额较少的劳动争议以及涉及国家强制性法律规定的劳动争议，实行一裁终局制。《劳动争议调解仲裁法》第 47 条规定，下列劳动争议，除本法另有规定的外，仲裁裁决为终局裁决，裁决书自作出之日起发生法律效力：(1)追索劳动报酬、工伤医疗费、经济补偿或者赔偿金，不超过当地月最低工资标准 12 个月金额的争议；(2)因执行国家的劳动标准在工作时间、休息休假、社会保险等方面发生的争议。《劳动争议调解仲裁法》规定的“一裁终局”的制度，使部分案件一裁就终局，不必再走完劳动争议处理的全部程序，大大缩短了处理程序的时间，同时便利劳动者和用人单位，节约社会司法资源。

“一裁终局”同样没有忽略对劳动者利益的保护。《劳动争议调解仲裁法》第48条规定，劳动者对本法第47条规定的仲裁裁决（一裁终局裁决）不服的，可以自收到仲裁裁决书之日起15日内向人民法院提起诉讼。

不过，《劳动争议调解仲裁法》第49条同样保护了用人单位的合法权益。该条规定，用人单位有证据证明本法第47条规定的仲裁裁决有下列情形之一，可以自收到仲裁裁决书之日起30日内向劳动争议仲裁委员会所在地的中级人民法院申请撤销裁决：（1）适用法律、法规确有错误的；（2）劳动争议仲裁委员会无管辖权的；（3）违反法定程序的；（4）裁决所根据的证据是伪造的；（5）对方当事人隐瞒了足以影响公正裁决的证据的；（6）仲裁员在仲裁该案时有索贿受贿、徇私舞弊、枉法裁决行为的。人民法院经组成合议庭审查核实裁决有前款规定情形之一的，应当裁定撤销。仲裁裁决被人民法院裁定撤销的，当事人可以自收到裁定书之日起15日内就该劳动争议事项向人民法院提起诉讼。

依据上述规定，劳动争议终局裁决的，劳动者不服可以直接起诉；用人单位不服的不能再起诉，如果用人单位可以证明劳动仲裁裁决具有可撤销的情形的，可以起诉，要求撤销仲裁裁决。

案例说法

案例1：对于劳动争议案件需要经过仲裁程序，人民法院才予以受理

上诉人王某与被上诉人某良种场合同纠纷一案，上诉人与被上诉人就工伤赔偿事宜达成《协议书》，不服山西省石楼县人民法院（2019）晋1126民初277号民事裁定，向中级人民法院提起上诉。

一审法院认为：本案上诉人王某与被上诉人某良种场之间的纠纷系劳动争议纠纷，而非合同纠纷，劳动争议纠纷应先行经过劳动争议仲裁前置程序，而本案未经劳动争议仲裁部门仲裁，不属于人民法院的受案范围，故对上诉人王某的起诉，应予以驳回。

二审法院认为：本案中，当事人双方就解除劳动关系及赔偿金达成《协议书》，之后被上诉人某良种场不愿履行协议，上诉人王某依法应先向劳动争议仲裁委员会申请仲裁，再向法院提起诉讼。而上诉人所主张的《最高人民法院关于审理劳动争议案件适用法律若干问题的解释(三)》第10条规定也应在劳动争议纠纷先经劳动争议仲裁前置程序审理后,当事人对仲裁裁决不服诉至法院时,才存在法院适用的可能。本案未经劳动争议仲裁委员会仲裁,不属于人民法院的受案范围,对王某的起诉,一审裁定并无不当。

【裁判文书编号】

山西省吕梁市(地区)中级人民法院(2019)晋11民终2195号民事裁定书

案例2:因用人单位未缴纳社会保险费,劳动者自劳动关系终止之日起1年内向用人单位提出赔偿社会保险金损失的,不受仲裁时效期间的限制

2008年4月14日,牛某入职北京某商贸有限公司(以下简称某公司),双方签订有效期为2008年4月14日至2009年7月13日的劳动合同。牛某在某公司工作至2009年7月13日。牛某曾以要求某公司支付未签订劳动合同双倍工资、解除劳动合同经济补偿金、养老保险赔偿金、失业保险赔偿金、未休年假工资、加班工资及经济补偿金为由向北京市海淀区劳动争议仲裁委员会提起申诉,该委于2009年11月23日作出京海劳仲字[2009]第11820号仲裁裁决书,裁决某公司支付牛某解除劳动关系经济补偿金4098元、2008年4月14日至2009年7月13日未休5天年假工资942.06元、养老保险赔偿金2240元、休息日加班工资6174元及25%的经济补偿金1543元、法定节假日加班工资1960元及25%的经济补偿金490元,对牛某的其他申请请求不予支持。

某公司不服仲裁裁决,认为牛某关于2008年9月前的仲裁请求已经超过申诉时效,向法院起诉。

一审法院认为:牛某于2008年4月14日入职某公司,并签有劳动合同,双方已建立劳动合同关系。对于某公司主张牛某关于2008年9月之前的请求已超过申诉时效,无事实及法律依据,法院不予支持。

二审法院认为:关于牛某2008年9月之前时间段的养老保险赔偿金是否超过仲裁时效的问题。首先,牛某自2008年4月入职某公司后,某公司应为牛某在职期间缴纳社会保险,这既是某公司对国家承担的法定义务,同时又是牛某依法享有的法定权利。某公司违反上述规定,既触犯了相关的行政法方面的法律责任,又引发了对牛某的赔偿责任。其次,由于某公司没有为牛某缴纳社会保险,某公司应当向牛某赔偿损失,该赔偿款项应视为是牛某的劳动报酬。根据《劳动争议调解仲裁法》

(以下简称《调解仲裁法》)第 27 条第 4 款劳动报酬争议仲裁特别时效的规定,该赔偿请求在劳动关系存续期间不受 1 年时效的限制。最后,2009 年 7 月 13 日某公司辞退牛某后,双方劳动关系终止。牛某即在劳动关系终止后法定 1 年仲裁时效内申请了仲裁。故牛某申请仲裁的行为符合《调解仲裁法》第 27 条的规定,没有超过仲裁时效。综合上述分析,某公司关于 2008 年 9 月之前养老保险赔偿金请求已超过仲裁时效的主张,没有事实和法律依据,法院不予采纳。依据《民事诉讼法》第 153 条第 1 款第 1 项之规定,判决驳回上诉,维持原判。

风险应对

一、风险点:仲裁时效的经过

根据《劳动争议调解仲裁法》第 27 条的规定,一般来说,劳动争议申请仲裁的时效期间为 1 年。仲裁时效期间从当事人知道或者应当知道其权利被侵害之日起计算。若劳动关系存续期间因拖欠劳动报酬发生争议的,劳动者申请仲裁不受本条第 1 款规定的仲裁时效期间的限制;但是,劳动关系终止的,应当自劳动关系终止之日起 1 年内提出。因当事人一方向对方当事人主张权利,或者向有关部门请求权利救济,或者对方当事人同意履行义务而中断。从中断时起,仲裁时效期间重新计算。因不可抗力或者有其他正当理由,当事人不能在本条第 1 款规定的仲裁时效期间申请仲裁的,仲裁时效中止。从中止时效的原因消除之日起,仲裁时效期间继续计算。由于时效可能存在中止中断等问题,这些时间节点若没有把握好,就容易出现风险。

【HR 防范策略】

首先,用人单位收到劳动者的仲裁申请时,应当审查各项请求是否超过仲裁时效,以便在答辩中提出异议;其次,在作出劳动关系解除、变更、终止、薪酬调整书面通知等有关决定或通知时,应当以书面形式发出并留存证据,防止在仲裁时效的起算点、中止、中断等发生争议;最后,可以采用直接送达、邮寄送达、公告送达等方式,避免时效经过的风险。

二、风险点:用人单位在仲裁时未提出时效抗辩

现行有效的司法解释,仅对民事案件不同诉讼程序提出时效抗辩应否采纳作出

了规定，即当事人在一审期间未提出诉讼时效抗辩，在二审期间提出的，法院不予支持，但其基于新的证据能够证明对方当事人的请求权已过诉讼时效期间的情形除外。但是，对于劳动争议仲裁程序和诉讼程序提出时效抗辩的衔接问题，现行规范性文件存在不同的观点和做法，用人单位在劳动争议仲裁阶段未提出时效抗辩的，在诉讼阶段再提出时效抗辩可能得不到法院的支持。

【HR 防范策略】

对于仲裁时效抗辩权利，要自身加以关注并主动行使。事实上，对于用人单位在仲裁过程中未提出时效抗辩，在诉讼中首次提出时效抗辩的审理，目前主要存在两种裁判观点：第一种观点认为，用人单位未按照规定提出仲裁时效抗辩即放弃了抗辩权利，当事人在仲裁阶段未提出超过仲裁时效的抗辩，劳动人事仲裁机构作出实体裁决后，在诉讼程序中提出时效抗辩将不予支持。该观点以《最高人民法院第八次全国法院民事商事审判工作会议（民事部分）纪要》为典型。第二种观点则认为，前述情形原则上不予支持，但是当事人基于新的证据能够证明对方当事人的仲裁请求权已过时效期间的除外。回到“新的证据”本身，就是一个很复杂的认定问题，用人单位怠于行使权利将存在一定的败诉风险。

时效制度旨在督促当事人及时行使权利。法谚有云，“法律不保护躺在权利上睡觉的人”。因此，对于用人单位而言应当关注以下几点：首先，在应诉劳动争议仲裁案件时，应当注意审查、抗辩劳动者每一项仲裁请求是否超过了仲裁申请时效。其次，若劳动人事仲裁机构未经审理直接作出不予受理通知的，在一审诉讼程序中应当及时提出时效抗辩。最后，若在仲裁阶段提出仲裁时效抗辩而仲裁机构未予支持的，在一审诉讼程序中也应当坚持提出，以作为诉讼案件审理的内容。

三、风险点：劳动仲裁中的举证责任

《最高人民法院关于审理劳动争议案件适用法律问题的解释（一）》第 44 条规定，因用人单位作出的开除、除名、辞退、解除劳动合同、减少劳动报酬、计算劳动者工作年限等决定而发生的劳动争议，用人单位负举证责任。

由上述规定可知，对于用人单位作出的不利于劳动者的决定，用人单位是负举证责任的。上述两条法律所列举的情形就是现实中时常发生的各种纠纷，因此，劳动纠纷中用人单位承担举证责任是常见情形，这也源于用人单位相较于劳动者的强势地位，如此规定是符合公平正义原则的。这也给用人单位提了个醒，如果用人单位没有重视做各种证据的保存工作，那么在诉讼过程中将处于不利地位。

【HR 防范策略】

《劳动合同法》第 50 条第 3 款规定，用人单位对已经解除或者终止的劳动合同的文本，至少保存 2 年备查。《工资支付暂行规定》第 6 条第 3 款规定，用人单位必须书面记录支付劳动者工资的数额、时间、领取者的姓名以及签字，并保存 2 年以上备查。用人单位在支付工资时应向劳动者提供一份其个人的工资清单。上述规定也从侧面提示用人单位注意，工资单、劳动合同、考勤记录等重要证据，用人单位有保存义务。

《劳动争议调解仲裁法》第 6 条规定，发生劳动争议，当事人对自己提出的主张，有责任提供证据。与争议事项有关的证据属于用人单位掌握管理的，用人单位应当提供；用人单位不能提供的，应当承担不利后果。第 39 条规定，当事人提供的证据经查证属实的，仲裁庭应当将其作为认定事实的根据。劳动者无法提供由用人单位掌握管理的与仲裁请求有关的证据，仲裁庭可以要求用人单位在指定期限内提供。用人单位在指定期限内不提供的，应当承担不利后果。

为了承担起法定的举证义务，用人单位在劳动法律实务中应当注意以下问题：

1. 依法经营管理。用人单位从录用到履行劳动合同，再到合理解除劳动合同各个环节，都应当做到符合法律规定，这样能够从源头上减少违法违规行为，避免不必要的劳动争议纠纷的出现。

2. 制定合法的公司规章制度并公示。公司规章制度不应当违反强制性法律规定，违法的规章制度即便能够适用一时，但一旦发生劳动纠纷，用人单位必将自食苦果。除此之外，应当保留向劳动者进行公示的证据。包括但不限于保留劳动者传阅公司规章制度后的附日期的签名，《员工手册》领取及阅读的附日期的签名，向员工进行张贴公示的规章制度的证明材料等文件。只有将以上形成书面文件并做好保存工作才能承担起法定的举证义务。

3. 保留作出相关劳动实务行为的证据材料。根据举证责任的规定，用人单位在对劳动者作出辞退、解除劳动合同、减少劳动报酬、计算劳动者工作年限等决定时，应当收集、整理并保存好相关证据材料。这些举措能够使用人单位在应对仲裁和诉讼时能够游刃有余。

操作指引

一、劳动争议仲裁的程序

(一)仲裁申请

仲裁委员会处理劳动争议案件必须有当事人的申请,申请人申请仲裁应当提交书面仲裁申请,并按照被申请人人数提交副本。仲裁申请书应当载明下列事项:

1. 劳动者的姓名、性别、年龄、职业、工作单位和住所,用人单位的名称、住所和法定代表人或者主要负责人的姓名、职务;

2. 仲裁请求和所根据的事实、理由;

3. 证据和证据来源、证人姓名和住所。

书写仲裁申请确有困难的,可以口头申请,由劳动争议仲裁委员会记入笔录,并告知对方当事人。在实务中,一般在举证阶段才提交证据,在申请时,可以提交劳动合同等基本证据,但是仲裁委员会要求的除外。

(二)申请的受理

劳动争议仲裁委员会收到仲裁申请之日起5日内,认为符合受理条件的,应当受理,并通知申请人;认为不符合受理条件的,应当书面通知申请人不予受理,并说明理由。对劳动争议仲裁委员会不予受理或者逾期未作出决定的,申请人可以就该劳动争议事项向人民法院提起诉讼。

(三)申请的送达

劳动争议仲裁委员会受理仲裁申请后,应当在5日内将仲裁申请书副本送达被申请人。被申请人收到仲裁申请书副本后,应当在10日内向劳动争议仲裁委员会提交答辩书。劳动争议仲裁委员会收到答辩书后,应当在5日内将答辩书副本送达申请人。被申请人未提交答辩书的,不影响仲裁程序的进行。

(四)开庭审理

当事人应当按时到庭参加庭审,仲裁员或书记员核实当事人身份,仲裁员宣读庭审纪律宣布开庭，并告知仲裁庭组成人员情况、当事人权利义务，询问当事人是否申请回避，当事人陈述请求及答辩，仲裁庭组织围绕争议焦点进行举证和质证，双方进行辩论，仲裁庭组织调解，双方当事人不愿调解或调解不成，等待进一步裁决。仲裁庭裁决劳动争议案件，应当自劳动争议仲裁委员会受理仲裁申请之日起45日内结束。案情复杂需要延期的，经劳动争议仲裁委员会主任批准，可以延期并书面通知当事人，但是延长期限不得超过15日。逾期未作出仲裁裁决的，当事人可以就该劳动争议事项向人民法院提起诉讼。仲裁庭裁决劳动争议案件时，若其中一部分事实已经清楚，可以就该部分先行裁决。

二、劳动争议仲裁调解的具体步骤

调解程序主要包括以下四个阶段：

1. 调解准备

调解准备阶段，仲裁庭工作包括劳动争议仲裁调解，应在查明案情、分清责任的基础上进行。无论是仲裁委员会依职权主动进行调解还是当事人主动提出调解，都必须是双方当事人均同意调解才能进行调解，否则，仲裁委员会不能强行调解。在开始阶段，仲裁委员会应做好下述准备工作：首先，进一步查明案件事实，摸准争议焦点，分析和研究当事人的心理状况。根据调查、分析和研究所得情况，可拟定调解预案。其次，根据案件需要和方便当事人的原则，选择调解地、确定调解时间。调解地点，可在劳动争议仲裁委员会所在地，也可以在当事人单位。最后，将调解时间、地点通知当事人及有关组织和个人。有关组织和个人带有选择性，一般包括用人单位主管部门，用人单位劳资部门、工会组织，以及当事人的亲友，以便让他们协助进行调解。①

2. 调解主要环节

调解应当在仲裁庭或仲裁员的主持下进行，由仲裁员在查明事实、分清是非的基础上，对双方当事人进行说服、教育，促使双方自愿达成协议。在这一阶段，当事人可以提出调解方案；仲裁员也可以提出调解方案供双方当事人参考。对于职工一方在30人以上的集体劳动争议，仲裁庭可以督促职工代表与用人单位代表召开会议协商，但调解必须在双方自愿的基础上进行，不得有任何强迫行为。一般应遵守

---

① 刘振军：《劳动争议仲裁实用手册》，中国劳动社会保障出版社2009年版。

以下程序:(1)向当事人宣讲国家的劳动法规和政策;(2)向当事人说明调解的好处和意义,进行疏导工作;(3)提供适用法规,明确各方应负的责任或承担的义务;(4)提出本案的调解意见,以供当事人参考或选择;(5)组织双方当事人就调解意见进行协商,在协商中,允许当事人提出不同意见,允许当事人就有关问题开展辩论;(6)宣布调解结果,包括调解不成或调解达成协议的具体内容。

3. 终止调解

调解工作终止,将会出现两种情况,一是经调解双方自愿协商达成一致意见;二是双方分歧太大,未达成协议,或者虽达成协议,但在调解书送达前当事人又反悔,或当事人拒绝接受调解书的,视为调解不成,仲裁庭应及时进行裁决。

4. 制作调解书

经调解达成协议的,仲裁庭或仲裁员应根据协议的内容制作调解书,调解书应由双方当事人签名,仲裁员署名,加盖仲裁委员会的印章并送达双方当事人。

疑难解答

一、用人单位劳动争议仲裁阶段提交证据时应当注意哪些问题?

(一)举证期限

劳动争议仲裁阶段举证期限依照普通民事诉讼的举证期限确定,争议双方也要在人民法院指定的举证期限内提交证据。《劳动争议调解仲裁法》并没有对举证期限作出特殊规定,实践中各地仲裁委员会对于超过举证期限的证据可能会持接受或拒绝的不同态度,出于用人单位利益的考虑,还是应当严格重视举证期限问题。

(二)证据的提交

1. 制作《证据材料清单》或《证据目录》,将证据按证据清单的顺序排放,逐页编号。

2. 证据应当准备仲裁委员会一份、对方当事人一份或几份(依据对方当事人人数)。

3. 开庭时必须就自己提交的证据提供原件。

4. 如果证据中有外文证据，应当附有翻译资质的翻译公司翻译的中文译本，并加盖翻译公司公章；如果有录音证据应当整理成文字材料。

二、当事人对生效的仲裁调解书和仲裁裁决书不执行怎么办？

可以申请人民法院强制执行。根据《企业劳动争议处理条例》第 28 条、第 30 条和第 31 条的规定，仲裁庭进行调解达成协议的，应当根据协议内容制作调解书，调解书自送达当事人之日起具有法律效力。当事人一方或双方对仲裁裁决在 15 日内不起诉，期满后裁决书即发生法律效力。当事人对具有法律效力的调解书和裁决书，应当依照规定严格履行。一方当事人逾期不执行的，对方当事人可以申请人民法院强制执行。人民法院应当依照《民事诉讼法》规定的执行程序办理。在执行中，对于用人单位拒绝给劳动者安排工作并且不发工资或者不给福利待遇的。人民法院可按《民事诉讼法》的有关规定通知银行或信用社扣划应付的工资和应享受的福利待遇，必要时可责令用人单位赔偿劳动者的实际经济损失。

法条链接

1.《劳动争议调解仲裁法》(2008 年 5 月 1 日)

第二条 中华人民共和国境内的用人单位与劳动者发生的下列劳动争议，适用本法：

(一)因确认劳动关系发生的争议；

(二)因订立、履行、变更、解除和终止劳动合同发生的争议；

(三)因除名、辞退和辞职、离职发生的争议；

(四)因工作时间、休息休假、社会保险、福利、培训以及劳动保护发生的争议；

(五)因劳动报酬、工伤医疗费、经济补偿或者赔偿金等发生的争议；

(六)法律、法规规定的其他劳动争议。

第二十七条 劳动争议申请仲裁的时效期间为一年。仲裁时效期间从当事人知道或者应当知道其权利被侵害之日起计算。

前款规定的仲裁时效，因当事人一方向对方当事人主张权利，或者向有关部门请求权利救济，或者对方当事人同意履行义务而中断。从中断时起，仲裁时效期间重新计算。

因不可抗力或者有其他正当理由，当事人不能在本条第一款规定的仲裁时效期间申请仲裁的，仲裁时效中止。从中止时效的原因消除之日起，仲裁时效期间继续计算。

劳动关系存续期间因拖欠劳动报酬发生争议的，劳动者申请仲裁不受本条第一款规定的仲裁时效期间的限制；但是，劳动关系终止的，应当自劳动关系终止之日起一年内提出。

2.《最高人民法院关于审理劳动争议案件适用法律问题的解释（一）》（2021年1月1日）

第一条 劳动者与用人单位之间发生的下列纠纷，属于劳动争议，当事人不服劳动争议仲裁机构作出的裁决，依法提起诉讼的，人民法院应予受理：

（一）劳动者与用人单位在履行劳动合同过程中发生的纠纷；

（二）劳动者与用人单位之间没有订立书面劳动合同，但已形成劳动关系后发生的纠纷；

（三）劳动者与用人单位因劳动关系是否已经解除或者终止，以及应否支付解除或者终止劳动关系经济补偿金发生的纠纷；

（四）劳动者与用人单位解除或者终止劳动关系后，请求用人单位返还其收取的劳动合同定金、保证金、抵押金、抵押物发生的纠纷，或者办理劳动者的人事档案、社会保险关系等移转手续发生的纠纷；

（五）劳动者以用人单位未为其办理社会保险手续，且社会保险经办机构不能补办导致其无法享受社会保险待遇为由，要求用人单位赔偿损失发生的纠纷；

（六）劳动者退休后，与尚未参加社会保险统筹的原用人单位因追索养老金、医疗费、工伤保险待遇和其他社会保险待遇而发生的纠纷；

（七）劳动者因为工伤、职业病，请求用人单位依法给予工伤保险待遇发生的纠纷；

（八）劳动者依据劳动合同法第八十五条规定，要求用人单位支付加付赔偿金发生的纠纷；

（九）因企业自主进行改制发生的纠纷。

第二条 下列纠纷不属于劳动争议：

（一）劳动者请求社会保险经办机构发放社会保险金的纠纷；

（二）劳动者与用人单位因住房制度改革产生的公有住房转让纠纷；

（三）劳动者对劳动能力鉴定委员会的伤残等级鉴定结论或者对职业病诊断鉴定委员会的职业病诊断鉴定结论的异议纠纷；

（四）家庭或者个人与家政服务人员之间的纠纷；

（五）个体工匠与帮工、学徒之间的纠纷；

（六）农村承包经营户与受雇人之间的纠纷。

第十八条 仲裁裁决的类型以仲裁裁决书确定为准。仲裁裁决书未载明该裁决为终局裁决或者非终局裁决，用人单位不服该仲裁裁决向基层人民法院提起诉讼的，应当按照以下情形分别处理：

（一）经审查认为该仲裁裁决为非终局裁决的，基层人民法院应予受理；

（二）经审查认为该仲裁裁决为终局裁决的，基层人民法院不予受理，但应告知用人单位可以自收到不予受理裁定书之日起三十日内向劳动争议仲裁机构所在地的中级人民法院申请撤销该仲裁裁决；已经受理的，裁定驳回起诉。

第十九条 仲裁裁决书未载明该裁决为终局裁决或者非终局裁决，劳动者依据调解仲裁法第四十七条第一项规定，追索劳动报酬、工伤医疗费、经济补偿或者赔偿金，如果仲裁裁决涉及数项，每项确定的数额均不超过当地月最低工资标准十二个月金额的，应当按照终局裁决处理。

第二十条 劳动争议仲裁机构作出的同一仲裁裁决同时包含终局裁决事项和非终局裁决事项，当事人不服该仲裁裁决向人民法院提起诉讼的，应当按照非终局裁决处理。

3.《劳动人事争议仲裁办案规则》（2017年7月1日）

第二条 本规则适用下列争议的仲裁：

（一）企业、个体经济组织、民办非企业单位等组织与劳动者之间，以及机关、事业单位、社会团体与其建立劳动关系的劳动者之间，因确认劳动关系，订立、履行、变更、解除和终止劳动合同，工作时间、休息休假、社会保险、福利、培训以及劳动保护，劳动报酬、工伤医疗费、经济补偿或者赔偿金等发生的争议；

（二）实施公务员法的机关与聘任制公务员之间、参照公务员法管理的机关（单位）与聘任工作人员之间因履行聘任合同发生的争议；

（三）事业单位与其建立人事关系的工作人员之间因终止人事关系以及履行聘用合同发生的争议；

（四）社会团体与其建立人事关系的工作人员之间因终止人事关系以及履行聘用合同发生的争议；

（五）军队文职人员用人单位与聘用制文职人员之间因履行聘用合同发生的争议；

（六）法律、法规规定由劳动人事争议仲裁委员会（以下简称仲裁委员会）处理的其他争议。

第三条 仲裁委员会处理争议案件，应当遵循合法、公正的原则，先行调解，及时裁决。

文书工具

劳动争议仲裁相关文书（见书尾文书工具附录，编号：NO. 15）

1. 劳动争议仲裁申请书
2. 劳动争议仲裁委员会调解笔录
3. 劳动争议仲裁委员会仲裁调解书
4. 劳动争议仲裁委员会受理案件通知书
5. 劳动争议仲裁委员会应诉通知书
6. 劳动争议仲裁应诉答辩书
7. 举证通知书
8. 授权委托书
9. 劳动争议仲裁委员会仲裁裁决书
10. 劳动争议仲裁委员会仲裁决定书
11. 劳动争议仲裁委员会仲裁建议书
12. 撤销劳动争议仲裁裁决申请书

第四节　劳动争议诉讼程序

实务精讲

一、劳动争议诉讼的概念及起诉条件

劳动争议诉讼，是指当事人不服劳动争议仲裁委员会的裁决处理，在收到仲裁裁决书之日起15日内，依法向人民法院起诉，人民法院按照法律规定的程序进行审理和判决的活动。为了贯彻司法终局的原则，并对劳动仲裁进行有效监督，将劳动争议诉讼作为保护当事人的最后一道屏障，当事人对仲裁不服，依法向人民法院提起诉讼。

依据《民事诉讼法》第122条和《劳动法》第83条的规定，当事人向人民法院起诉时必须符合如下条件：

（1）原告必须是劳动争议的直接利害关系人。原告请求人民法院予以保护的受到侵害或发生争议的劳动权益，必须是自己的或者依法由自己管理、支配的劳动权益。如果原告与本案无直接利害关系，则不是适格当事人不能向人民法院起诉。

（2）必须有明确的被告。不服劳动争议仲裁裁决的当事人必须指明是谁侵害了其劳动权益或与其发生了劳动争议。

（3）必须经过劳动争议仲裁委员会仲裁且对仲裁裁决不服。

（4）必须有具体的诉讼请求。实践中，原告的诉讼请求一般包括三个方面：一是请求依法撤销劳动争议仲裁委员会作出的全部或部分仲裁裁决；二是依据自己主张的事实和理由，请求依法判决被告履行具体的给付义务，或确认原告享有的权利，或变更双方之间的权利义务关系；三是请求由被告承担全部或部分诉讼费用。

（5）必须有事实和理由。当事人提出的诉讼请求必须有事实依据，向人民法院说明劳动争议是如何发生的、争议的内容等，还应当向人民法院提供能够证明劳动争议案情的有关材料。

二、劳动争议诉讼的受案范围

劳动争议案件受案范围的问题普遍存在于各类劳动争议案件中，如劳动者在请求确认用人单位违法解除劳动合同时，往往一并提出补缴、补办社保手续的请求，或者支付加付赔偿金的请求，这些请求因为不属于劳动争议受案范围，法官在处理案件过程中，对这些诉请是不予处理的。还有诸如劳动者提出要求用人单位补交住房公积金、办理退休手续的，这此请求也不是劳动争议受理范围，也应当不予以处理。如果劳动者只就这些问题起诉，法院会裁定驳回起诉。

劳动争议诉讼受案范围如下：(1)对确认劳动关系发生争议的裁决不服的；(2)因劳动报酬、工伤医疗费、经济补偿或者赔偿金等发生争议的；(3)对于档案丢失造成损失的；(4)因除名、辞退和辞职、离职发生争议的；(5)用人单位拖欠工资的。

劳动争议诉讼中，社会保险争议具有是否属于诉讼审理范围的模糊性。社会保险争议主要有以下两类：(1)劳动者要求用人单位为其办理社会保险手续或虽然已办理社会保险手续，劳动者要求用人单位为其补足应当缴纳的社会保险费而引起的争议；也就是劳动者要求补办社保手续、补缴社保费的争议。(2)因用人单位未缴纳或未足额缴纳养老、医疗、工伤、失业保险，劳动者在退休、患病、受到工伤、失业后无法向社会保险机构领取相关待遇而向用人单位追偿引起的争议。也就是我们通常所说的社保待遇争议。对于这两种社会保险争议，只有第二种争议才属于劳动争议诉讼的受案范围。

第一种争议不属于劳动争议诉讼的原因在于，用人单位缴纳社保的义务属于社会保险法上的义务，而不是劳动法上的义务。而社会保险法是公法，而不是私法，因此，用人单位不依法为劳动者缴纳社会保险费，违反的是公法义务而非私法义务。劳动者如要起诉，也只能起诉社会保险经办机构的行政不作为侵犯到他的将来的社会保险待遇方面的利益，而不应当直接起诉用人单位为其补办社保手续或补缴社保费。因此，这类补办、补缴社保费的案件应当作为行政案件而不是劳动争议案件来处理。

那么对于第二种社会保险争议的案件，也就是用人单位未缴纳养老、医疗、工伤、失业保险，劳动者在退休、患病、受到工伤、失业后，无法向社会保险机构领取相关待遇而向用人单位追偿引起的争议。[①] 我们认为，这类争议应纳入劳动争议案件的受理范围。因为用人单位缴纳社会保险费属于是行政法上的义务，其侵害的是劳

---

① 谢国伟、杨晓蓉：《劳动争议案件审判要旨》，人民法院出版社2006年版。

动者期待利益或反射利益。但如果用人单位不缴或少缴社会保险费，导致劳动者在退休、患病、受到工伤、失业后，无法向社会保险机构领取相关待遇，此时表现为劳动者的现实利益受到侵害。而这种侵害是由于用人单位违反社会保险法所致，则不论用人单位是否应承担公法上的责任，其在私法上都构成对劳动者利益的侵害，应当承担相应的侵权责任。因此，这类争议就应当作为劳动争议案件予以受理。最高人民法院的相关司法解释对此类案件的受理也作出了明确的规定，如规定劳动者因为工伤、职业病，请求用人单位依法承担给予工伤保险待遇的争议，经劳动争议仲裁委员会仲裁后，当事人向人民法院起诉的，人民法院应予受理。这是对工伤保险待遇纠纷案件作出了受理的明确规定。司法解释还进一步规定，劳动者以用人单位未为其办理社会保险手续，且社会保险经办机构不能补办导致其无法享受社会保险待遇为由，要求用人单位赔偿损失而发生争议的，人民法院应予受理。这就更明确了不仅工伤保险待遇纠纷案件应当受理，其他的养老、失业、医疗保险待遇纠纷案件也应当作为劳动争议案件受理。

三、法院不予受理的劳动争议

人民法院针对以下两种情形可以裁定不予受理的情形：

(1)劳动争议仲裁委员会以申请仲裁的主体不适格为由，作出不予受理的书面裁决、决定或者通知，当事人不服，依法向人民法院起诉的，经审查，确属主体不适格的，裁定不予受理或者驳回起诉。

(2)劳动争议仲裁委员会仲裁的事项不属于人民法院受理的案件范围，当事人不服，依法向人民法院起诉的，裁定不予受理或者驳回起诉。

另外，根据《最高人民法院关于审理劳动争议案件适用法律问题的解释(一)》的规定，当事人不服劳动争议仲裁委员会作出的预先支付劳动者部分工资或者医疗费用的裁决，向人民法院起诉的，人民法院不予受理；劳动人事争议仲裁委员会作出的调解书已经发生法律效力，一方当事人反悔提起诉讼的，人民法院不予受理；已经受理的，裁定驳回起诉；劳动者依据《劳动争议调解仲裁法》第 48 条规定向基层人民法院提起诉讼，用人单位依据《劳动争议调解仲裁法》第 49 条规定向劳动人事争议仲裁委员会所在地的中级人民法院申请撤销仲裁裁决的，中级人民法院应不予受理；已经受理的，应当裁定驳回申请。

案例说法

案例1:当事人对仲裁结果不服,起诉超过诉讼时效,法院裁决驳回起诉,维持原裁定

一审法院认定事实:关于某公司与吉某劳动仲裁纠纷一案,永济市劳动人事争议仲裁委员会于2019年1月25日作出永劳仲裁字[2018]第018号仲裁裁决,裁决书向某公司送达时间为2019年1月25日,某公司起诉日期为2019年2月20日。

一审法院认为:《劳动争议调解仲裁法》第50条规定,当事人对仲裁裁决不服的,可以自收到仲裁裁决书之日起15日内向人民法院提起诉讼;期满不起诉的,裁决书发生法律效力。按照裁决书送达时间,某公司最迟应于2019年2月11日前起诉。某公司的起诉日期2019年2月20日已超过法定期限,裁定驳回起诉。

二审法院经审理查明,2019年1月25日,永济市劳动人事争议仲裁委员会作出永劳仲裁字[2018]第018号仲裁裁决。2019年1月25日,裁决书向某公司送达。2019年2月20日,某公司起诉。二审法院认为:某公司未依据《劳动争议调解仲裁法》第50条的规定,在法定15日期限内起诉。依据该法律规定,期满不起诉,永济市劳动人事争议仲裁委员会永劳仲裁字[2018]第018号仲裁裁决书发生法律效力。综上,某公司的上诉请求不能成立,一审裁定认定事实清楚、适用法律正确。遂裁定驳回上诉,维持原裁定。

【裁判文书编号】

山西省运城市中级人民法院(2019)晋08民终1648号民事裁定书

案例2:用人单位未及时缴纳诉讼费,导致按撤诉处理

王某、陶某、吴某、陶某兵向法院提出诉讼请求:判决某公司按照成都市2018年职工月平均工资支付未签订书面劳动合同及无固定期限劳动合同12个月2倍工资差额71,300.04元(5941.67元/月×12个月)。事实与理由:陶某良系某公司员工,2012年即在某公司上班。2018年11月13日陶某良在工作时遭遇交通事故死亡。2019年4月,王某、陶某、吴某、陶某兵向成都市双流区劳动人事争议仲裁委员会申请仲裁,请求确认陶某良与某公司存在劳动关系。2019年,成都市双流区劳动人事争议仲裁委员会作出仲裁裁决，确认陶某良与某公司在2012年12月31日至2018年11月17日存在劳动关系。某公司不服该裁决，向成都市双流区人民法院提出诉讼请求，请求确认双方不存在劳动关系。因某公司未缴纳诉讼费，成都市双流区人民法院按照某公司撤诉处理。

【裁判文书编号】

四川省成都市双流区人民法院(2020)川0116民初3164号民事判决书

风险应对

一、风险点：超过诉讼时效起诉

根据《劳动争议调解仲裁法》第50条规定，当事人对仲裁裁决不服的，可以自收到仲裁裁决书之日起15日内向人民法院提起诉讼；期满不起诉的，裁决书发生法律效力，可知劳动争议案件的诉讼时效是15日，即案件当事人如对劳动争议仲裁委员会的仲裁裁决书或不予受理决定书、通知书不服，应当在收到该仲裁文书之日起15日内向人民法院起诉，逾期提起诉讼的，人民法院一般不予受理。因此，劳动争议诉讼时效非常短，用人单位应当尤为注意。

【HR防范策略】

用人单位在处理劳动争议案件时，切记诉讼时效的问题，劳动争议案件仲裁前置，若对仲裁裁决不服，应当在诉讼时效期间起诉。建议做好劳动争议案件的台账管理，对于到期事项作出加强提示。

二、风险点：未及时缴纳诉讼费用

民事诉讼活动中的当事人既享有相应的权利，也必须负担相应的义务。在原告向法院提起诉讼的同时，就必须预先向法院交纳相应的诉讼费用。公告费也是诉讼费用的范畴，在法院通知原告缴纳公告费后，原告即承担了交纳诉讼费用的义务，当事人只有在完全履行义务的前提下，才能够享受完整的诉权，不履行相应的义务则意味着对诉权的放弃，因此，如果不及时缴纳劳动争议诉讼费用，会按撤诉处理。此时，劳动仲裁裁决生效。因此，如果仲裁裁决输了，一定要及时提起起诉，并按时缴纳诉讼费。

【HR 防范策略】

用人单位在处理劳动争议案件时，一旦争议进入诉讼流程，切记及时缴纳诉讼费用。建议做好劳动争议案件的台账管理，对于到期事项作出加强提示，同时积极与财务部门进行沟通，确保缴纳诉讼费用的顺利。

操作指引

一、劳动诉讼具体流程

（一）一审程序

任何一方当事人对劳动争议仲裁裁决不服的，可以自收到仲裁裁决书之日起 15 日内向人民法院起诉。起诉时，原告应当向人民法院递交起诉状，起诉状记明原告的基本情况、诉讼请求及所依据的事实和理由、证据和证据来源，并按照被告人数提交起诉状副本，以便法院通知被告应诉和答辩。

1. 受理

人民法院对当事人的起诉经审查后，认为符合法定条件的，应当自收到起诉状之日起 7 日内立案，并通知当事人。人民法院审查起诉主要从三个方面进行：第一，查明原告的起诉是否属于人民法院受理劳动争议的范围和管辖范围；第二，审查起诉是否符合法定条件；第三，审查起诉手续是否完备，起诉状内容是否明确。对起诉手续不完备、起诉内容不明确的，法院可以限期令当事人补正。

劳动案件起诉时，原告需要提交本案的劳动争议仲裁裁决书以及裁决书的送达回证，以证明案件已经经过劳动仲裁程序，以及 15 日的起诉期限尚未届满。开庭审理同上节劳动仲裁。

2. 调解与判决

判决前双方当事人能够达成调解，由人民法院出具调解书，其效力与判决书一致。当事人不同意调解的，人民法院应当作出一审判决或裁定；当事人不服一审判决的，自收到判决书之日起 15 日内，可以向二审人民法院提起上诉；当事人不服一审裁定的，自接到裁定书之日起 10 日内，可以向二审人民法院提起上诉。当事人上诉的，一审判决或裁定失去法律效力。

（二）二审程序

1. 提起上诉

当事人不服地方人民法院第一审判决的，有权在判决书送达之日起 15 日内向上一级人民法院提起上诉；当事人不服地方人民法院第一审裁定的，有权自裁定书送达之日起 10 日内向上一级人民法院提起上诉。上诉状应当通过原审法院提出，并按照对方当事人的人数提出副本，当事人直接向二审法院上诉的，二审法院应当在 5 日内将上诉状移交原审法院。

2. 二审的审理

二审法院审理案件可自行决定采取开庭审理或书面审理方式。如果采取开庭审理方式，审理程序与一审开庭审理程序相同。如果采取书面审理方式，则由二审法院依据一审案件材料自行审理，不再开庭。二审程序审理内容包括上诉请求相关的事实和适用法律上的审查。对事实的审查，包括当事人在一审程序中提出的，但未被一审法院采纳的事实依据和上诉人在二审程序中提出的新的事实依据。对适用法律的审查包括对适用实体劳动法律法规的审查，以及一审程序是否违反《民事诉讼法》规定的审查。

3. 二审的判决

二审法院经过对案件的审理和合议庭的评议，依据《民事诉讼法》第 177 条规定，根据具体情况可以分别作出以下处理：原判决、裁定认定事实清楚，适用法律正确的，以判决、裁定方式驳回上诉，维持原判决、裁定；原判决、裁定认定事实错误或者适用法律错误的，以判决、裁定方式依法改判、撤销或者变更；原判决认定基本事实不清的，裁定撤销原判决，发回原审人民法院重审，或者查清事实后改判；原判决遗漏当事人或者违法缺席判决等严重违反法定程序的，裁定撤销原判决，发回原审人民法院重审。

二审法院对当事人的上诉进行审理，根据事实和法律作出终局裁决。二审判决和裁定一经送达当事人即发生法律效力，当事人不得就此再行上诉。

二、审判监督程序如何进行

审判监督程序又称再审程序，指人民法院对已经发生法律效力的判决或裁定进行重新审判的程序。

（一）申请再审应当在何时提出

当事人申请再审，应当在判决、裁定、调解书发生法律效力后6个月内提出；有《民事诉讼法》第207条第1项、第3项、第12项、第13项规定情形的，自知道或者应当知道之日起6个月内提出。

（二）再审申请人应当符合哪些条件

再审申请人应当符合下列情形之一：判决、裁定、调解书列明的当事人；认为原判决、裁定、调解书损害其民事权益，所提出的执行异议被裁定驳回的案外人；上述当事人或案外人死亡或者终止的，其权利义务承继者。

（三）申请再审应当提交哪些材料

再审申请人应当提交再审申请书，并按照被申请人及原审其他当事人人数提交再审申请书副本。再审申请书应当载明下列事项：

1. 再审申请人、被申请人及原审其他当事人的基本情况。当事人是自然人的，应列明姓名、性别、出生日期、民族、职业（或工作单位及职务）、住所及有效联系电话、邮寄地址；当事人是法人或者其他组织的，应列明名称、住所和法定代表人或者主要负责人的姓名、职务及有效联系电话、邮寄地址；

2. 作出判决、裁定、调解书的人民法院名称，判决、裁定、调解文书案号；

3. 具体的再审请求；

4. 申请再审所依据的法定情形（须列明所依据的民事诉讼法的具体条、款、项）及具体事实、理由；

5. 再审申请人的签名或者盖章。

再审申请人除应提交符合规定的再审申请书外，还应当提交以下材料：

1. 再审申请人是自然人的，应提交身份证明复印件；再审申请人是法人或其他组织的，应提交加盖公章的组织机构代码证复印件、营业执照复印件、法定代表人或主要负责人身份证明书。

2. 委托他人代为申请，除提交授权委托书外，委托代理人是律师的，应提交律师事务所函原件和律师执业证复印件；委托代理人是基层法律服务工作者的，应提交基层法律服务所函原件和法律服务工作者执业证复印件，以及当事人一方位于本辖区内的证明材料;委托代理人是当事人的近亲属的,应提交代理人身份证明复印件以及与当事人有近亲属关系的证明材料;委托代理人是当事人的工作人员的,应提交代理人身份证明复印件和与当事人有合法劳动人事关系的证明材料;委托代理人是当事人所在社区、单位以及有关社会团体推荐的公民的,应提交代理人身份证明复印件、推荐材料和当事人隶属于该社区、单位的证明材料。

3. 申请再审的判决、裁定、调解书经核对无误的复印件;判决、裁定、调解书系二审裁判的,应同时提交一审裁判文书经核对无误的复印件。

4. 在原审诉讼过程中提交的主要证据复印件。

5. 支持申请再审所依据的法定情形和再审请求的证据材料。

6. 再审申请人有新证据的,应按照被申请人及原审其他当事人人数提交相应份数的新证据。

再审申请人提交再审申请书等材料应使用 A4 型纸,同时应当附与书面材料内容一致的可编辑的一审、二审裁判文书和再审申请书的电子文本(word 文本),并提供所有纸质文件的便携式格式文本(PDF 文本),将上述两种格式的电子文本刻录在同一张光盘中,与纸质材料一并提交。

再审申请人提交的再审申请书等材料不符合上述要求,或者有人身攻击等内容,可能引起矛盾激化的,应当补充或改正。

疑难解答

一、劳动争议诉讼中如何进行财产保全?

与一般民事诉讼相同,在劳动争议诉讼中也可能出现申请人经济确有困难,或有证据证明用人单位存在欠薪逃匿可能的情形,为此,《最高人民法院关于审理劳动争议案件适用法律问题的解释(一)》第 49 条规定,劳动者向人民法院申请采取财产保全措施,人民法院经审查认为确实存在上述情形的,应当减轻或者免除劳动者提供担保的义务,及时采取保全措施。同时,人民法院作出的财产保全裁定中,应当告知当事人在劳动仲裁机构的裁决书或者在人民法院的裁判文书生效后 3 个月内申请强制执行。逾期不申请的,人民法院应当裁定解除保全措施。

二、劳动者以劳动人事争议仲裁委员会逾期未作出受理决定或仲裁裁决为由直接提起诉讼的，如何处理？

《最高人民法院关于审理劳动争议案件适用法律问题的解释(一)》第 12 条规定，劳动争议仲裁机构逾期未作出受理决定或仲裁裁决，当事人直接提起诉讼的，人民法院应予受理，但申请仲裁的案件存在下列事由的除外：(1)移送管辖的；(2)正在送达或者送达延误的；(3)等待另案诉讼结果、评残结论的；(4)正在等待劳动争议仲裁机构开庭的；(5)启动鉴定程序或者委托其他部门调查取证的；(6)其他正当事由。当事人以劳动争议仲裁机构逾期未作出仲裁裁决为由提起诉讼的，应当提交该仲裁机构出具的受理通知书或者其他已接受仲裁申请的凭证、证明。

三、劳动者申请仲裁后，无正当理由拒不到庭或未经仲裁庭同意中途退庭，劳动人事争议仲裁委员会按照撤回仲裁申请处理，后劳动者又起诉到法院，应当如何处理？

法院可不予受理，并且告知其先向劳动人事争议仲裁委员会申请仲裁，经人事争议仲裁委员会裁决或作出不予受理通知书后，法院可以受理。一方面，法院不直接受理是因为避免当事人为了避过仲裁前置程序，直接进行诉讼；另一方面，法院在劳动人事争议仲裁委员会处理过，法院可以受理，是为了让当事人能够有救济的手段，避免更大的矛盾。

四、仲裁程序中当事人已经认可的相关案件事实，在诉讼程序中当事人否认的，如何处理？

当事人在诉讼程序中否认在仲裁程序中已认可事实的，不予支持，对方当事人认可或有充分证据能够推翻该事实的除外。

五、当事人未在仲裁阶段提出仲裁时效抗辩，在诉讼阶段提出的，如何处理？

主要看仲裁机构是否实体审理。仲裁机构受理劳动争议案件并作出实体裁决，当事人在仲裁审理过程中没有提出仲裁时效抗辩，但在一审时提出的，不予支持；仲裁机构未经审理直接作出不予受理通知，当事人在一审时提出仲裁时效抗辩的，人民法院应予审理。

六、用人单位在仲裁阶段提出仲裁时效抗辩，仲裁机构未予支持的，人民法院如何处理？

用人单位在仲裁阶段提出仲裁时效抗辩，仲裁机构未予支持，用人单位在诉讼中坚持仲裁时效抗辩的，人民法院应予审理。

七、劳动争议诉讼中能否提起反诉？

反诉，是指在一个已经开始的民事诉讼程序中，本诉的被告以本诉原告为被告，向受诉法院提出的与本诉有牵连的独立的反请求，目的在于排斥、吞并、消灭本诉的诉讼请求。根据《民事诉讼法》第 54 条的规定，原告可以放弃或者变更诉讼请求。被告可以承认或者反驳诉讼请求，有权提起反诉。反诉应当在举证期限届满前提出。

劳动争议诉讼中是否存在反诉是颇具争议的。支持存在反诉的观点认为，劳动争议也是诉讼争议的一种，对于《劳动争议调解仲裁法》没有规定的部分，并不排斥民事诉讼规则的适用，因此可以提出反诉。认为反诉不存在于劳动争议诉讼的人认为，劳动争议由于特殊的诉讼结构，不允许提起反诉。仲裁后如果双方均不服而提起诉讼的，应立两个案号，作为两个案件处理。

即便司法实践中存在不同观点，但根据《最高人民法院关于审理劳动争议案件适用法律若干问题的解释(二)》第 11 条的规定，劳动者和用人单位均不服劳动争议仲裁委员会的同一裁决，向同一人民法院起诉，人民法院应当并案审理，双方当事人互为原告和被告。由此可见，劳动争议诉讼从程序上排除了反诉制度的存在。

法条链接

《最高人民法院关于审理劳动争议案件适用法律问题的解释(一)》(2021 年 1 月 1 日)

第一条 劳动者与用人单位之间发生的下列纠纷，属于劳动争议，当事人不服劳动争议仲裁机构作出的裁决，依法提起诉讼的，人民法院应予受理：

（一）劳动者与用人单位在履行劳动合同过程中发生的纠纷；

（二）劳动者与用人单位之间没有订立书面劳动合同，但已形成劳动关系后发生的纠纷；

（三）劳动者与用人单位因劳动关系是否已经解除或者终止，以及应否支付解除或者终止劳动关系经济补偿金发生的纠纷；

（四）劳动者与用人单位解除或者终止劳动关系后，请求用人单位返还其收取的劳动合同定金、保证金、抵押金、抵押物发生的纠纷，或者办理劳动者的人事档案、社会保险关系等移转手续发生的纠纷；

（五）劳动者以用人单位未为其办理社会保险手续，且社会保险经办机构不能补办导致其无法享受社会保险待遇为由，要求用人单位赔偿损失发生的纠纷；

（六）劳动者退休后，与尚未参加社会保险统筹的原用人单位因追索养老金、医疗费、工伤保险待遇和其他社会保险待遇而发生的纠纷；

（七）劳动者因为工伤、职业病，请求用人单位依法给予工伤保险待遇发生的纠纷；

（八）劳动者依据劳动合同法第八十五条规定，要求用人单位支付加付赔偿金发生的纠纷；

（九）因企业自主进行改制发生的纠纷。

第四条 劳动者与用人单位均不服劳动争议仲裁机构的同一裁决，向同一人民法院起诉的，人民法院应当并案审理，双方当事人互为原告和被告，对双方的诉讼请求，人民法院应当一并作出裁决。在诉讼过程中，一方当事人撤诉的，人民法院应当根据另一方当事人的诉讼请求继续审理。双方当事人就同一仲裁裁决分别向有管辖权的人民法院起诉的，后受理的人民法院应当将案件移送给先受理的人民法院。

第十条 当事人不服劳动争议仲裁机构作出的预先支付劳动者劳动报酬、工伤医疗费、经济补偿或者赔偿金的裁决，依法提起诉讼的，人民法院不予受理。

用人单位不履行上述裁决中的给付义务，劳动者依法申请强制执行的，人民法院应予受理。

第二十三条 中级人民法院审理用人单位申请撤销终局裁决的案件，应当组成合议庭开庭审理。经过阅卷、调查和询问当事人，对没有新的事实、证据或者理由，合议庭认为不需要开庭审理的，可以不开庭审理。

中级人民法院可以组织双方当事人调解。达成调解协议的，可以制作调解书。

一方当事人逾期不履行调解协议的，另一方可以申请人民法院强制执行。

第三十五条 劳动者与用人单位就解除或者终止劳动合同办理相关手续、支付工资报酬、加班费、经济补偿或者赔偿金等达成的协议，不违反法律、行政法规的强制性规定，且不存在欺诈、胁迫或者乘人之危情形的，应当认定有效。

前款协议存在重大误解或者显失公平情形，当事人请求撤销的，人民法院应予支持。

第四十九条 在诉讼过程中，劳动者向人民法院申请采取财产保全措施，人民法院经审查认为申请人经济确有困难，或者有证据证明用人单位存在欠薪逃匿可能的，应当减轻或者免除劳动者提供担保的义务，及时采取保全措施。

人民法院作出的财产保全裁定中，应当告知当事人在劳动争议仲裁机构的裁决书或者在人民法院的裁判文书生效后三个月内申请强制执行。逾期不申请的，人民法院应当裁定解除保全措施。

文书工具

《起诉状》(见书尾文书工具附录，编号：NO. 16)

《应诉答辩状》(见书尾文书工具附录，编号：NO. 17)

第五节　劳动争议的证据

实务精讲

一、劳动争议证据的概念及特征

劳动争议证据，是指在劳动争议中能够证明案件真实情况的各种资料。证据是证明案件事实和司法机关裁判的的依据，全部诉讼活动均是围绕证据的收集和运用。和诉讼的一般证据一样，劳动争议诉讼证据也具有以下三个特征：

1. 客观性。客观性，是指证据是客观存在的，不依赖于人的主观意志而独立存在的客观事实。在劳动争议诉讼中,一切证据必须经过查证属实,才能作为定案的根据。

2. 相关性。相关性又称关联性,是指证据必须与案件有内在的、必然的联系。在劳动争议诉讼中,只有与案件真实情况有内在联系的客观事实才能作为证据。

3. 合法性。合法性,是指在劳动争议诉讼中,证据必须符合法律规定的形式,并依照法定程序收集、提供和运用。

二、劳动争议证据的种类

根据我国《民事诉讼法》第 66 条的规定,劳动争议中的证据包括以下八种证据种类:

1. 当事人陈述。当事人陈述,是指当事人在诉讼活动中就有关案情对司法机关及其工作人员所作的陈述。其中,当事人对于对方当事人主张的案件事实所作的明确承认,构成当事人的自认。

2. 书证。书证,是指以思想内容来证明待证事实的有关情况的文字资料。凡是以文字来记载人的思想和行为以及采用各种符号、图案来表达人的思想,其内容对待证事实具有证明作用的物品都是书证。劳动争议案件的书证指员工花名册、劳动合同、考勤表、工资支付记录等。

3. 物证。物证,是指能够证明案件真实情况的一切物品痕迹。其特点是以物品的外在形态、内在属性等反映一定的案件事实。比如,劳动者利用其工作服、工号牌来证明其为单位员工。

4. 视听资料。视听资料,是指借助电磁、光电、电子计算机设备等技术手段所记载和再现的声音、图像、数据等信息资料。目前视听资料在劳动争议中并不经常使用,其基本被电子数据所取代。

5. 电子数据。电子数据,是指基于计算机应用、通信和现代管理技术等电子化技术手段形成包括文字、图形符号、数字、字母等的客观资料。其是案发过程中形成的,以数字化形式存储、处理、传输的,能够证明案件事实的数据。随着数字化时代的到来,越来越多的用人单位通过电子系统等进行管理,如电子邮件、OA 系统中的文件、企业微信、人脸考勤、指纹考勤记录等电子数据证据。

6. 证人证言。证人证言,是指证人就自己所知道的与案件有关的情况向司法机关所作的陈述。一般应当是证人亲自看到或听到的情况,也可以转述他人知道的事实。由于受主客观多方面因素的影响,证言收集、运用时必须注意其来源、形成过程及内容,结合案件的情况和其他证据进行认真审查,并在法庭上听取各方证人的证言,经查证属实,方能作为定案处理的根据。故意作伪证或隐匿罪证的,应负法律责任。

7. 鉴定意见。鉴定意见,是指各行业的专家对案件(项目)中的专门性问题所出具的专门性意见。其本质是一种证人证言,所以它的质证同证人证言质证规则相同。比如,最佳证据规则、补强证据规则、非法证据排除规则等。在劳动争议案件中,笔迹、公章的真伪及形成时间、电子数据是否经过编辑、修改等属于比较常见的鉴定内容。

8. 勘验笔录。勘验笔录,是指人民法院指派的勘验人员对案件的诉讼标的物和有关证据,经过现场勘验、调查所作的记录,是民事诉讼中法定证据之一。在劳动争议案件中,勘验笔录适用较少。

三、劳动争议案件的举证责任分配

举证责任,是指当作为裁判基础的法律要件事实在诉讼中处于真伪不明的状态时,一方当事人因此而承担的诉讼上的不利后果。[①] 举证责任的分配对于用人单位来说至关重要。举证责任分配原则,是指司法机关确定证据缺失或者证据不足导致的不利后果是由劳动者承担还是由用人单位承担的划分标准。劳动争议中举证责任适用如下分配原则:

第一,一般规则:"谁主张,谁举证",即谁主张积极责任谁承担证明责任。根据《民事诉讼法》的规定,发生劳动争议,当事人对自己的主张,有责任提供证据。根据《最高人民法院关于适用〈中华人民共和国民事诉讼法〉的解释》第91条的规定,人民法院应当依照下列原则确定举证证明责任的承担,但法律另有规定的除外:(1)主张法律关系存在的当事人,应当对产生该法律关系的基本事实承担举证证明责任;(2)主张法律关系变更、消灭或者权利受到妨害的当事人,应当对该法律关系变更、消灭或者权利受到妨害的基本事实承担举证证明责任。例如,劳动者需要确认其与用人单位存在劳动关系,应当由劳动者就双方存在劳动关系承担证明责任。

第二,举证责任倒置。根据《最高人民法院关于审理劳动争议案件适用法律若

---

① 参见张卫平:《民事诉讼法》(第3版),中国人民大学出版社2015年版。

干问题的解释》第44条规定："因用人单位作出的开除、除名、辞退、解除劳动合同、减少劳动报酬、计算劳动者工作年限等决定而发生的劳动争议，用人单位负举证责任。"举证责任的倒置有利于平衡劳动者与用人单位的关系，弥补劳动者在举证能力上的差别。

第三，文书提出命令。《最高人民法院关于适用〈中华人民共和国民事诉讼法〉的解释》第112条规定，书证在对方当事人控制之下的，承担举证证明责任的当事人可以在举证期限届满前书面申请人民法院责令对方当事人提交。申请理由成立的，人民法院应当责令对方当事人提交，因提交书证所产生的费用，由申请人负担。对方当事人无正当理由拒不提交的，人民法院可以认定申请人所主张的书证内容为真实。由于在劳动争议中，很多证据是用人单位在管理的过程中形成的，因此用人单位应当提供属于其管理的与劳动争议相关的证据，否则要承担不利的后果。

四、用人单位的举证责任

《劳动争议调解仲裁法》第6条规定："发生劳动争议，当事人对自己提出的主张，有责任提供证据。与争议事项有关的证据属于用人单位掌握管理的，用人单位应当提供；用人单位不提供的，应当承担不利后果。"也就是说，"谁主张，谁举证"仍然是劳动争议案件中的举证原则。但是，与争议事项有关的证据属于用人单位掌握管理的，应当由用人单位来举证。

一般来说，用人单位的举证责任包括以下事项：(1)劳动者已举证证明在用人单位处提供劳动，但用人单位主张劳动关系不成立的，用人单位应当提交反证；(2)用人单位应就劳动者已领取工资的情况举证；(3)用人单位延期支付工资，劳动者主张用人单位系无故拖欠工资的，用人单位应就延期支付工资的原因进行举证；(4)劳动者主张加班工资的，用人单位应就劳动者实际工作时间的记录举证；(5)双方当事人均无法证明劳动者实际工作时间的，用人单位就劳动者所处的工作岗位的一般加班情况举证；(6)用人单位减少劳动者劳动报酬，应就减少劳动报酬的原因及依据举证；(7)用人单位应就解除劳动合同或事实劳动关系所依据的事实和理由举证；(8)用人单位主张劳动者严重违反劳动纪律或用人单位规章制度的，应就劳动者存在严重违反劳动纪律、用人单位规章制度的事实以及用人单位规章制度是否经民主程序制定并已向劳动者公示的事实举证；(9)用人单位应就各种实际已发生的工伤赔偿支付事实举证；(10)依法应由用人单位承担的其他举证责任。

案例说法

案例1:用人单位无证据证实劳动者"严重失职",被判支付赔偿金

宋某于1993年10月3日进某公司配料课工作,自1997年起宋某担任某公司PVC配料课课长。2009年10月23日,某公司发布公告,将宋某等配料课8名员工调至NBR车间担任机动支援工作。宋某未到NBR车间报到,仍留在PVC车间配料课。同年11月16日,某公司发布人事通知书,将宋某调至管理部后勤组任组长,宋某未至管理部后勤组报到,仍留在PVC车间配料课。2009年11月27日,某公司发布通告,内容为:"2009年10月6日起,由于生产原料环节出现问题,导致生产出大量不良品及二级品。宋某作为相关部门干部,没有尽到管理责任,造成公司严重损失,预估合计人民币三万元,根据《员工手册》第三十七条第二十一项和第二十三项之规定,给予大过二次之处理。"同日,某公司再次发布通告,内容为:"截至2009年11月27日,宋某本年度已累计二次大过,根据《员工手册》第四十一条第二十三项之规定,给予解除劳动合同之处理。即日起生效。"次日起,宋某未再到某公司上班。某公司工会对于某公司解除与宋某劳动合同的决定予以同意。2009年11月30日,某公司为宋某出具上海市单位退工证明。2010年1月13日,宋某申请劳动仲裁,要求某公司支付违法解除劳动合同赔偿金90,277.49元。

上海市金山区劳动争议仲裁委员会于2010年3月12日作出裁决:某公司支付宋某违法解除劳动合同赔偿金90,277.49元。某公司对裁决结果不服,诉至法院。

一审法院经审理后认为:本案的争议焦点之一在于某公司是否应当支付宋某违法解除劳动合同赔偿金及具体金额。根据规定,劳动者严重失职,营私舞弊,给用人单位造成重大损害的,用人单位可以解除劳动合同。本案中,某公司所生产的手套中出现质量问题是事实,关键是该质量问题是否是宋某严重失职或营私舞弊所造成。根据双方当事人的陈述,PVC车间生产手套过程涉及原料环节、配料环节、车间制造环节等,在车间制造环节有诸多工艺要求和生产流程。某公司未能提供充分证据证明宋某在任职期间存在严重失职或营私舞弊等行为造成产品质量问题并导致某公司重大损失,故某公司据此对宋某给予大过二次进而解除劳动合同的处罚缺乏事实依据。根据规定,用人单位违法解除或者终止劳动合同的,应当依照经济补偿标准的2倍向劳动者支付赔偿金。对某公司要求不支付宋某解除劳动合同赔偿金的诉讼请求,不予支持。故对于仲裁认定的赔偿金90,277.49元予以确认,即某公司应当支付宋某违法解除劳动合同赔偿金90,277.49元。

某公司上诉,二审法院认为:当事人对自己提出的诉讼请求所依据的事实有责任提供证据加以证明;没有证据或者证据不足以证明当事人的事实主张的,由负有举证责任的当事人承担不利后果。上诉人某公司主张,被上诉人宋某工作严重失职,给上诉人单位造成严重经济损失,而宋某又不服从工作调动,故某公司只能对被上诉人作出解除劳动合同的处理。本院认为,宋某虽担任某公司PVC配料课课长,但某公司PVC车间生产手套过程涉及原料环节、配料环节、车间制造环节等,在车间制造环节有诸多工艺要求和生产流程,上诉人现提供的证据不足以证明宋某在任职期间存在严重失职,营私舞弊,对某公司利益造成重大损害,且宋某在某公司对其发出调动工作岗位的公告和人事通知书后,仍留在某公司PVC车间配料课,直至2009年11月27日,故某公司据此对宋某给予大过二次之处理进而解除劳动合同缺乏事实依据,对上诉人的该项主张,本院不予采信。遂判决:驳回上诉,维持原判。

【裁判文书编号】

上海市第一中级人民法院(2010)沪一中民三(民)终字第2588号民事判决书

案例2:是否存在劳动关系,劳动者完成初步证明责任后举证责任转移给用人单位

2013年9月,某镇村民颜某经妻子介绍到丰县某配件厂工作,颜某在该厂工作3个月期间一直用小名"颜某某",工资发放方式为签名后直接领取现金,颜某在工资条上签名用的是小名"颜某某"。同年11月3日,颜某在工作过程中右手拇指被砸伤后送到医院治疗,诊断为右拇指甲根部离断伤,花费医疗费8000余元。某配件厂否认颜某与该单位有劳动关系,对颜某的医疗费等损失拒绝赔偿。颜某经劳动仲裁程序后,于2014年7月诉至丰县人民法院,请求确认与丰县某配件厂之间存在劳动关系。被告某配件厂则辩称2013年11月3日在工作受伤的另有其人,不是原告颜某,被告和受伤工人"颜某某"的纠纷已经解决,配件厂与颜某之间无劳动关系。庭审过程中出示司法鉴定意见一份,认定颜某提供的2013年9月工资单上"颜某某"的签名确系颜某本人所签,某配件厂亦对该份鉴定书予以认可,但仍辩称受伤的并非颜某。丰县人民法院经审理认为:当事人对自己提出的主张,有责任提供证据。

没有证据或者证据不足以证明当事人的事实主张的，由负有举证责任的当事人承担不利后果。颜某作为劳动者已初步完成了双方存在劳动关系的证明责任，被告未提供证据予以反驳，应承担不利后果。遂判决：双方之间存在劳动关系。

法院观点：发生劳动争议，当事人对自己提出的主张，有责任提供证据。对双方是否存在劳动关系，劳动者应负初步证明责任，用人单位如不认可，应提供证据予以反驳。根据证据规则，某配件厂对其主张的反驳事实负有举证责任。某配件厂虽辩称在工作中受伤的是另一位已离职的“颜某某”而非颜某，但在一审法院、二审法院审理过程中均未申请其主张的“颜某某”出庭作证，也未提供其他相反证据予以反驳，故法院对该主张不予支持。

【裁判文书来源】

2015 年江苏省徐州市中级人民法院发布徐州法院 2014 年度十个劳动争议典型案例之案例九

风险应对

一、风险点：劳动仲裁的举证期限

《劳动人事争议仲裁办案规则》第 15 条规定：“承担举证责任的当事人应当在仲裁委员会指定的期限内提供有关证据。当事人在该期限内提供证据确有困难的，可以向仲裁委员会申请延长期限，仲裁委员会根据当事人的申请适当延长。当事人逾期提供证据的，仲裁委员会应当责令其说明理由；拒不说明理由或者理由不成立的，仲裁委员会可以根据不同情形不予采纳该证据，或者采纳该证据但予以训诫。”

【HR 防范策略】

该规则说明了如何申请延期举证与逾期举证的后果，因此，用人单位应当把握好时间在仲裁委员会指定的期限内提供证据。

二、风险点：对于劳动争议案件质证的风险控制

质证，是指一方当事人在司法机关的主持下，对其他各方当事人提交的证据发表意见。根据《劳动争议调解仲裁法》第 38 条的规定，当事人在仲裁过程中有权进行质证。根据《民事诉讼法》第 71 条以及《最高人民法院关于适用〈中华人民共和

国民事诉讼法〉的解释》第103条的规定，证据应当在法庭上出示，由当事人互相质证。未经当事人质证的证据，不得作为认定案件事实的根据。

【HR防范策略】

在质证的过程中，用人单位应当注意根据证据的类型、来源等，围绕证据的“三性”及证明力进行说明。

第一，对证据形式要求发表质证意见。例如，对物证、书证要求其出示原件；对证人证言要求到庭接受质询；对于电子数据要求属于原始证据。

第二，审查证据来源的合法性，如鉴定机构必须资质合法，使用的鉴定器材必须符合标准。

第三，审查证据的真实性和关联性，证据必须合法真实，必须与案件具有关联性，核实各项证据之间是否存在相互矛盾的情形。

第四，在审查对方证据的过程中，要注意是否构成自认，是否是直接或间接的证明己方观点的证据，以此强化本方证据的证明力。

操作指引

证据收集技巧

第一，证据的收集要全面化。在劳动争议发生之前，用人单位就应当注重证据的保存，从劳动者入职到离职，任何使劳动关系发生变化或对双方权利义务产生影响的事项，都应当尽量以书面或其他可靠的形式进行体现和保存。

第二，证据的管理要合规化。这里的合规化至少包含以下两点：首先是用人单位向劳动者索取的可以作为证据的材料应当是合法的；其次是规章制度等应当经过民主程序并向劳动者公示，其他与劳动者密切相关的事项也应当及时在公告栏展示并拍照留存。

第三，要定期进行证据的核实。许多时候劳动者提交的证明材料可能并不真实，或者经过法律、法规的调整，国家对某些证据的形式等要求发生了变化，用人单位可以通过定期核实梳理出一些对自己不利的证据。

第四，注重高效力证据的提取。在证据效力上，书面证据一般高于电子证据，经劳动者签字确认的证据一般高于没有签字的证据。用人单位在告知单位规章制度，通知劳动者变更岗位、薪资，以及续签劳动合同或通知解除劳动合同时，务必通过书面方式进行并注意让员工签收。

第五，及时补足欠缺证据。对于在定期核实中或劳动争议发生后欠缺的证据，用人单位应当及时向劳动者补充收集。此时的补充可以通过短信询问、录音确认等方式进行。

当然，无论举证责任如何分配或劳动关系的双方当事人如何谨慎全面地收集证据，双方切实遵守劳动法规、互相尊重和理解才是共建和谐劳动关系、保证双方共赢的真正良方。

疑难解答

一、如何提高电子证据的证明力?

电子证据是法律认可的一种证据形式，但由于其很容易被篡改，且改变后不易被发现，因此证明力在司法和仲裁程序中存在不确定性。以电子邮件为例，由于目前中国司法机关对于电子证据之使用尚处于探索阶段，在劳动争议中成功使用电子证据的案例还不多。在目前的工作环境中，电子邮件几乎是最为重要的一种信息载体，劳动者与用人单位之间的很多重要交流都通过电子邮件完成。一些用人单位通过推广无纸化办公等措施，更是将电子邮件的重要性提高到了前所未有的地位。我们认为，对于电子邮件等类似信息载体，当其用作诉讼证据时，可以通过以下方法来提高其证明力：

第一，进行公证。但是经过公证的电子证据，也只是证明公证之时系统中电子证据的真实状况是如此，不能证明之后在提交法庭或仲裁庭时未被篡改。从目前实践来看，公证处一般不会对存储于用人单位内网服务器或劳动者私人电脑中的电子证据进行公证，而仅仅接受对公共网络空间中的电子证据进行公证。比如，各地公证处一般可对存储于新浪邮箱、163 邮箱等的邮件信息的内容进行公证，因为这些邮箱的服务器并不由邮箱的使用者进行控制，因此具有较大程度上的客观性。

第二，把原始电子证据打印出来，让劳动者签字确认。这种方式的证明力很充分，能够彻底解决电子证据证明力不确定的问题，但是打印并签字的证据实际上已经不再电子证据，而是转化成了普通的书面证据，另外客观上也增加了 HR 日常管理的工作量。

二、多家关联公司交叉使用劳动者，根据现有证据难以查明劳动者实际工作状况的，如何处理？

多家关联公司交叉使用劳动者的，多家关联公司都可能被列为诉讼当事人，以多家关联公司发放工资、缴纳社会保险、工作地点、工作内容，作为判断存在劳动关系的因素，并结合劳动者陈述的事实认定劳动关系。考虑到这种复杂难定的关联交叉关系，法院可能会判决一家主要公司承担劳动关系的主要义务，同时多家关联公司可能承担连带责任。因此，对于用人单位而言，繁复的公司组织结构设计、关联公司构架设计，并不能逃脱对劳动者承担责任，建议用人单位还是明确好劳动者和实际用工公司之间的劳动关系。

三、加班工资的举证责任由谁承担？

当事人对自己提出的诉讼请求所依据的事实或者反驳对方诉讼请求所依据的事实，应当提供证据加以证明，但法律另有规定的除外。在作出判决前，当事人未能提供证据或者证据不足以证明其事实主张的，由负有举证证明责任的当事人承担不利的后果。

具体来说，加班工资的举证责任划分如下：劳动者主张加班工资的，应当自行提供初步的证据，证明加班事实的存在，继而用人单位承担进一步的举证责任证明劳动者的主张中不准确或者不成立的部分。但是如果因为用人单位的管理疏漏导致用人单位无法提供证据证明劳动者主张的不成立，或者劳动者能够证明相关证据由用人单位保存但用人单位无法提供的，则用人单位需要承担举证不能的不利后果，即劳动者的初步证据及主张有可能得到法律的支持。因此，实践中对于加班审批流程和履行了相应流程的证据是此类案件的关键资料，用人单位在实践管理中需要格外重视。

法条链接

1.《劳动争议调解仲裁法》(2008 年 5 月 1 日)

第六条 发生劳动争议,当事人对自己提出的主张,有责任提供证据。与争议事项有关的证据属于用人单位掌握管理的,用人单位应当提供;用人单位不提供的,应当承担不利后果。

2.《最高人民法院关于适用〈中华人民共和国民事诉讼法〉的解释》(2022 年 4 月 10 日修正)

第九十一条 人民法院应当依照下列原则确定举证证明责任的承担,但法律另有规定的除外:

(一)主张法律关系存在的当事人,应当对产生该法律关系的基本事实承担举证证明责任;

(二)主张法律关系变更、消灭或者权利受到妨害的当事人,应当对该法律关系变更、消灭或者权利受到妨害的基本事实承担举证证明责任。

第一百一十二条 书证在对方当事人控制之下的,承担举证证明责任的当事人可以在举证期限届满前书面申请人民法院责令对方当事人提交。

申请理由成立的,人民法院应当责令对方当事人提交,因提交书证所产生的费用,由申请人负担。对方当事人无正当理由拒不提交的,人民法院可以认定申请人所主张的书证内容为真实。

3.《最高人民法院关于民事诉讼证据的若干规定》

第十七条 符合下列条件之一的,当事人及其诉讼代理人可以申请人民法院调查收集证据:

(一)申请调查收集的证据属于国家有关部门保存并须人民法院依职权调取的档案材料;

(二)涉及国家秘密、商业秘密、个人隐私的材料;

(三)当事人及其诉讼代理人确因客观原因不能自行收集的其他材料。

第六节　劳动争议的执行问题

实务精讲

一、劳动争议执行概述

劳动合同争议案件的执行，也被叫作劳动合同争议案件强制执行，是指法院执行组织依照法律规定的程序，依法采取强制措施，强制义务人履行生效法律文书所确定的义务，以实现权利人合法权利的活动。

劳动争议案件的执行是劳动争议解决的最后一步，它关系权利人利益的真正实现，对于保障用人单位利益、维护劳动者合法权益、社会稳定有重要意义。

二、劳动争议执行和解

执行和解，是指在执行过程中，由双方当事人自愿作出相互谅解和让步，就如何履行生效法律文书的有关内容达成协议，以解决相互之间的劳动争议，从而结束执行程序的一种活动。执行和解是当事人行使处分权的行为，只要内容不违反法律规定，不损害国家、集体和他人的利益，且是双方当事人的真实意思表示，执行法院都应当准许。执行和解能大大提升司法效率，有利于尽快实现各方合法权益，应当支持并倡导实现执行和解。执行和解与调解发生阶段不同。法院调解贯穿诉讼的全过程，但在法院作出裁判之后，则不允许再进行调解。而执行和解发生于执行程序中，只要不违背法律规定，达成的协议就是有效的。

执行和解必须具备一定的条件方能成立，这些条件包括：(1)主观条件：和解双方当事人须完全出于自愿。执行和解的核心特征是当事人自行和解，排除了第三方介入和当事人不自愿的情形。一方面，它是由当事人双方主动协商进行的，不需要有其他任何组织或个人参加主持。任何一方当事人或第三人在都不得采取威胁、利诱、欺诈等非法手段强迫对方当事人与之达成和解协议。另一方面，当事人自己在重大误解情况下达成和解协议的，即不是出于当事人自愿，执行和解不成立。(2)客观条件：和解内容必须合法。和解内容不得违反国家法律、法规的有关规定，不得损害国家、集体或他人的利益，同时，也不得违反社会公共道德。否则，和解协议是无效的。

和解协议成立后，即产生结束执行程序的效力。和解协议已经履行完毕的，不得再请求恢复执行，人民法院不予恢复执行。当一方当事人对该协议反悔的情况下，另一方当事人不得将该和解协议作为执行根据向法院申请强制执行。执行和解协议书只是当事人之间的协议，不得成为执行依据，不能排除原执行依据的执行力。所以当事人达成和解协议后，原执行依据并不因此失效，只是原执行程序因而中止或结束。一方当事人不履行或不完全履行和解协议的，人民法院可以根据对方当事人的申请，恢复对原生效法律文书的执行，但和解协议已履行的部分应当扣除。除此之外，当事人可以考虑对和解协议提起诉讼。《最高人民法院关于执行和解若干问题的规定》第 9 条规定："被执行人一方不履行执行和解协议的，申请执行人可以申请恢复执行原生效法律文书，也可以就履行执行和解协议向执行法院提起诉讼。"可见，法律明确了对和解协议反悔后的处理，即依对方当事人的申请恢复执行，也可以就履行执行和解协议向执行法院提起诉讼。

三、劳动争议执行中止

执行中止，是指在执行程序中，由于出现了某种特殊情况而暂时停止执行程序，待这些特殊情况消失后再恢复执行的制度。执行中止的情形法定，不符合这些情形的，人民法院不得以其他事由随意中止执行。

执行中止的情形由法律规定，《民事诉讼法》和最高人民法院的司法解释都有关于执行中止的规定。有下列情形之一的，人民法院应当裁定中止执行：(1)申请人表示可以延期执行的；(2)案外人对执行标的提出确有理由的异议的；(3)作为一方当事人的公民死亡，需要等待继承人继承权利或者承担义务的；(4)作为一方当事人的法人或者其他组织终止，尚未确定权利义务承受人的；(5)人民法院认为应当中止执行的其他情形。中止的情形消失后，恢复执行。

《最高人民法院关于人民法院执行工作若干问题的规定(试行)》第 102 条规定的执行中止的情形：(1)人民法院已受理以被执行人为债务人的破产申请的；(2)被执行人确无财产可供执行的；(3)执行标的物是其他法院或仲裁机构正在审理的案件争议标的物，需要等待该案件审理完毕确定权属的；(4)一方当事人申请执行仲裁裁决，另一方当事人申请撤销仲裁裁决的；(5)仲裁裁决的被申请人依据《民事诉讼法》第217条第2款的规定向人民法院提出不予执行请求,并提供适当担保的。中止执行的情形消失后,执行法院可以根据当事人的申请或依职权恢复执行。恢复执行应当书面通知当事人。

四、劳动争议执行终结

执行终结,是指在执行程序中,因发生法律规定的事由,使执行程序没有必要或者不可能继续,从而结束执行程序的制度。执行终结是一种非正常的结束执行的方式,不同于执行完毕,后者是指通过执行,生效法律文书中权利义务相关规定已得到全部实现,因此结束执行程序。

依照我国《民事诉讼法》第264条的规定,有下列情形之一的,人民法院裁定终结执行:(1)申请人撤销申请的;(2)据以执行的法律文书被撤销的;(3)作为被执行人的公民死亡,无遗产可供执行,又无义务承担人的;(4)追索赡养费、扶养费、抚养费案件的权利人死亡的;(5)作为被执行人的公民因生活困难无力偿还借款,无收入来源,又丧失劳动能力的;(6)人民法院认为应当终结执行的其他情形。

其他情形如在执行中,被执行人被人民法院裁定宣告破产或作为被执行人的企业法人终止,又确无连带义务人,执行法院应当裁定终结执行。

案例说法

案例1:被执行人为个体工商户时,可以直接强制执行经营者的财产

复议申请人高某菊因不服淄博市临淄区人民法院(以下简称临淄法院)(2019)鲁0305执异279号执行裁定,向法院申请复议。临淄法院在执行××、××、××与××镇××吊装队劳动争议一案[执行案号:(2019)鲁0305执2398号]中,申请人高某菊向该院申请追加王某华为本案被执行人,并提供了录音内容摘要予以证明。

临淄法院认为:《最高人民法院关于民事执行中变更、追加当事人若干问题的规定》第28条第2款规定,本案中,申请执行人高某菊以被申请人王某华为××镇××吊装队实际控制人为由,申请追加王某华为本案被执行人,该申请理由并不符合《最高人民法院关于民事执行中变更、追加当事人若干问题的规定》所列追加情形。

根据上述规定，对高某菊的申请，予以驳回。

二审法院认为：本案争议的焦点问题是能否追加被申请人王某华为本案的被执行人。首先，复议申请人虽称本案的被执行人××镇××吊装队的实际经营者为王某华，且该事实已被(2017)鲁0305民初1008号民事判决予以查清并认定。但根据本院查明的情况，(2017)鲁0305民初1008号民事判决并未生效，被执行人××镇××吊装队因不服上述判决向本院提起上诉，且其上诉的理由系认为王某华并非其实际经营者。鉴于本院对此已作出(2017)鲁03民终2654号民事调解书，(2017)鲁0305民初1008号民事判决并未发生法律效力，因此，复议申请人主张以该判决证实王某华系××镇××吊装队的实际经营者依据不足，本院不予采纳。其次，《最高人民法院关于民事执行中变更、追加当事人若干问题的规定》第13条第2款规定，个体工商户的字号为被执行人的，人民法院可以直接执行该字号经营者的财产。根据上述法律规定，复议申请人可以直接向法院申请对××镇××吊装队经营者的财产予以执行，而无须通过变更、追加程序追加经营者为被执行人。鉴于王某华并非××镇××吊装队工商登记的经营者，且复议申请人并无充分证据证实王某华系被执行人××镇××吊装队的实际经营者，复议申请人以此为由要求追加王某华为被执行人无事实和法律依据，本院不予支持。如申请执行人坚持认为王某华系××镇××吊装队实际经营者，并要求其承担相应责任，其应当通过诉讼等其他程序予以解决。综上，二审法院裁定如下：

驳回复议申请人高某菊的复议申请，维持淄博市临淄区人民法院(2019)鲁0305执异279号执行裁定。

【裁判文书编号】

山东省淄博市中级人民法院(2020)鲁03执复132号执行裁定书

案例2：执行法院未发现且申请执行人在指定期限内不能提供财产可供执行，可终结本次执行程序

申请执行人王某军与被执行人某吊装租赁有限公司劳动关系争议纠纷一案，深圳市南山区劳动人事争议仲裁委员会作出的深南劳人仲案[2014]268号仲裁裁决书已经发生法律效力。由于被执行人某吊装租赁有限公司未履行上述生效法律文书确定的义务，申请执行人王某军向法院申请强制执行，请求被执行人支付经济补偿金、工资差额、律师费等款项共计人民币35,644.8元及迟延履行期间的债务利息，法院已依法受理。

执行过程中，法院依法对被执行人某吊装租赁有限公司的财产进行了调查。经向深圳市国土、工商、证券、车管、银行等相关部门查询，均未发现被执行人某吊装租赁有限公司有可供执行的财产。

法院认为，本案被执行人目前没有可供执行的财产，且申请执行人在指定期限内不能提供财产可供执行。因此，本次执行程序无法继续进行，可予以终结，需要等待继续执行的条件成就后再重新启动。如发现被执行人新的财产线索，申请执行人可持本裁定向本院重新申请强制执行。依照《最高人民法院关于适用〈中华人民共和国民事诉讼法〉的解释》第519条的规定，裁定如下：

终结本次执行程序。

【裁判文书编号】

广东省深圳市南山区人民法院(2015)深南法执字第1145号执行裁定书

疑难解答

一、劳动争议仲裁裁决如何申请执行？

劳动争议仲裁裁决由人民法院强制执行。根据《劳动争议调解仲裁法》第51条的规定，当事人对发生法律效力的调解书、裁决书，应当依照规定的期限履行。一方当事人逾期不履行的，另一方当事人可以依照民事诉讼法的有关规定向人民法院申请执行。受理申请的人民法院应当依法执行。《民事诉讼法》第231条规定，由人民法院执行的其他法律文书，由被执行人住所地或者被执行的财产所在地人民法院执行。

二、怎么判断劳动仲裁裁决是否生效？

对于一般劳动仲裁裁决，双方当事人在收到仲裁裁决书之日起15日内未向人民法院提起诉讼，该裁决才生效。

对于终局裁决案件则规定有所不同，终局裁决案件包括两类：追索劳动报酬、工伤医疗费、经济补偿或者赔偿金，不超过当地月最低工资标准12个月金额的案件，以及因执行国家的劳动标准在工作时间、休息休假、社会保险等方面发生的案件。

劳动者在收到终局仲裁裁决书之日起15日内未向人民法院提起诉讼,裁决即生效,用人单位只有在有证据证明仲裁裁决有适用法律错误、审理程序不当以及存在其他足以影响公正裁决的行为时,才可以申请撤销该裁决,且必须在收到仲裁裁决书之日起30日内向劳动争议仲裁委员会所在地的中级人民法院提出。

三、用人单位撤销仲裁裁决与劳动者申请执行冲突如何处理?

由法院根据不同情形分别裁定。根据《最高人民法院关于审理劳动争议案件适用法律问题的解释(一)》第25条的规定,劳动争议仲裁机构作出终局裁决,劳动者向人民法院申请执行,用人单位向劳动争议仲裁机构所在地的中级人民法院申请撤销的,人民法院应当裁定中止执行。用人单位撤回撤销终局裁决申请或者其申请被驳回的,人民法院应当裁定恢复执行。仲裁裁决被撤销的,人民法院应当裁定终结执行。用人单位向人民法院申请撤销仲裁裁决被驳回后,又在执行程序中以相同理由提出不予执行抗辩的,人民法院不予支持。

四、索要工资的案件已经申请强制执行后又发现可供执行的财产应该怎么做?

申请强制执行后,执行法官会主动依职权对被执行公司名下的银行账户、车辆、房产等财产情况进行查询,发现可供执行的财产线索后,法官将及时采取强制措施。

在此期间,如果有该公司的相关财产线索,可以向执行法官提供,缩短执行周期。例如,可以到银行打印工资流水,确定该公司发放工资的对公账户,也可以将该公司办公用车、营业场所、法定代表人、主要负责人的相关信息及时告知承办法官。

法条链接

1.《民事诉讼法》(2022年1月1日修正)

第二百三十一条 发生法律效力的民事判决、裁定,以及刑事判决、裁定中的财产部分,由第一审人民法院或者与第一审人民法院同级的被执行的财产所在地人民法院执行。

法律规定由人民法院执行的其他法律文书,由被执行人住所地或者被执行的财产所在地人民法院执行。

第二百三十七条 在执行中,双方当事人自行和解达成协议的,执行员应当将协议内容计入笔录,由双方当事人签名或者盖章。

申请执行人因受欺诈、胁迫与被执行人达成和解协议,或者当事人不履行和解协议的,人民法院可以根据当事人的申请,恢复对原生效法律文书的执行。

第二百六十三条 有下列情形之一的,人民法院应当裁定中止执行:

(一)申请人表示可以延期执行的;

(二)案外人对执行标的提出确有理由的异议的;

(三)作为一方当事人的公民死亡,需要等待继承人继承权利或者承担义务的;

(四)作为一方当事人的法人或者其他组织终止,尚未确定权利义务承受人的;

(五)人民法院认为应当中止执行的其他情形。

中止的情形消失后,恢复执行。

第二百六十四条 有下列情形之一的,人民法院裁定终结执行:

(一)申请人撤销申请的;

(二)据以执行的法律文书被撤销的;

(三)作为被执行人的公民死亡,无遗产可供执行,又无义务承担人的;

(四)追索赡养费、扶养费、抚养费案件的权利人死亡的;

(五)作为被执行人的公民因生活困难无力偿还借款,无收入来源,又丧失劳动能力的;

(六)人民法院认为应当终结执行的其他情形。

2.《最高人民法院关于执行和解若干问题的规定》(2021年1月1日修正)

第九条 被执行人一方不履行执行和解协议的,申请执行人可以申请恢复执行原生效法律文书,也可以就履行执行和解协议向执行法院提起诉讼。

3.《浙江省高级人民法院关于规范执行和解工作的规定(试行)》(2006年9月1日)

第二条 执行和解应当遵循自愿、合法原则。

执行人员不得强迫执行当事人进行执行和解,不得以任何方式对和解协议的内容施加影响。

第三条 有履行生效法律文书确定债务能力的被执行人,请求人民法院召集双方当事人进行和解的,不予支持。

第四条 执行当事人请求执行人员指导其签订执行和解协议的，执行人员应当对执行和解协议必备要素以及不履行和解协议的法律后果等予以释明。

第五条 执行和解协议一般采取书面形式。无书面协议的，执行人员应将和解协议的内容记入笔录，并由双方当事人签名或者盖章。

第六条 执行和解协议违反法律规定或者损害国家、集体、第三人利益的，人民法院不予认可。

4.《北京市高级人民法院关于规范民事执行和解的若干规定(试行)》(2005年7月25日)

第十七条 被执行人不履行或者不完全履行和解协议，申请执行人申请执行原生效法律文书的，执行法院应当恢复执行，但和解协议已经履行完毕的部分应当扣除。

和解协议约定第三人代被执行人履行义务的，第三人不履行或不完全履行时，依前款处理。除第三人已向执行法院提供担保外，执行法院在恢复执行时不得将第三人追加为被执行人。

第十八条 被执行人依约定全面、适当履行自己义务的，除和解协议依本规定第九条、第十条之规定被撤销或宣告无效外，申请执行人不得任意反悔并申请恢复执行原生效法律文书。

申请执行人不履行和解协议或者履行的内容不符合和解协议约定的，被执行人可以依据有关法律规定另行起诉，请求其承担违约责任。

第十九条 当事人申请恢复执行原生效法律文书，适用民事诉讼法第二百一十九条申请执行期限的规定。申请执行期限因当事人达成执行和解协议而中止，其期限从和解协议所定履行期限的最后一日起连续计算。

当事人申请恢复执行原生效法律文书，被执行人以超过申请恢复执行期限为由提出抗辩，人民法院经审查属实的，不予恢复执行，原执行案件终结。当事人可依据和解协议另行起诉。

第二十一条 执行和解案件的申请执行费，由执行法院按照和解协议约定的履行数额确定。

当事人申请恢复执行原生效法律文书的，收费标准和收费方式参照《北京市高级人民法院关于进一步完善执行收费制度的暂行规定》执行。

文书工具

《执行申请书》(见书尾文书工具附录,编号:NO.23)

文书工具附录

NO.01 试用期内解除劳动合同相关文书

录用条件确认书

员工姓名：　　　　身份证号码：　　　　　　　　工作岗位：
入职时间：

试用期期限：自　　年　月　日至　　年　月　日

本人同意，在试用期内出现以下任一情况，均视为不符合录用条件：

岗位录用条件：

1. 试用期内员工存在任何工作内容或其他事项上的虚假陈述、提交虚假材料（此包含应聘入职时提供的材料：学历学位证书、工作经历、教育经历、体检证明材料等，也包括工作中向上级提交虚假的工作材料）、隐瞒事实的行为属于不符合录用条件。

2. 患有传染性、精神性、不可治愈性以及其他严重疾病；或体检结果不符合公司该岗位录用标准；试用期内因患病或非因工负伤导致无法履行试用期工作达1个月或以上的，视为不符合录用条件。

3. 试用期内连续无故旷工达2天，累计旷工达3天的，视为不符合录用条件。

4. 若员工拒绝接受公司下达的工作任务等消极怠工行为，或其他有违公司劳动纪律的行为，公司有权给予口头或书面警告；试用期内给予第2次书面警告的，视为不符合录用条件。

5. 与第三方同时存在劳动、人事关系，但在入职时未作出书面声明或提交的证明、承诺等虚假、不实的，视为不符合录用条件。

6. 不能按岗位职责或岗位描述完成工作任务的，视为不符合录用条件。

7. 在试用期内拒绝参加公司组织的考评，或者试用期考评成绩小于等于50分；劳动合同或公司相关制度规定的其他不符合录用条件的情形。

----------骑缝章----------

回　执

员工：________（身份证号码：__________________________）已认真仔细阅读并充分理解本《录用条件确认书》【编号：×××】，同时郑重承诺如达不到录用条件，本人愿意接受公司依法解除劳动合同的行为。

签字：

日期：

试用期解除劳动合同通知书范本

____________：

鉴于：

1. ________年____月____日，你与本公司签署了劳动合同，约定合同期限至________年____月____日届满，其中试用期至________年____月____日。

2. 在你入职之初以及任职期间，公司已经向你公示了全部规章制度，你有义务并已承诺严格遵照执行。

关于解除事由：

试用期不符合录用条件，具体为如下情形之一：

□试用期转正评估不合格；

□存在欺骗行为，未向公司如实陈述与劳动合同直接相关的基本情况，如与第三方存在劳动/劳务关系；或对第三方承担竞业禁止业务；或有违法犯罪记录等；

□存在欺骗行为，未如实向公司陈述个人学历、工作经历、工作业绩及身体健康状况等；

□未按公司要求与公司签订劳动合同或相关协议，或未按公司要求提供离职证明；

□试用期内连续或者累计请假超过________个工作日（包括本数）；

□试用期内培训考核不合格；

□出现其他情形，按照公司规章制度可以在试用期解除劳动合同的情况。

公司的决定：

自________年____月____日起，公司解除与你之间的劳动合同/劳动关系。

离职提示：

1. 请你按照公司规章制度的要求办理离职交接手续，交接内容包括但不限于工作、物品、劳动报酬、社会保险关系、住房公积金、人事档案等。

2. 如果你的人事档案存放于公司或公司在中介的集体户，请你在收到本通知书之日起3日内以书面方式通知公司你的人事档案接收单位以及办理档案转移所需的相关信息。否则，公司将依法将其转至你户籍所在地的街道社保经办机构，你应于劳动关系解除之日起60日内到该处办理失业登记，逾期未到导致的相关责任由你本人承担。

3. 劳动合同/劳动关系解除后，你无权再以公司员工的身份对外发表任何言论、实施任何行为。否则，公司保留向你追究相关责任的权利。

4. 请注意，公司规章制度及/或与你签署的法律文件中的部分内容并不因本决定而失效，如保守商业秘密、不得损害公司利益及商誉的义务等。因此，你应当按照约定继续履行相关义务。

×××公司（单位）

人力资源部（盖章）

说明：

1. 本通知书一式二份，送达一份，存根一份。

2. 涂改无效。

送达记录：

送达人（签字）：＿＿＿＿＿＿＿ 受送人（签字）：＿＿＿＿＿＿＿ 送达时间：＿＿＿＿＿＿＿＿＿

NO. 02 《协商一致解除劳动合同协议书》

协商一致解除劳动合同协议书

甲方：（用人单位）

乙方：（劳动者）　　　　身份证号码：

乙方于＿＿＿＿年＿＿月＿＿日始服务于甲方，现甲、乙双方根据《劳动合同法》第36条的规定，本着“平等自愿，协商一致”原则，协商解除双方于＿＿＿＿年＿＿月＿＿日签订的劳动合同：

1. 双方的劳动关系于＿＿＿＿年＿＿月＿＿日正式解除，乙方的工资、加班费等结算至该日。

2. 乙方的社会保险待遇截至________年____月底。

3. 乙方按规定于________年____月____日前办理完结工作交接及相关离职手续，如乙方未在规定期限内办理相关手续则相关法律责任由其自行承担。

4. 甲方指派相关人员配合乙方的工作交接和手续的办理，并在乙方办理完结交接手续的当日出具相应的离职证明。

5. 双方同意甲方：

不支付协商解除劳动合同的经济补偿金/支付协商解除劳动合同的经济补偿金。如有经济补偿金，则经济补偿金的基数为________元，员工工作年限转化的月份数为____月，经济补偿金计算方法为____________，经济补偿金数额共计：____________元。

6. 本协议自签订之日起即时生效，双方即时解除劳动关系，甲方与乙方不存在劳动关系存续期间其他争议和未结事宜，任何一方不得以任何形式（包括但不限于仲裁、诉讼、索赔、申诉等形式）基于劳动关系提出其他请求。

7. 本协议一式两份，甲、乙双方各持一份，具有同等法律效力。

甲方（签字并盖章）：　　　　　　　　乙方（签字）：

年　月　日　　　　　　　　　　　　年　月　日

NO. 03 《员工离职声明》

员工离职声明

声明人：________，　身份证号码：________，就声明人事宜，特声明如下：

一、声明人确认于________年____月____日起与________有限公司（以下简称公司），解除劳动关系。

二、声明人离职属于个人原因，不存在公司过错，但对于声明人之前突然离职，没有任何工作交接给公司带来的损失，公司保留追究声明人责任的权利。

三、声明人确认在公司工作期间，不存在拖欠任何费用，不存在任何劳动争议，声明人已领取全部的劳动报酬并离职后不再向公司要求任何劳动报酬、赔偿或补偿。

四、声明人今领取到工资________元，与公司的所有账务已全部结清。

五、声明人今后在外的一切活动均属于个人行为，所造成的任何经济损失和法律责任均与公司无关。

上述表述，是本人真实意思表达。

声明人：(签字)

××××年××月××日

NO. 04 《辞退通知书》

辞退通知书

________先生/女士：

根据本公司与您签订的劳动合同第________条第________款的规定，决定终止合同，请您于________年____月____日离开本公司。

您的一切待遇按照________的规定办理。

×××有限责任公司

________年____月____日

NO. 05 《经济性裁员通知书》

经济性裁员通知书

____________先生/女士：

因为本公司的经营方针和业务发生重大的调整和变化，您所学的专业和您的经历、能力均不符合公司的要求，故通知与您终止劳动合同，请您于________年____月____日前完成工作交接。谢谢您多年来对本公司的支持和帮助。

您的一切待遇均按照国家法律法规、我公司的____________规定和劳动合同的约定处理。

____________有限责任公司

年　月　日

NO.06 《劳动合同到期终止的通知》

劳动合同到期终止的通知

__________先生/女士：

××公司与________部员工________订立的劳动合同(合同期限：________年____月____日至________年____月____日)，即将届满。根据国家和地方法律、法规、政策以及劳动合同的相关约定，经公司管理层批准，依法与您终止劳动合同，届时由公司管理部通知您办理相关的离职手续。

特此通知！

××有限公司

年　月　日

NO.07 《离职/辞职交接单》

离职/辞职交接单

<table>
<tr><td colspan="2">部门</td><td>姓名</td><td>职位</td><td>入职时间</td><td>离职时间</td></tr>
<tr><td colspan="2"></td><td></td><td></td><td></td><td></td></tr>
<tr><td colspan="6">交接内容</td></tr>
<tr><td>所属部门</td><td colspan="5">1. 物品交接　　　　交接人签字：
2. 工作交接　　　　交接人签字：
(如不够附纸张)
3. 奖惩情况
部门经理签字：</td></tr>
<tr><td>财务部</td><td colspan="5">1. 借款：
2. 报销款：　　　　经办人签字：
3. 其他：</td></tr>
<tr><td>部门确认</td><td colspan="5">邮箱关闭　　　　经办人签字：</td></tr>
</table>

续表

管理中心	1. 固定资产、办公用品：　　　　经办人签字： 2. 电脑：　　　　经办人签字： 3. 职员宿舍：　　　　经办人签字： 4. 其他：　　　　经办人签字：
	1. 考勤确认：　　　　经办人签字： 2. 劳动合同：　　　　经办人签字： 3. 各项保险截至时间：　　　　经办人签字： 社保：　　年　月；医保：　　年　月； 住房公积金：　　年　月 　　　　经办人签字： 4. 档案要求转出时间：　　年　月　日 　　　　经办人签字：

NO. 08 《员工退休通知书》

员工退休通知书

________先生/女士：

经您个人人事资料显示，您的入职日期为________年____月____日，工号________所属部门________，劳动合同有效期限________年____月____日，您于________年____月____日达到国家法定退休年龄____周岁，依照法律法规，您的最后一个工作日为____，届时您与公司签订的劳动合同自行终止。请于________年____月____日前与部门做好相关移交工作后，到公司财务中心结算工资，感谢您入职以来对企业所作出的贡献。

特此告知！

××人力资源部

日　期

本人意见

本人自愿申请办理退休（退职）

本人签名：　　　　年　月　日

NO.09 《退休返聘协议》

退休返聘协议

甲方(用人单位):

地址:

法定代表人:

乙方(受聘人员):　　　　性别:　　　年龄:

住址:

联系地址:

居民身份证号码:

居住证号码:

电子邮箱:

紧急状态联系人:　　　　　　　　　联系电话:

紧急状态联系人地址:

鉴于乙方已经依法享受基本养老保险待遇或领取退休金(含国家规定的退休金和其他待遇),不具备劳动关系的主体资格。但因能为甲方提供劳务,甲乙双方本着自愿、平等的原则,经协商一致,同意签订本劳务协议,以便共同遵守。

第一条　本协议期限:　　年(月),自　　年　月　日至　　年　月　日。

第二条　乙方承担的劳务内容、要求为:________________________________。

第三条　乙方提供劳务的方式为:____________________________________。

第四条　甲方有权根据实际生产经营需要或乙方工作能力等情况调整乙方的工作岗位、工作内容和劳务报酬,但应及时告知乙方。

第五条　乙方每月基本劳务报酬为:________元。前述劳务报酬为税前收入。如需缴纳个人所得税,由甲方在乙方报酬中按国家规定代扣代缴。

第六条　为及时解决争议,甲乙双方约定:如乙方对本人劳务报酬有异议,应当在劳务报酬发放日后的________个工作日内向甲方提出,未提出的视为乙方接受并认可收到的劳务报酬数额及项目，且没有任何异议。

第七条 双方的权利义务

1. 甲方的权利和义务

(1) 甲方应及时向乙方支付本协议规定的劳务报酬。

(2) 甲方有权自主定义、分配、委任适合乙方职务的职责。甲方有权不时增加或者减少乙方的职责。

(3) 甲方保留对因乙方违反公司规章制度而导致的工作事故所造成的损失，而向乙方索赔的权利。

2. 乙方的权利和义务

(1) 乙方应贡献其时间、注意力、技能、精力专门用于甲方的业务，并为提高甲方最高利益履行其职责。乙方不得从事任何可能占用工作时间的其他职责或活动，无论是直接的还是间接的，单独的或与他人合伙，或作为任何其他公司、合伙企业或其他组织的领导、董事、雇员。

(2) 乙方应诚实、勤勉履行公司分配的职责和责任。乙方不得利用其职位、作用或权利为自己谋私利。乙方应对其个人劳务报酬严格保密，并不得询问公司其他人员的报酬。

(3) 乙方应当遵守适用于其与甲方之间的劳务关系的法律、法规、规则以及在本协议期限内有效的所有公司的规章、规则、制度，乙方应遵守甲方可能颁布的与劳动安全、卫生有关的规章、规定及操作程序。

(4) 根据相关法律的规定，乙方运用甲方提供的信息、资料和设备在正常的工作时间及下班后的任何时间所完成的任何发明、改进、修改、发现的成果均属于甲方。

(5) 乙方应严格遵守甲方的规章制度及各项劳动纪律。

第八条 发生下列情形之一，本协议终止：

(1) 本协议期满的；

(2) 双方就解除本协议协商一致的；

(3) 乙方丧失岗位从业资格的；

(4) 甲方停止经营或乙方由于健康原因不能履行本协议义务的。

第九条 乙方有下列情形之一，甲方可以立即解除本协议且无须支付违约金，如乙方的行为对甲方造成损害的，甲方可依法追究乙方的法律责任：

(1) 严重违反工作纪律或者甲方的规章制度的；

(2)严重失职，营私舞弊，给甲方造成重大损害的；

(3)被依法追究刑事责任或被刑事、行政拘留的；

(4)乙方因客观情况，无法继续胜任甲方安排的工作或因其他原因乙方不适合在甲方处工作的；

(5)提供虚假资料及个人信息的；

(6)其他应解除本协议的情况。

第十条 除本协议第九条规定的情形外，甲方或乙方需解除本协议，应当提前一个月以书面形式通知对方。乙方解除本协议未提前一个月书面通知就擅自不提供劳务的，乙方同意以____月劳务报酬作为未提前通知的违约金，甲方未提前通知解除的承担____月劳务报酬作为违约金。

第十一条 乙方因病或其他任何原因导致的未提供劳动，甲方均无须支付期间的劳务费。最小劳务费计薪单位为半天。乙方医疗费自理。

第十二条 签订本协议时乙方应当向甲方提供有效的领取退休金或养老金的相关证明，如乙方提供虚假证明，给甲方造成损失的，乙方应承担赔偿责任。

第十三条 需另行约定的事项：

1. 甲乙双方如发生争议，应先行协商，协商不成的提交甲方所在地法院处理。

2. 乙方在本协议中向甲方提供的地址、联系电话等均为有效送达地址和有效联系方式，乙方应当在上述地址或联系方式变更时10日内以书面形式通知甲方。乙方未及时通知的，甲方按上述地址向乙方发送的有关通知、文件等，乙方同意视为送达。乙方同意处于联系障碍(包括但不限于因病住院、丧失人身自由等情况)时，委托本协议信息部分填写的紧急状态联系人作为乙方受委托人，该受委托人享有接受代领、签收相关文书的权限，甲方将相关文书送达受委托人视为送达乙方。

第十四条 本协议一式二份，甲乙双方各执一份。经甲乙双方签字盖章后生效。

甲方(盖章)：　　　　　　　　　　　　　　　　年　月　日

签订本协议前，乙方对本协议、公司规章制度、奖惩管理规定及相关规定和资料，已详细阅读、理解，且经过咨询后作出决定。本人承诺将通过公司内部网络平台、公告栏、通知文件等多种途径了解公司规章制度更新，并保证遵守执行；本人承诺提供给公司的所有材料及个人信息均真实、有效。

乙方(签名)：　　　　　　　　　　　　　　　　年　月　日

NO. 10 《经济补偿金支付协议书》

经济补偿金支付协议书

甲方：

乙方(姓名)：　　　　　　　　身份证号码：

因员工离职，根据国家劳动法律法规的规定，现经甲、乙双方平等协商一致，达成如下协议：

1. 乙方需按照甲方规定流程办结离职手续(包括但不限于工作交接手续、档案及社会保险关系转移等手续)，甲方一次性支付乙方经济补偿金共计人民币(大写)________________元，(小写)____________元。

2. 本协议生效后，甲方将于________年____月____日通过工资卡支付上述款项，支付银行及账号为：________________。

3. 甲、乙双方劳动关系自________年____月____日终止，乙方确认：甲、乙双方劳动关系期间甲方已及时、足额支付全部薪酬，对于各项工资构成及明细，乙方已知晓并无任何异议。协议生效后双方再无任何纠葛，乙方不得再向甲方及其关联公司提出任何主张和要求。

4. 本协议经双方签字、盖章后即时生效。

甲方：　　　　　　　　　　　　　乙方：

盖章：　　　　　　　　　　　　　手印：

日期：________年____月____日　　　日期：________年____月____日

NO. 11 《解除劳动关系赔偿协议》

解除劳动关系赔偿协议

甲方：

注册地址：

法定代表人：

联系电话：

乙方：
住址：
身份证号码：
联系电话：

乙方于________年____月____日与甲方建立劳动关系，并签订劳动合同，合同期限为________年____月____日至________年____月____日。甲方欲与乙方协商一致解除劳动合同，现甲乙双方本着诚实守信的基本原则，经协商一致，对解除劳动合同后的赔偿、补偿自愿达成如下协议：

一、在甲方为乙方办理离职手续之时，甲方同意立即向乙方支付乙方年度的全部奖金____________元，________年____月的工资____________元、解除劳动关系的经济补偿金（________个月工资）____________元、代通知金（1个月工资）____________元，以上共计人民币____________元（大写人民币：____________）。

二、甲方同意依法为乙方缴纳________年____月的养老保险、医疗保险、工伤保险、失业保险、生育保险和住房公积金。

三、乙方同意与甲方协商一致解除劳动关系，并同意在________年____月____日之内依法办理离职手续。

四、本协议内容甲乙双方已经全文阅读，并理解无误。

五、本协议为双方平等自愿协商的结果，是双方真实意思表示，且公平合理。

六、凡因执行本协议所发生的或与本协议有关的一切争议，双方应通过友好协商解决。如果协商不能解决，乙方有权向甲方所在地的仲裁委提起劳动仲裁。

七、本协议自甲乙双方签字/盖章之日生效。本协议一式两份，甲乙双方各执一份，具有相同的法律效力。

八、甲乙双方有效的法律文书送达地址为：

甲方：

乙方：

甲方（签字和盖章）：　　　　　　　　乙方（签字和捺印）：

日期：________年____月____日　　　　日期：________年____月____日

NO. 12 《竞业限制协议书》

竞业限制协议书

甲方：

住址：

法定代表人：

邮政编码：

乙方：

住址：

身份证号码：

鉴于乙方已经(可能)知悉甲方重要商业秘密或者对甲方的竞争优势具有重要影响,为保护双方的合法权益,甲、乙双方根据国家有关法律法规,本着平等、自愿、公平、诚信的精神,经充分协商一致后,共同订立本协议。本协议的制定遵循如下原则:既要防止出现针对甲方的不正当竞争行为,又要保证乙方依法享有的劳动权利得到实现。

一、双方确认,已经仔细审阅过协议的内容,并完全了解协议各条款的法律含义。

二、乙方在任职期内及双方之间的《劳动合同》解除或终止之日起两年内承担以下竞业限制义务:

1. 不得自办与甲方有竞争关系的企业或者从事与甲方保密信息有关的生产和服务。

2. 不得到与甲方有竞争关系或者从事相同或类似业务的其他企业、事业单位、社会团体内担任任何职务(包括但不限于股东、合伙人、董事、监事、经理员工、代理人、顾问等)。

3. 不直接或间接地劝说、引诱、鼓励或以其他方式促使甲方的任何管理人员或员工终止该管理人员或员工与甲方的聘用关系。

4. 不直接或间接地劝说、引诱、鼓励或以其他方式促使甲方的任何客户、供应商、被许可人、许可人或与甲方有实际或潜在业务关系的其他人或实体(包括任何潜在的客户、供应商或被许可人等)终止或以其他方式改变与甲方的业务关系。

5. 不直接或间接地以个人名义或以一个企业的所有者、许可人、被许可人、本人、代理人、员工、独立承包商、业主、合伙人、出租人、股东或董事或管理人员的身份或以其他任何名义实施下列行为:

(1)投资或从事甲方业务之外的竞争业务。

(2)成立从事竞争业务的组织。

(3)向甲方的竞争对手提供任何服务或披露任何保密信息。

三、竞业限制补偿金。

根据相关规章、政策规定,甲、乙协商确定,甲方每年向乙方支付竞业限制补偿费总金额为双方终止劳动合同前12个月工资总额的30%即人民币____________元(¥________)。

四、竞业限制补偿金以下述第________种方式支付。

1. 本协议签署之日起________日内,甲方向乙方一次性支付竞业限制补偿金。

2. 竞业限制期限内,甲方于每月________日前,向乙方支付竞业限制补偿金人民币____________元(¥________)。

乙方指定的收款方式为:

开户行:

开户名:

账号:

五、在竞业限制期限内,如甲方经营过程中需要乙方提供其所掌握的与其原工作相关的信息、数据或技术协助时,乙方应当给予必要的协助和配合。

乙方必须在离职后每半年提供其在职证明,或其他以证明其在职状态或具体工作单位的书面文件。如果乙方拒绝提供,甲方有权不支付乙方竞业限制补偿金;超过3个月乙方不提供书面证明的,视为乙方违反竞业限制约定,乙方需要承担相应的责任。

六、违约责任。

1. 乙方不履行本协议第二条第1项规定的义务,应当承担违约责任,一次性向甲方支付违约金人民币________元,乙方因违约行为所获得的收益应当归还甲方。

公司有权对乙方给予处分。

2. 如果乙方不履行本协议第二条第2、3、4、5项所列义务，应当承担违约责任，一次性向甲方支付违约金人民币________元。因乙方违约行为给甲方造成损失的，乙方应当承担赔偿责任。

3. 前款所述损失赔偿按照如下方式计算：

(1) 损失赔偿额为甲方因乙方的违约行为所受的实际经济损失和甲方可预期收益。

(2) 甲方因调查乙方的违约行为而支付的合理费用，应当包含在损失赔偿额之内。

(3) 因乙方的违约行为侵犯了甲方的合法权益，甲方可以选择根据本协议要求乙方承担违约责任，或者依照有关法律法规要求乙方承担侵权责任。

4. 甲方逾期向乙方支付竞业限制补偿费的，每逾期一天，按照应付金额的千分之一向乙方支付违约金，超过三个月的，乙方有权解除合同。

七、争议的解决办法。

因本协议引起的纠纷，可以由甲、乙双方协商解决或者委托双方信任的第三方调解。如一方拒绝协商、调解或者协商、调解不成的，任何一方均有权提起诉讼，由甲方所在地人民法院管辖。

甲方：(盖章)

法定代表人：(签名)

________年____月____日

乙方：(签名)

身份证号码：

________年____月____日

NO. 13 《劳动争议和解协议书》

劳动争议和解协议书

甲方(用人单位)：

乙方(员工)：

兹就乙方解除与甲方劳动关系纠纷事宜，经甲乙双方友好协商一致，达成如下协议，以期共同遵守。

一、对于×××之违纪事宜，甲方已经充分理解到自己的做法确实给乙方造成了不良影响，甲方对此向乙方表示歉意，对乙方因此解除劳动关系之决定不再持有异议。

二、考虑到甲方在乙方工作期间的实际情况，及目前的实际处境，乙方经研究决定向甲方支付一次性补助金，金额为人民币____________万元整；乙方支付甲方之补助费用，已经充分考虑了甲方的实际情况，并本着以人为本的原则，充分体现乙方对甲方的人文关怀，而作出的一次性补助。

三、本协议书签订后，甲方须在3日内向区劳动争议仲裁委员会对双方之间的劳动争议案件提出撤回申请，并向乙方提供该仲裁委员会制作的撤回申请裁定文书，乙方在收到甲方提供的该裁定文书后当日支付一次性补助费用。

四、乙方将以工资形式支付甲方一次性补助费用，将该补助费用直接存入所代甲方开立的银行存折，甲方或者其代理人签收领取该存折后即视为乙方已经履行完毕支付义务。

五、甲方承诺自本协议履行完毕后，甲乙双方之间不再存在任何其他未了纠纷，甲方承诺不得再以任何理由向乙方主张任何其他民事权利。

六、甲乙双方约定，双方均应积极履行完毕本协议第三条约定的事项，乙方应按约定向甲方或者经其特别授权的代理人交付上述约定款项，甲方（或者特别授权代理人）收到后应签署收款凭据。如果乙方不按照约定履行付款义务，应该承担相应的违约责任。

七、本协议自双方代理人签字之日起生效。

八、本协议一式四份，双方各执一份，由乙方向有关部门备案二份。

甲方：

年　月　日

乙方：

年　月　日

NO. 14 《劳动争议调解协议书》

劳动争议调解协议书

(　)字第　　号

申请人:________________________(写明姓名、性别、出生年月、住址等基本情况)

委托代理人:________________________(写明姓名、工作单位、职务等基本情况)

被申请人:________________________(写明单位名称、住所地等基本情况)

法定代表人(或负责人):________________________(写明姓名、职务等基本情况)

委托代理人:________________________(写明姓名、工作单位、职务等基本情况)

申请人×××与被申请人×××因××××引起争议,申请人于××××年××月××日向本调解委员会提出调解申请,经本委主持调解,双方协商,自愿达成如下协议:

×××××(写明协议的内容,并应当注意履行顺序和可执行性)

上述协议经本委审查,予以确认。

本调解协议书由双方当事人签名或者盖章,经调解会议成员签名并加盖本调解委员会印章后生效,对双方当事人具有约束力,当事人应当履行。一方当事人不履行该调解协议的,另一方当事人可以依法申请仲裁。(因支付拖欠劳动报酬、工伤医疗费、经济补偿或者赔偿金事项达成调解协议的,此部分应写明:另一方当事人可以依据有关法律规定申请仲裁或向人民法院申请支付令)

申请人:(签名或盖章)

被申请人:(签名或盖章)

调解委员会主任:(签名)

调解员:(签名)

调解员:(签名)

本件与原件核对无异××××年××月××日

（调解委印）

书记员：（签名）

NO. 15　劳动争议仲裁相关文书

劳动争议仲裁申请书

申请人：邱某某，女，汉族，19××年××月××日生，身份证号：××××××××××××××××××，身份证住址：____________________，现住址：____________________，联系电话：____________________

被申请人：东莞××××××有限公司，法定代表人：××××，住所：____________________，联系电话：____________________

仲裁请求：

1. 确认被申请人违法解除劳动合同。

2. 裁令被申请人支付申请人违法解除劳动合同赔偿金158,643.66元（4665.99元×17个月×2倍）。

3. 被申请人承担本案仲裁费用。

事实和理由：

申请人于2000年4月18日与被申请人建立劳动关系，签订劳动合同。2005年4月18日被申请人与申请人签订无固定期限劳动合同，约定工作岗位是面包房技工。

2016年11月24日，被申请人未与申请人协商一致的情况下，便通过书面（盖有公章）张贴公告单方面宣布将申请人的原面包房技工的工作岗位变更为果蔬部门技工，对此申请人表示强烈反对，结果得到的却是书面警告一次。最后迫于压力，申请人还是到了果蔬部门工作。2016年12月29日，被申请人以12月20日果蔬部鸡蛋被合规检查出有过期的理由，认定申请人失职，给予最终警告一次。2017年1月9日，被申请人以该员工所负责的鸡蛋保质期检查工作不到位，导致第三方庄臣公司在2017年1月7日审核店内食品安全时发现鸡蛋货架上有一盒神丹鸡蛋已过期两天为由，再次给予申请人最终警告一次。2017年2月16日，有顾客投诉买了过期鸡蛋，被申请人在没有解释此次事件是否是导致申请人被解雇的原因，也没有就该事件给予任何处分的情况下，当日立即解聘了申请人。值得注意的是，当时申请人正处于医疗期内，根据《劳动法》和《企业职工患病或非因工负伤医疗期规定》,企业职工因患病或非因工负伤,需要停止工作医疗时,用工单位应当给予相应的医疗期。但是,被申请人非但不履行法律义务,反而一纸解除劳动合同关系通知书直接解聘了申请人。

申请人认为被申请人的行为已经严重违反了我国劳动法律法规,给申请人造成了极大的损失。为了维护自身的合法权益,特向贵庭提起仲裁申请,望能查明事实,依法支持申诉人的各项请求。

此致

东莞市莞城区劳动人事争议仲裁委员会

申诉人:

2017 年　月　日

附件:

(1)《仲裁申请书》副本________份;

(2)证据清单及有关证据材料________份。

申请人:

________年____月____日

劳动争议仲裁委员会调解笔录

时间:________年____月____日________时到________时

地点:____

案号:________劳仲案字(　)第________号

案由:____

调解主持人:____

书记员:____

申诉人:____

委托代理人:____

被诉人:____

委托代理人:____

第三人:____

委托代理人:____

调解情况:

____

____

____

____

______劳动争议仲裁委员会仲裁调解书

劳仲案字(　)第______号

申诉人：______________________________

委托代理人：______________________________

被诉人：______________________________

委托代理人：______________________________

申诉事由及请求的情况：______________________________

调解达成协议的内容：______________________________

首席仲裁员：

仲裁员：

______劳动仲裁委员会

______年____月____日

______劳动争议仲裁委员会受理案件通知书

劳裁字(　)第______号

____________：

本委已接到你(单位)诉____________的申诉书，经审查符合______的受理条件，本委决定立案审理。现将有关事宜通知如下：

一、请提供“营业执照”副本，并填写“法定代表人身份证明书”，______日内提交本委。

二、如需委托代理人代理参加仲裁活动，一经确定具体人选应即填写“授权委托书”提交本委。

三、本委决定此案由仲裁员____________承办，如要求回避，向本委提出回避申请。

四、你(单位)应在____日内预交受理费______元，处理费________

元。其他具体仲裁事项另行通知。

五、请向本委补充提供下列证明材料：

____

________年____月____日

（盖章）

附：法定代表人（或主要负责人）身份证明书（格式）一份，授权委托书（格式）一份。

____________劳动争议仲裁委员会应诉通知书

劳裁字（　）第________号

____________________：

本委已受理____________________诉你（单位）____________________案，现将申诉书副本送给你（单位），并将有关事项通知如下：

一、请你（单位）在收到申诉书副本后________日内向本委提交答辩书________份，并提供与本案有关的证据。

二、请提供"营业执照"副本，并填写"法定代表人身份证明书"，________日内提交本委。

三、如需要委托代理人代理参加仲裁活动，一经确定具体人选，即应填写"授权委托书"提交本委。

四、本委决定此案由仲裁员____________________承办，如要求回避，向本委提出回避申请。

五、你（单位）应在收到通知书________日内，预交处理费____________元。其他具体事项另行通知。

________年____月____日

（盖章）

附：申诉人的申诉书副本一份，法定代表人（或主要负责人）身份证明书（格式）一份，授权委托书（格式）一份。

劳动争议仲裁应诉答辩书

____________劳动争议仲裁委员会：

你会________第________号应诉通知书收悉，答辩人就________________一

案，提出答辩如下：

（写明答辩的事实、理由、依据等内容）

答辩人：________

________年____月____日

附：有关证据________份；

本答辩书副本________份。

举证通知书

一、发生劳动争议，当事人对自己提出的主张，有责任提供证据。如：

（1）证明劳动关系发生、变更、消灭等事实的证据；

（2）证明当事人仲裁主体资格的证据；

（3）确定争议标的数额的证据；

（4）证明案件是否已由其他仲裁委员会受理或审理过的证据；

（5）其他与案件争议事项有关的证据。

用人单位应当在规定期限内提供其掌握管理的与争议事项有关的证据，以及仲裁庭要求用人单位提供的证据，逾期不提供的，应当承担不利后果。

二、当事人应当在第一次开庭三日前完成举证。确需延长举证时限的，须经仲裁庭批准并在规定的时限内举证。

三、证据分为书证、物证、证人证言、视听资料、当事人陈述、鉴定结论、勘验笔录。

（1）当事人应当对其提交的证据材料逐一分类编号并制作证据清单，对证据材料的来源、证明对象和内容做简要说明，签名盖章，并按仲裁庭和对方当事人人数提交副本。

（2）证据应当在仲裁庭审理时出示，由当事人质证，未经质证的证据，不能作为认定事实的依据。

（3）当事人提供的证据是在中华人民共和国领域外形成的，该证据要经所在国公证机关予以证明，并经中华人民共和国驻该国使领馆予以认证，或者履行中华人民共和国与该所在国订立的有关条约中规定的证明手续；当事人提供的证据是在香港特别行政区、澳门特别行政区、台湾地区形成的，要履行相关的证明手续。

（4）书证与物证应当提交与原件、原物核对无异的复印（制）件、照片、副本、节录本;当事人提供外文书证或者外文说明资料应当附有中文译本;仲裁庭审理时当事人对书证与物证的原件、原物进行质证。

(5)证人应当出庭作证,接受当事人的质询。证人出庭作证的,当事人要在开庭审理前提交证人名单,证人确有困难不能到庭的,经仲裁委员会同意,可以提交书面证言;不能正确表达意思的人,不能作证;证人作证时不得使用猜测、推断或者评论性的语言;仲裁员和当事人要对证人进行询问,证人不得旁听仲裁庭审理,询问证人时,其他证人不得在场,仲裁庭认为有必要的,可以让证人进行对质。

四、当事人应当客观、全面地提供证据,不得伪造、毁灭证据,不得以暴力、威胁、贿买等方法阻止证人作证或指使、贿买、胁迫他人作伪证。否则,当事人要承担法律责任和败诉后果。

________年____月____日

(盖章)

授权委托书

____________劳动争议仲裁委员会:

你会受理的关于____________________的劳动争议一案,依照法律规定,特委托____________________为我(单位)的代理人,参与本案仲裁活动。

代理人:________性别:________年龄:________职务:____________________

工作单位:____

电话:________________________住址:________________________

委托事项和代理权限如下:

代理人在委托权限范围内签署的有关文书我方均予承认,并承担法律责任。

委托人(单位):________(签名或盖章)

受委托人:________(签名或盖章)

________年____月____日

____________劳动争议仲裁委员会仲裁裁决书

劳仲案字( )第________号

申诉人:____

委托代理人:____

被诉人：______________________________

委托代理人：______________________________

申诉理由、争议事实和要求：______________________________

裁决结果：______________________________

费用负担：______________________________

不服裁决，向人民法院起诉的期限：______________________________

首席仲裁员：

仲裁员：

________劳动争议仲裁委员会

________年____月____日

____________劳动争议仲裁委员会仲裁决定书

劳仲审字（ ）第________号

案号：

案由：

决定事项：

____

____

____

主任：________

________劳动争议仲裁委员会

________年____月____日

________劳动争议仲裁委员会仲裁建议书

劳裁字（ ）第________号

案号：

案由：

建议事项：

____

____

____

首席仲裁员：

仲裁员：

________劳动争议仲裁委员会

________年____月____日

撤销劳动争议仲裁裁决申请书

申请人：____

申请撤销事项：

1. ____

2. ____

3. ____

事实和理由：

1. ____

2. ____

3. ____

此致

____________中级人民法院

申请人：________（签名或盖章）

________年____月____日

附：

1. 本申请书副本________份；

2. 仲裁委员会裁决书________份；

3. 证据________件。

填写说明：

1. 申请撤销事项。主要是明确请求法院撤销劳动争议仲裁裁决书，需要把劳动争议仲裁裁决书的文号写明，需要指出的是，可以申请法院撤销劳动争议仲裁裁决的仅限于“一裁终局”的案件。

2. 事实和理由。该部分需要指出劳动争议仲裁委员会裁决劳动争议案件时有下列情形之一：（1）适用法律、法规有错误的；（2）劳动争议仲裁委员会无管辖权的；

(3)违反法定程序的;(4)裁决所依据的证据是伪造的;(5)对方当事人隐瞒了足以影响公正裁决的证据的;(6)仲裁员在仲裁该案时有索贿受贿、徇私舞弊、枉法裁决行为的。除上述6种情形之外的其他事实和理由是没有意义的,不是申请法院撤销劳动争议仲裁裁决的理由。

3. 申请的法院必须是劳动争议仲裁委员会所在地的中级人民法院。

4. 在申请书尾部,申请人是用人单位的,应由用人单位盖章,日期要填写准确。

NO.16 《起诉状》

民事起诉状

原告:邱某某,女,汉族,19××年××月××日生,身份证号码:××××××××××××××××××,身份证住址:__________________,现住址:________________,联系电话:________________

被告:东莞××××××有限公司,法定代表人:××××,住所:________________,联系电话:________________

诉讼请求:

1. 请求判决被告支付原告克扣的工资277.18元(已发3824元,应发工资为4151.18元);

2. 本案诉讼费由被告承担。

事实与理由:

原告邱某某于2000年4月18日与被告签订劳动合同,并建立劳动关系。2013年1月1日双方根据劳动合同签订了《附录》,《附录》为劳动合同不可分割的一部分,依据附录规定:原告病假工资应当按照其工资100%发放。

2016年6月4日至5日原告向被告请病假两天,根据劳动合同《附录》规定,原告当月应发工资4151.18元,但实发工资3824元,差额277.18元。

为使合法权益免受侵害,原告特向贵院提起诉讼,望判如所请。

此致

东莞市第一人民法院

具状人:

年　月　日

NO. 17 《应诉答辩状》

应诉答辩状

答辩单位名称：

地址和联系电话：

法定代表人姓名：　　　　　　　　　　职务：

委托代理人姓名：　　　　　　　　　　工作单位：

联系电话：

因____________________一案，答辩如下：（根据和理由）

____

综上所述，答辩人认为（答辩意见）：

____

____

此致

____________人民法院

法定代表人：（签名）

答辩单位：（盖章）

________年____月____日

附：

（1）本答辩状副本一式________份；

（2）证据材料________份。

NO. 18 《强制执行申请书》

劳动仲裁强制执行申请书

申请人：

法定代表人：

地址：

被申请人：

身份证：

住址：

请求事项：

1. 依法采取强制执行措施，责令被申请人履行办字第________号劳动人事争议仲裁判决书的内容；

2. 本案执行费用由被申请人承担。

事实和理由：

申请人________与被申请人因____________劳动争议纠纷一案，已经由____________劳动人事争议仲裁委员会于________年____月____日开庭并作出办字第________号劳动人事争议仲裁判决书，判令：

被申请人应在本裁决书生效之日起7日内因违反服务期条款支付申请人违约金人民币____________。

现申请人依据《中华人民共和国劳动争议调解仲裁法》第48条和第49条之规定，特向贵院申请予以强制执行。

此致

____________人民法院

申请人：________

________年____月____日

参考文献

一、著作类

1. 颜运秋等:《劳动合同争议处理程序——协商·调解·仲裁·诉讼》,法律出版社 2007 年版。

2. 陈明生:《〈中华人民共和国劳动争议调解仲裁法〉贯彻实施与劳动合同争议协商、调解、仲裁、诉讼及劳动争议审判规范、典型案例评析实用手册》,中国劳动保障科学出版社 2008 年版。

3. 周丽霞:《HR 全程法律顾问:企业人力资源管理高效工作指南(增订版)》,中国法制出版社 2013 年版。

4. 北京市劳动和社会保障法学会编:《最新劳动争议处理实务与诉讼指引》,法律出版社 2011 年版。

5. 周丽霞:《HR 全程法律顾问:企业人力资源管理高效工作指南》(增订 4 版),中国法制出版社 2017 年版。

6. 周丽霞:《HR 全程法律顾问:企业人力资源管理高效工作指南》,中国法制出版社 2011 年版。

7. 姜颖:《劳动争议处理教程》,法律出版社 2003 年版。

8. 陈亚东:《人力资源法律一本通:最新劳动和社会保障法规分解集成》,法律出版社 2017 年版。

9. 何泽华编著:《人力资源管理法律实操全流程演练——实战案例版》,中国铁道出版社 2018 年版。

10. 叶攀:《完美的劳动关系》,云南大学出版社 2021 年版。

11. 李国光主编:《劳动合同法适用指南》,人民法院出版社 2007 年版。

12. 周丽霞:《HR 全程法律顾问:企业人力资源管理高效工作指南》(增订 3 版),中国法制出版社 2015 年版。

13. 吴立宏主编:《企业人力资源管理法规政策实用全书》,中国法制出版社 2013 年版。

14. 曹后军:《律师说法:劳动争议疑难问题实务精解》,中国法制出版社 2015 年版。

15. 祝明新编著:《劳动合同法理论与应用指南》,山东人民出版社 2016 年版。

16. 王贝贝、王霆、王强:《企业劳动用工实务前沿与风险防范》,法律出版社 2011 年版。

17. 法律出版社法规中心编:《人力资源法律指引实用全书:规则、案例、范本、标准、流程》,法律出版社 2015 年版。

18. 王明:《企业裁员、调岗调薪、内部处罚、员工离职风险防范与指导》(增订 4 版),中国法制出版社 2019 年版。

19. 王旭光主编:《劳动争议纠纷诉讼指引与实务解答》,法律出版社 2013 年版。

20. 广东东维律师事务所编:《劳动热点问题法律法规及案例汇编》,中国政法大学出版社 2017 年版。

21. 罗燕主编:《劳动争议处理》,科学出版社 2015 年版。

22. 王明:《企业裁员、调岗调薪、内部处罚、员工离职风险防范与指导》(增订 3 版),中国法制出版社 2013 年版。

23. 刘斌:《劳动法律专题精解与实务指引》,中国法制出版社 2013 年版。

24. 陈开琦、唐军、张松:《劳动合同法理解与应用》,光明日报出版社 2008 年版。

25. 范战江主编:《劳动人事法律精要:词条与依据指引》,中国劳动社会保障出版社 2012 年版。

26. 李笑主编:《人力资源经理成功手册》,经济管理出版社 2013 年版。

27. 彭帅编著:《基层工会劳动争议预防与处理实用手册》,中国工人出版社 2016 年版。

28. 付勇主编:《企业人力资源管理法规速查大全》(最新修订版),中国法制出版社 2013 年版。

29. 侯怀霞、王彩萍主编:《劳动纠纷实务操作与案例精解》,中国法制出版社 2014 年版。

30. 李迎春:《职场护身符——劳动合同》,中国法制出版社 2008 年版。

31. 中华全国律师协会编:《律师执业基本技能》(下),北京大学出版社 2007 年版。

32. 左祥琦主编:《劳动争议调解、仲裁与诉讼》,中国劳动社会保障出版社 2002

年版。

33. 李平安:《劳动争议处理实务》,中国检察出版社2007年版。

34. 李迎春:《劳动合同法案例精解与应对策略》,法律出版社2008年版。

35. 段海宇、王洪斌:《人力成本法律管控一本通》,清华大学出版社2016年版。

36. 焦麦青主编:《劳动法》,中国铁道出版社2013年版。

37. 李慧、王冬云:《企业用工风险诊断:控制与应对》,法律出版社2011年版。

38. 中国法制出版社编:《新编公民劳动法律手册》,中国法制出版社2003年版。

39. 李迎春:《劳动合同HR指引:条款拟定与风险提示》,法律出版社2008年版。

40. 黄雨三主编:《劳动法与劳动合同法疑难问题解答及案例精解》,中华工商联合出版社有限责任公司2018年版。

41. 涂志、张真颖、韩佳:《用人单位不可不知的100条完胜法则》,法律出版社2011年版。

42. 娄秋琴、徐小媛:《这样做HR最有效:最新企业劳动人事管理全书》(第七版),法律出版社2017年版。

43. 付勇主编:《企业人力资源管理法规速查大全》,中国法制出版社2011年版。

44. 冯道主编:《现代企业劳资关系案例探析》,北京燕山出版社2010年版。

45. 广东省劳动人事争议调解仲裁院编:《劳动人事争议处理法规政策大全》,广东人民出版社2010年版。

46. 王明:《企业裁员、调岗调薪、内部处罚、员工离职风险防范与指导》(增订版),中国法制出版社2011年版。

47. 梁书文、回沪明主编:《劳动法及配套规定新释新解》,人民法院出版社2001年版。

48. 姜俊禄编著:《中国劳动合同法实务指南(中英文对照)》,中信出版社2009年版。

49. 罗燕主编:《劳动争议处理》,中国劳动社会保障出版社2005年版。

50. 中国法制出版社:《中华人民共和国劳动争议调解仲裁法:立案·管辖·证据·裁判》(案例应用版),中国法制出版社2015年版。

二、期刊类

1. 王忠、何锐:《仲裁时效期内追缴社保费　用人单位应给予赔偿》,载《工会博览》2013 年第 6 期。

2. 高晓兰、陈艺歌:《劳动合同违约金问题浅析》,载《劳动保障世界》2020 年第 6 期。

3. 王忠、何锐:《社保损失赔偿时效之界定》,载《中国社会保障》2011 年第 7 期。

4. 戴军章、刘业林:《用工单位可以随意退回劳务派遣工吗?》,载《工会信息》2019 年第 5 期。

5. 刘业林:《实施经济性裁员,能否说裁就裁?》,载《工会信息》2016 年第 30 期。

6. 秦顺东、李亚军、冯瑞元、黎邦满:《电力多经防范用工法律风险思考》,载《电业政策研究》2008 年第 2 期。

7. 谭立独:《辞退员工须通知工会》,载《工友》2019 年第 2 期。

8. 刘业林:《实施经济性裁员,能否说裁就裁?》,载《中国工人》2021 年第 1 期。

9. 任舍高:《如何高效处理拖欠农民工工资集体劳动争议》,载《工友》2020 年第 9 期。

10. 陈丹琳:《构建我国退休人员再就业期间的人身损害预防机制探析》,载《法制与经济》2018 年第 8 期。

11. 王田:《我国劳动争议仲裁制度综述》,载《职工法律天地》2019 年第 6 期。

12.《解除劳动合同必须通知工会吗》,载《劳动和社会保障法规政策专刊》2017 年第 11 期。

13. 谭立独:《企业解除劳动合同未通知工会是否合法》,载《工友》2013 年第 10 期。

14. 李永超:《员工退休管理的四大典型问题》,载《人力资源》2021 年第 13 期。

15. 赖玥:《维权不能越界》,载《人才资源开发》2017 年第 5 期。

后　　记

2007 年秋，我与导师颜运秋教授合著《劳动合同争议处理程序》一书，在法律出版社出版，其时《劳动合同法》草案已经公布，但未正式施行，我硕士快要毕业，即将投身律师行业，开始我漫长的律师生涯。我当时并没有想到，我会在今后的工作中与劳动法结下如此深刻而难解的缘分。

2008 年我开始从事律师工作，服务了数十家大中型企业，这些企业管理的劳动者达数万人之多。我因此接触了许多的劳动争议案件，还有更多的咨询，也深深感受到劳动合同法对于中国的意义。它对于劳动者倾斜性的权利保护，让用人单位感到压力巨大。我也因此认识了不少 HR 朋友，他们在处理劳动关系过程中的酸甜苦辣，我都感同身受。我想写一本书，把我在从业过程中碰到过的劳动争议风险故事告诉他们，让他们能够及时规避这些风险。

在法律出版社朱海波编辑的帮助下，我超出预期地实现了这个梦想。他建议我分“入职”“在职”和“离职”各编写一本书，要系统地讲述劳动关系管理全过程中的法律知识，描述潜藏的法律风险和解决方法，以便 HR 能够更为深刻地理解这个领域的劳动法律知识。我欣然接受了他的建议和任务，这三本书于是得以面世，呈现在你们面前。

2007 年编写《劳动合同争议处理程序》时，我并无实务经验，导致这本书理论偏多，实用性不足，显得较为粗糙，我内心颇为不安，觉得对不住读者。15 年过去了，我也已经在这个领域执业十余年，对相关的主题有了更深的体会，但愿这三本书比 2007 年那本能够好一些，同时希望它们能为 HR 们及相关从业人员提供一些帮助，这样我才会觉得这个工作是对我 15 年前粗糙写作的一些补救，至少让我觉得心安一点。

感谢朱海波编辑，您的构思和后期的诸多帮助使这三本书得以顺利付梓出版。感谢我的合作编写者郑孟孟、池翔、黄俞欣、封温馨、刘诗瑾，你们为这三本书的编写辛勤工作,克服不少困难,你们的努力使我们团队如期完成了这个工作,你们出色的表现让我颇感欣慰。

周晓明

2023 年 1 月于广州